山东省教育科学"十四五"规划重点课题"创新创业教育评价体
（2021ZD047）、临沂大学本科教学改革项目"基于多元主体协
升路径研究"（JG2022M10）的研究成果

创新创业
教育评价研究

CHUANGXIN CHUANGYE
JIAOYU PINGJIA YANJIU

魏可媛　赵　勇　著

新华出版社

图书在版编目（CIP）数据

创新创业教育评价研究 / 魏可媛 , 赵勇著 . -- 北京：
新华出版社 , 2024. 6. -- ISBN 978-7-5166-7424-6

Ⅰ . G40-012

中国国家版本馆 CIP 数据核字第 2024478T1E 号

创新创业教育评价研究

著者：魏可媛　赵勇

出版发行：新华出版社有限责任公司

（北京市石景山区京原路 8 号　邮编：100040）

印刷：河北赛文印刷有限公司

成品尺寸：170mm × 240mm　1/16　　印张：19.75　字数：270 千字

版次：2024 年 6 月第 1 版　　　　　印次：2024 年 6 月第 1 次印刷

书号：ISBN 978-7-5166-7424-6　　　定价：98.00 元

微店

视频号小店

抖店

京东自营店

请加我的企业微信

微信公众号

喜马拉雅

小红书

淘宝旗舰店

扫码添加专属客服

目　录

第一章
研究背景及意义

　　2018 年 9 月召开的全国教育大会强调了深化教育体制改革、健全立德树人的落实机制以及解决教育评价导向的问题等重要议题。这些政策措施旨在改变以分数、升学、文凭、论文、头衔等为导向的教育评价方式，以更全面、多元的方式评估学生的综合素质和能力。会议明确指出，教育体制改革要进一步深化，建立完善立德树人的具体实施机制，改变不合理的教育评价导向，并坚决解决以分数为唯一标准、以升学为唯一追求、以文凭为唯一衡量、以论文为唯一评判、以头衔为唯一认可等问题，从根本上解决教育评价引导的难题。2020 年 6 月 30 日，中央全面深化改革委员会第十四次会议审议通过了《深化新时代教育评价改革总体方案》（以下简称《总体方案》）。会议指出，教育评价关系到教育发展的方向，要全面贯彻党的教育方针，坚持社会主义办学方向，实施立德树人的根本任务，遵循教育规律，针对不同的主体、学段和教育类型，改进结果评价，强化过程评价，探索增值评价，健全综合评价，致力于消除只看重分数、升学、文凭、论文和头衔等顽症，建立科学的、符合时代要求的教育评价制度和机制。值得特别注意的是，自教育体制改革以来，这是首次提出"改进结果评价，强化过程评价，探索增值评价，健全综合评价"的表述。

　　教育评价是指挥棒，是信号灯，引导着教育发展方向，指导着教育实践的路径。培养担当民族复兴大任的一代新人，必须进一步匡正办学方向，优化教育内容，改进教学方式，增添实践活动，在培根铸魂、启智润心上下功夫。往往实践中的问题，可以在评价的问题中找到答案。建立服务于立德树人根本任务的评价体系，评价指向成为首要问题，必须在评价指标、评价方式、评价结果运用上做出改变。

教育评价有其复杂性，由于被评对象的基础参差不齐，发展条件千差万别，评价很难在同一起点用一把尺子衡量。发展是硬道理，评价的目的在于促进发展，评价应在衡量发展上做文章、定指标，不同的起点看发展指标的完成情况（增值），用相对的发展指标完成情况代替绝对量的测量。再进一步，对不同发展条件，要制定不同的发展指标。发展性评价就是要"看起点，比进步"，看看起点在哪里，确定起点和方位，要比的是进步、发展了多少。不看存量，看增量；不看基数，看增值。不仅看到分数的增加，还要看到人的成长进步。这样减少评价中的"一刀切"，提高评价的可比性，从而提高评价的公平性和认可度。

影响教育发展的因素很多，往往是多因素共同作用，而不是单因素起作用。抓教育发展要抓住各个要素，协同发力，综合治理。作为评价者要纵览全局，从要素分析入手，掌握各要素之间的关系，把握要素整体结构，制定要素作用的观测点和不同要素的权重，形成综合要素作用的整体测量评价。把握不准综合要素，就容易形成以偏概全的评价、错误归因的评价，也就难以正确指导教育的改进和促进教育发展。综合素质评价要在评价要素的完整性、要素关系的结构性、综合要素与人格完善的对应性方面体现。

第一节　深化新时代教育评价改革的总体要求

当前，教育评价一定程度上存在着导向不准确、指标有争议、方法不科学、结果无共识、价值难彰显的问题，教育评价改革亟待有所突破。落实《总体方案》要求，推进评价改革，要体现评价的方向性，增强评价的自主性，强调评价的发展性，掌握评价的综合性，区分评价的功能性，提高评价的科学性。

新时代强调多元、全面评价学生的综合素质和能力。传统的单一评价方式注重学术成绩，而现在的教育评价标准体系更加注重学生综合素质的发展，包括知识、技能、思维能力、创新能力、实践能力等方面的评价。新时代中国教育评价标准体系建设的关键在于多维度评价、立德树人导向、个性化评价、教育公平和教育改革创新。这些关键要素将推动教育评价向更科学、更全面、更公正的方向发展，促进学生全面素质的提升和个性发展。

一、教育评价改革的根本是教育价值观的转变

教育评价反映了一个国家在某一时期的教育价值观。不同的教育价值观塑造了不同的教育目标、方法和途径。人文主义注重培养和谐发展的个体，尚武主义要求培养勇武坚毅的人，宗教至上追求培养虔诚顺从的信徒，政治至上追求培养忠诚认同的公民。然而，一个社会的教育价值观并非单一的，它在宏观层面上可能相对明确，但在不同地区、阶层和群体中存在着差异和分歧。

国家要求教育提高国民素质，培养全面发展、符合国家建设需求的公民，而家庭和个人则希望通过教育改善自身处境，争取更好的社会地位。不同的教育价值观对教育的定位和发展产生着重要影响。人文主义的教育价值观注重培养和谐发展的个体，强调人的全面成长和个人潜能的开发。这种价值观下，教育评价关注学生的综合素质发展、道德品质和人文精神的培养。尚武主义的教育价值观要求培养勇武坚毅的人，强调体魄健全和军事素质的培养。在这种价值观下，教育评价可能侧重于学生的体育能力、军事纪律和竞技成绩。宗教至上的教育价值观追求培养虔诚顺从的信徒，重视宗教信仰和道德规范。在这种价值观下，教育评价可能注重学生的宗教知识掌握、道德行为和宗教仪式的参与程度。政治至上的教育价值观追求培养忠诚认同的公民，强调

政治觉悟和国家意识的培养。在这种价值观下，教育评价可能关注学生的政治参与、爱国情怀和对国家核心价值观的认同。

然而，一个社会的教育价值观并非单一的，它在宏观层面上可能相对明确，但在不同地区、阶层和群体中存在着差异和分歧。因此，在教育评价中需要综合考虑不同层面的因素。评价标准应包括学生的学业成绩、综合素质发展、道德品质和社会责任感等方面。评价方式应采用多元化的方法，包括考试评价、综合评价、实践评价等。评价能力需要培养评价者的专业素养和评价技能，以确保评价的客观性和公正性。

从历史上看，东西方教育确实存在着不同的价值观之间的割裂和对抗。这种割裂往往是难以明确的，因为不同的教育价值观在不同的时期和地区都有其影响力。在20世纪20年代，美国兴起了进步主义教育，以杜威为代表。进步主义教育强调以儿童为中心，反对固定的课程，鼓励儿童自由发展，并通过解决问题的方式学习知识。然而，在20世纪30年代，以巴格莱为代表的要素主义崛起，批评进步主义过分强调儿童的自由和兴趣，导致美国学生的学业能力下降，文化水平、数学水平和语法水平降低。要素主义强调教育应促进社会进步，使学生掌握人类文化遗产，并接受严格的理智和道德训练。这两种教育价值观的冲突导致了完全不同的教育评价标准，并在一定程度上影响了美国教育的发展。要素主义对美国教育的影响更为深远，强调知识的传递和学生的纪律训练，倡导学生刻苦学习和服从。

进入21世纪以来，中国进行了一轮新的基础教育课程改革，并出现了"素质本位"与"知识本位"的价值之争。以钟启泉为代表的"素质本位"观点认为，应试教育对儿童造成了严重伤害，不利于培养儿童的健全人格和创新素质，影响了青少年的可持续发展，并且不能适应知识经济时代的新要求，因此应大力推动课程改革。而以王策三为代表的"知识本位"观点认为，新课程改革中存在一种轻视知识的教育思潮，应予以重视和克服。同时，他坚决反对从"应试教育"向素质教育转变的提法，认为追求升学率并不是完全要被否定的现象，因为这一现象背后有深厚的社会历史基础，追求升学率的现象必将长期存在，教育改革只能是逐步调整的过程。在现实中，这种观念上的争论体现为一方高喊"素质本位"的口号，而另一方则走着"知识本位"的道路。这种争论反映了教育领域不同利益方的关注点和价值取向之间的冲突。在实际教育实践中，需要综合考虑各种因素，平衡不同教育价值观的要求。

两个事例说明，教育发展一直处于观念的冲突之中，教育在观念的碰撞之中才有了进步。教育领域存在着多种观念冲突，例如教化与规训、品德与能力、适应与改造、个性培养与集体意识等。应试教育注重个体的实际利益，素质教育关注群体的长远利益。行为主义强调通过控制个体的成长来实现教育目标，而人文主义主张尊重个体的自由成长。然而，我们希望人们树立正确的教育价值观，但观念并不是随意识转移的，如"学而优则仕""重伦理轻技术""重整体轻个体""面子文化""人情社会""盲目攀比"以及"劳心者治人，劳力者治于人""朝为田舍郎，暮登天子堂"等观念。这些观念严重制约了教育评价的客观性和科学性，扭曲了教育的真正意义。我们需要超越这些传统观念，建立符合现代社会需求的教育价值观。

此外，我们需要正确对待西方教育观念。西方教育也存在过于强调工具理性、重视教育的技术性和功利性等问题，而这些问题在我们的发展中可能被过度强调。因此，我们需要正确对待西方教育观念，吸收其中有益的部分，同时结合本土文化和国家实际，发展出符合我们国家情况的教育模式和评价体系。

今天，我们要建立一套具有中国特色的教育评价体系，既要学习西方教育的优势，又要克服盲目照搬引发的"水土不服"，要树立起符合中国文化传统和现实国情的教育价值体系。

二、教育评价标准是把"双刃剑"

教育评价标准可以说是一把"双刃剑"，这是因为评价标准的设计和应用可能同时产生积极和消极的效果。

（一）积极的方面

促进教育质量提升：评价标准可以提供一个明确的参考框架，帮助教育机构和教师更好地了解教育目标和学生的学习需求，从而改进教学方法和内容，提高教育质量。

激励和激发学生：评价标准可以为学生提供明确的学习目标和标准，激励他们努力学习和提升自己的能力，同时激发他们的学习兴趣和动力。

促进教育公平：通过公正和客观的评价标准，可以减少主观因素的影响，确保每个学生都有平等的机会接受教育和得到公正的评价。

（二）消极的方面

强调应试教育：一些评价标准可能过于强调学生的考试成绩，导致教育过程过度侧重应试技能和记忆能力，忽视了学生的综合素质和创造力的培养。

市场化导向：一些评价标准可能过于强调经济效益和就业竞争力，导致教育过度注重培养特定的技能和能力，而忽略了人文素养、社会责任感和终身学习的重要性。

压力和焦虑：过于强调评价结果的评价标准可能给学生和教师带来过度的压力和焦虑，影响他们的学习积极性和教学创新。

教育评价标准既有积极的一面，也存在消极的一面。合理设计和应用评价标准，并结合全面发展的教育理念，可以最大限度地发挥其积极作用，促进教育的质量和公平。由于人们的认识水平、认识能力又受到现实和时代的局限，评价的标准也会偏离发展的目标。所有的评价都会看到自己积极的一面，忽略评价的负面作用。教育评价过于追求理想的目标，可能就会忽视现实的局限性，导致改革目标适得其反，南辕北辙。

《不让一个孩子掉队法案》（*No Child Left Behind Act*）是美国小布什政府于2002年颁布的一项教育法案。这个法案旨在解决美国中小学生学习水平低下的问题，并提出了提高教育质量的目标。该法案实施了区域标准化统一考试，并将学校的经费和教师的绩效与考试成绩挂钩。这导致许多学校投入大量时间备考考试，减少非考试科目的授课时间，延长学校上课时间，缩减学生休息时间，甚至在放学后进行补课。这种强制性的标准化考试和与经费挂钩的评估方式引发了一些争议。批评者认为，这种做法过于强调考试成绩，忽视了其他方面的学生发展，而且给学校和教师带来了巨大的压力，可能导致教学内容的过度侧重和应试教育的倾向。

因此，在 2015 年，奥巴马政府废止了《不让一个孩子掉队法案》，引入了《让每一个孩子成功法案》(*Every Student Succeeds Act*)。这个新法案仍然保持了对学生学业的高标准，但不再将测试成绩作为衡量学校表现的唯一方式。学校不再面临因单一考试成绩而受到严厉惩罚的压力。相反，各州被允许创新地使用各种方式来评估学校的进步，自主决定标准化测试成绩在评估中所占的比重，并设定自己的学业进步目标和时间表。这样的改革使得各州能够更灵活地评估学校绩效，也为学校提供了更多的自主权和创新空间。

这一改革为学校带来了更多的自主权，可以根据自身的特点和需求来决定如何评估学校的进步。这样的改变有助于减少对标准化考试的过度依赖，鼓励学校在教学方法和评价方式上进行创新。这也为学生提供了更多个性化的学习机会，培养他们的综合能力和批判性思维，而不仅仅是机械地记忆知识。新法案有效减轻了教师的压力，促进教师的创造性与工作热情。这个观点给我们带来的启示是，教育领域存在着一种二律背反的特性。因此，在制定评价标准时，我们需要在这种矛盾的张力中进行引导和发展。同时，我们也必须充分考虑到在实践中可能出现的负面行为，例如迎合、投机和规避等。

评价标准的单一化是教育评价存在的最大问题之一。过去，往往使用单一的评估指标来衡量学生的学习成果，例如标准化考试成绩或纸笔测试。这种单一化的评价方法忽视了学生的多样性和个体差异，无法全面反映学生的综合能力和潜力。这种单一化的评价方法忽视了教育的实质。例如，将高考升学率作为评价学校和地区教育质量的唯一标准，忽视了教育质量应该包括学生的道德、健康、行为和情感等方面。将论文发表数量和刊物等级作为评价教师学术水平的唯一依据，忽视了教师在教育科研方面的实质性贡献。将教育投入作为衡量党委政府对教育重视程度的唯一标准，忽视了教育体制机制和教育活力也是重视教育的重要内容。

教育是一种综合的社会活动，具有实践性、规律性和教育性的特点。不能简单地用各种量化指标来评价教育，特别是教学活动。过度关注指标化评价会使教育活动失去多样性和丰富性。然而，在当今经济生活中，管理主义和工具主义的思想影响了教育评价，导致任务分解、指标分配和效率评估等问题。甚至在课堂教学中，也追求高效课堂，这都是不科学的评价方式，需要进行反思和改革。

新时代，教育评价标准体系的建设关键在于如何抓住教育的本质和实质，减少对教育现象的外部指标的过度依赖，关注教育的内在实质。评价方法应该更加综合和全面，包括定性和定量的评价手段，重视学生的全面发展和综合素质的培养。同时，评价过程应该注重引导和反馈，帮助学校和教师改进教育实践，促进教育的持续改进和发展。

三、教育评价改革必须进行一场治理体系改革

2018年4月，西安电视问政教育问题，现场观众给教育打分21.89分。在一种情绪化的情境中，在一个只看问题不究原因的氛围中，不以改进教育为目的一场教育评价，倒是让现场观众出了一口恶气，但这样一个万众瞩目的成绩却因为缺乏客观性，而让问政教育变成一场闹剧。实际上，教育评价现实中存在着众多问题，包括评价数量繁多、频次过密、花样翻新、层出不穷等。

此外，教育评价中存在着随意和不规范的现象。许多机构公布的大学排行榜、全国高中百强校，以及各种特色学校和示范学校的评选，给学校带来了很大的压力和负担。教育评价改革必须进行一场治理体系改革，以解决存在的问题并确保评价的客观性、合理性和有效性。一是建立科学、客观的评价指标体系。评价指标应该全面、多维度地反映学生的学业水平、综合素质

和能力发展，避免过度侧重应试成绩。评价标准的制定应该基于教育目标和学科特点，充分考虑教育的多元性和个体差异。教育评价应该充分听取和尊重学生、家长、教师和社会的意见与反馈。建立有效的反馈机制和监督体系，确保评价的公正性和有效性。二是优化评价方式和频次。评价应该注重质量而非数量，避免频繁的评价和过度的评估压力。评价方式可以多样化，包括考试评价、综合评价、实践评价等，以综合反映学生的综合能力和发展情况。学校评价应该综合考虑学校的整体发展、教学质量和学生综合素质。评价应该注重学校的特色和办学理念，避免过度依赖单一指标和排名。三是提高评价的公正性和透明度：评价过程和结果应该公开、透明，减少主观因素的影响。评价机构应具备独立性和专业性，避免利益冲突和不当干预。评价应该鼓励学校在教育教学中的创新和多元化发展，培养学生的个性特长和创造力。四是强化教师专业发展和评价体系。教师的专业能力和贡献应该得到充分肯定和评价。

建立完善的教师评价体系，既要考虑教学成果，也要重视教学方法、创新能力和学生评价。最重要的是，教育评价改革不应该只是简单地改变评价形式和指标，而应该与整个教育体系的改革相结合，包括教学方法、教师培训、课程设置等方面的改进。只有在一个完善的治理体系下，教育评价才能真正发挥其促进教育发展和提高教育质量的作用。

四、教育评价是一门有待振兴的未来科学

教育评价是一门有待振兴的未来科学，它具有重要的理论和实践价值。随着教育的发展和变革，传统的评价方式已经难以满足当今复杂多元的教育需求。因此，重塑教育评价的理论框架和方法成为当务之急。首先，教育评价需要建立在先进的理论基础之上。未来的教育评价应当借鉴发展心理学、认知科学、教育社会学等领域的研究成果，构建更为全面、科学的评价理论体系。其次，教育评价需要借助先进的技术手段和数据分析方法。随着信息

技术的快速发展，教育评价可以借助大数据、人工智能等技术，从更广泛、更深入的维度收集和分析学生的学习数据。通过多源数据的整合和挖掘，可以更准确地评估学生的学习成果和发展潜能，为个性化教育提供科学依据。此外，教育评价还需要注重教育目标的多元化和个性化。传统的评价方法往往以标准答案和统一标准为导向，忽视了学生的个体差异和多样性。未来的教育评价应当重视培养学生的创造力、批判思维、团队合作等综合能力，注重学生的个性发展和多元智能的培养。最后，教育评价需要与教育实践和政策相结合，形成一个闭环的反馈机制。评价结果应当及时反馈给学生、教师和学校，帮助他们了解自身的优势和不足，并采取相应的改进措施。同时，评价结果也应当为教育决策提供参考，指导政策制定者和教育管理者做出科学决策。

（一）教育评价研究要建立符合中国国情的教育评价体系

教育评价研究要建立符合中国国情的教育评价体系，需要充分考虑中国的教育特点、文化传统和社会需求。中国有着悠久的教育传统和独特的价值观念，教育评价体系应尊重并体现这些价值观。例如，注重全面发展、德育为先、尊重个体差异等。中国的教育系统庞大而多样，评价方法应该能够适应不同类型的学校、不同层次的教育阶段和不同学科的特点。包括笔试、口试、实践评价、综合评价等多种方法的综合运用。同时，中国教育面临着城乡、地区、贫富等差距较大的问题，教育评价应当注重公平性和公正性，避免评价结果对不同群体造成不公平的影响。评价指标的选择和评价标准的制定应充分考虑社会公平和公正的要求。

中国正在推动终身学习的理念，教育评价应能够衔接不同阶段的学习和发展，为个体的终身学习提供支持和指导。评价结果应能够为职业发展、学习转换和个人成长提供有用的信息。教育评价体系应与教育改革紧密结合，为教育改革提供科学依据和指导。评价结果应及时反馈给教育决策者和教育实践者，帮助他们了解教育改革的成效和问题，并及时调整和改进教育政策和实践。教育评价应鼓励学生、家长、教师和社会各界的广泛参与，充分听取各方的声音和意见。建立有效的反馈机制和社会监督机制，使评价结果更具公信力和可接受性。在建立符合中国国情的教育评价体系的过程中，需要广泛汇集各方的智慧和力量，包括教育专家、学者、教育从业者、学生、家长和社会组织等。通过多方参与和广泛讨论，形成具有共识和可行性的教育评价体系，为中国的教育发展和提高教育质量提供有力支撑。

（二）教育评价研究要关注未来学习的科学化

教育评价研究要关注未来学习的科学化，以适应日益变化的教育环境和学习需求。未来学习的科学化需要将重点从单一的学科知识评价转向全面素养的评价。这包括创造力、批判思维、沟通能力、合作精神、解决问题的能力等综合素养的培养和评价。未来学习的科学化要关注学生的学习过程，而不仅仅是结果。评价应关注学生的学习策略、思维方式、自主学习能力等，以了解学生的学习方法和学习动态，并为学生提供个性化的学习支持和指导。通过对学习过程的详细记录和分析，可以更准确地评估学生的学习效果和个体差异，为个性化教育提供科学依据。例如，借鉴游戏化评价的思想，设计更具趣味性和激励性的评价任务；引入项目制评价，鼓励学生在实际问题中运用知识和技能。未来学习的科学化需要更加注重评价的长期影响。评价不仅应关注学生在短期内的知识掌握和能力表现，还应关注学生在未来的学习和生活中能否运用所学的知识和技能，实现持久的学习成果。评价应关注学生的学习态度、学习习惯、自主学习能力等方面，鼓励学生主动参与学习、乐于探索和持续进步。

未来学习的科学化要求教育评价研究关注学习过程、综合素养和个性化发展。通过科学化的评价方法和工具，可以更好地了解学生的学习情况和发展需求，为教育实践提供有针对性的改进和支持，促进学生的全面发展和未来成功。教育评价改革事关教育改革的成败，关系到国家的发展和社会的进步，因此这是一项重任，也是一项漫长而艰巨的任务。我们需要不断推进教育评价研究，提供理论和政策支持，以促进教育评价的全面改革和提升，以适应不断变化的社会需求和教育发展的挑战。

第二节 创新驱动发展战略

"惟创新者进，惟创新者强，惟创新者胜。"时代的荣耀属于创新者。放开"思维缰绳"，打破思维定式，以宽广的眼光看待新生事物，以宽容的态度对待新生事物，以进取的精神培育新生事物，那些"才露尖尖角"的"小荷"就能得到滋养、向阳生长，终成"接天莲叶无穷碧"的壮美景象。

我们看到，近代以来的影响世界的科技发明多数来自西方，中国也有独步全球的科技创新引领者。但我们如果以兼具创新者和创业者身份来观察，西方有影响力的科技创新居多。世界全球化的进程虽然受到一定的波折，但总的趋势未曾改变。21世纪是天生我材必有用的世纪，随着数字时代的演进，我们已经生活在一个暂新而瞬息万变的地球村。我们如果还在以"学习就是为了就业"规划我们的孩子未来，可能他们在毕业后会被现实无情地打击。大学生就业难，诚然有诸多的外部影响，但回到教育目标和社会需求相统一的命题中思考，真正有意义、有用的教育究竟为何？

全世界传统高等教育的模式是一样的，即培养具有专业技能的雇员，而不是具有创新能力的创业者。国家提出了创新型国家的发展愿景，把科技创新提高到前所未有的战略高度。我们不能接受创新创业人才仅仅是现行教育的"意外""偶然""特例""副产品"，要痛下决心深度推进高校创新创业教育。

一、创新发展是突破国家发展"卡脖子"的必有之路

21世纪是科技社会，科学技术才是国家之间竞争赢得主动地位的砝码，随着我国综合国力的不断提升，以科学技术为核心的发展理念变得尤为重要。在此之前，中国的古代社会本就是以小农经济为主的农业社会，对于科学技

术的运用晚于西方社会，所以在改革开放初期，国家的重心就是重工业和关键核心技术领域。经过百年来的努力，我国在许多核心关键技术领域已取得一定的成就。进入新时代后，更是强调"科技是国家强盛之基，创新是民族进步之魂"。

2015 年 3 月，中共中央国务院发布了一份文件，旨在指导深化体制机制改革，加快实施创新驱动发展战略。党的十八大明确提出，科技创新是提高社会生产力和综合国力的战略支撑，必须将其放在国家发展全局的核心位置。2019 年 3 月 5 日，国务院总理李克强在发布的 2019 年国务院政府工作报告中指出，在过去的一年中，我们深入实施创新驱动发展战略，创新能力和效率进一步提升。这一系列措施的目的是为了推动我国经济向创新驱动、高质量发展转型。通过深化体制机制改革，我们致力于构建一个更加开放、包容、激励的创新环境。同时，我们强调自主创新的重要性，鼓励科研机构和高校加强科技研究，提供更多支持和资源。

从党的十八大提出要坚持走中国特色自主创新道路、实施创新驱动发展战略到 2015 年中共中央明确提出的"加快实施创新驱动发展战略"，从党的十八大提出要坚持走中国特色自主创新道路、实施创新驱动发展战略到 2015 年中共中央明确提出的"加快实施创新驱动发展战略"，展示了中国对创新的高度重视和决心。实施创新驱动发展战略的目的是推动中国经济从传统的资源驱动和投资驱动模式转型为以科技创新为核心的驱动模式。这一战略的提出反映了中国党和政府对科技创新在经济发展中的重要作用的深刻认识。通过创新驱动，中国旨在实现经济结构的升级和转型，提高产业竞争力，推动经济可持续发展。

实施创新驱动发展战略需要采取一系列的政策和措施来促进科技创新。首先，加大研发投入是关键。政府加大对科研机构、高校和企业的资金支持，鼓励企业增加研发投入，推动科技人才的培养和引进。其次，加强知识产权保护是必要的。完善知识产权法律法规，加强执法力度，提高知识产权保护的效果，为创新提供良好的环境。此外，优化创新生态系统也是重要的任务。

建立开放、包容的创新平台，鼓励各类创新主体参与创新活动，加强国际科技合作，推动科技成果的转化和应用。

实施创新驱动发展战略对于中国的经济发展具有重要意义。通过科技创新，中国可以提高自主创新能力，减少对外部技术的依赖，增强经济的核心竞争力。同时，创新驱动可以带动产业升级和转型，推动经济结构的优化和转型升级。此外，创新驱动还能够促进就业增长和提高人民群众的生活水平，为可持续发展打下坚实基础。实施创新驱动发展战略是中国党和政府为推动经济发展、提高国家竞争力所采取的重要举措。通过加大创新投入、加强知识产权保护和优化创新生态系统，中国将进一步提高自主创新能力，实现经济的转型升级和可持续发展。

二、创新发展是推动中华民族向前发展的重要力量

这是一个信息化、数字化的时代。面对数字化经济的快速发展，应当转变发展思维，将发展的纵深推进与横向耦合相互结合，在更宽领域上衍生出树状的科技生态系统，如通信令＋北斗定位系统的结合就变成了如今人人使用的行程码，激光雷达＋智能芯片车技的结合就变成了新能源汽车中的驾驶辅助系统；要高效融合各领域技术的互通融合，才能让科技创新的发展驶入快车道。

创新是民族进步的不竭动力。作为一种推动社会发展和变革的力量，创新在提升经济、科技、文化和社会等各个领域的竞争力和影响力上发挥着至关重要的作用。创新是推动经济发展的关键引擎。通过不断创造新产品、新技术和新商业模式，企业能够提高竞争力，增加市场份额，进而带动经济增长和就业机会的增加。创新还可以促进产业结构的升级和转型，推动经济高质量发展。创新是科技进步的基础和源泉。通过科学研究和技术创新，人们能够不断突破技术"瓶颈"，推动科学知识的进一步积累和应用，促进科技的快速发展。科技创新不仅改善了人们的生活质量，也为解决全球性问题提供

了新的解决方案。创新是文化繁荣的重要推动力。通过创新，艺术、文学、音乐、电影等创意产业得以发展，为社会带来丰富多样的文化产品和体验。创新也为传统文化注入新的活力，促进文化的传承和创新，增强民族文化的竞争力和影响力。创新推动社会进步和改善人民生活。通过创新，可以提供更高效、便捷、可持续的公共服务，改善社会治理和公共管理的方式和效果。创新还可以推动社会公平与正义的实现，促进社会包容性和可持续发展，为人们创造更好的生活环境和社会条件。

创新意味着独立自主和挑战权威。它是推动社会进步和经济发展的关键力量。创新不仅仅是发明新技术或产品，还包括在各个领域寻找新的解决方案和改进方式。它鼓励人们思考问题的不同角度，突破传统思维的束缚，并为社会带来新的发展机遇。创业意味着从无到有，充满挑战。创业家通过创造新的企业、产品或服务来满足市场需求，并为经济增长和就业创造机会。创业过程中充满风险和不确定性，但也提供了实现个人梦想和创造财富的机会。创业家的勇气和决心推动着经济的创新和发展。

当前，全球正在经历百年未有之大变局，而新冠疫情更加加速了这一变局。中国面临着经济转型和优化经济结构的关键时期。虽然中国已经取得了长足的进步，但仍然存在一些短板和弱项。为了有效应对风险挑战，弥补经济发展中的不足，需要充分发挥人力资本和人才资源的优势，激发各类人才的创新创造活力，为经济高质量发展注入强大动力。在未来的发展中，中国将面临许多挑战和困难，需要解决许多难题。科学技术将成为解决这些问题的关键。我们应该秉持求真、求实、求新、求变的精神，努力实现从零到一的突破，推进科学技术的广度和深度。相信通过不断努力，我们能够攀登科技的高峰，并为建设社会主义现代化强国作出新的贡献。

三、创新驱动的本质就是人才驱动

在推动创新的过程中，人才是最重要的资源。因此，我们需要更加重视培养、利用和吸引各类人才，促进人才的合理流动和优化配置，并创新人才培养模式。我们要将人才放在创新发展的核心位置，将其作为推动创新的关键要素。我们需要注重培养各类人才，包括技术专家、科学家、工程师、设计师等，以满足创新发展的需求。

创新是科技发展的驱动力，而人才则是保证驱动的重要能源，创新驱动的本质就是人才驱动，在新一轮的科技革命中，要做到以创新气象引来人才、创新生态留住人才、创新愿景用好人才，打造出吸引人才的强磁场，夯实科技发展的后继力量，切实为实现中华民族伟大复兴谱写新的蓝图。

强起来要靠创新，创新要靠人才，人才是第一资源。回顾历史，每一个地区乃至国家的跨越赶超，无不伴随着人才、科技和创新的身影。特别是当前，在国际竞争日趋激烈和单边主义、保护主义抬头的大背景下，国与国竞争的实质更加突出地表现为人才之间的竞争。因此，人才已经成为实现民族振兴、赢得国际竞争主动的一种重要战略资源。人才是发展的关键，所以必须注重培养人才，注重教育的发展，对教育加大投入，优化当前的教育体制，我国当前缺乏技术型人才，这与当前国人的思想观念和当前的教育体制有极大的关系，所以我们要改变这种现状。

创新是推动技术进步和提升竞争力的关键因素。通过自主研发和创新，我国可以不断取得新的科技成果和突破，提高自身在关键领域的技术实力，从而在全球竞争中占据更有利地位。创新对于经济增长和产业升级至关重要。通过创新，可以不断推动新兴产业的发展，培育新的经济增长点，提高整体经济的竞争力和创造力。创新还可以促进传统产业的转型升级，提高其附加值和国际竞争力。创新能力对解决重大挑战和问题至关重要。通过创新，我们可以寻找新的解决方案和方法，应对气候变化、环境污染、资源短缺等全球性问题，推动可持续发展和绿色经济的实现。通过持续加强创新能力和创新环境的建设，我国能够不断取得科技突破和创新成果，实现经济的可持续发展和国家的繁荣进步。

我国现在需要高端技术、核心技术和关键技术，但是引进和购买都有一定的限制，只能通过自主创新来实现。《中共中央关于制定国民经济和社会发展第十三个五年规划的建议》指出："在国际发展竞争日趋激烈和我国发展动力转换的形势下，必须把发展基点放在创新上，形成促进创新的体制机制，推动更多依靠创新驱动、更多发挥优势的引领型发展。"这里的"更多"指的是更多的创新活动和成果，而"创新驱动"和"先发优势"则是实现创新发展的关键要素。以科技创新为驱动力，推动形成有利于创新的体制机制，实现更多的创新活动和成果，并发挥引领型发展的优势，这将成为未来创新发展的重要目标和指导原则。

第三节　人才强国战略

人才强国战略是指我国政府制定和实施的旨在培养和吸引高层次人才、推动人才发展和创新的战略。该战略旨在提升国家的科技创新能力、经济竞争力和社会发展水平，以推动中国向人才强国转变。通过加大投入和改革创新，提高高等教育和职业教育的质量，培养适应社会发展需求的高层次创新创业人才，强化基础研究和应用技术研究，推动科技人才的培养和成长。我国政府实施了一系列政策和措施，包括引进海外高层次人才、设立人才计划、提供优厚的薪酬和福利待遇等，以吸引和留住高层次人才，促进创新和科技进步。政府提供创新创业基金、科技项目资助、知识产权保护等支持措施，为人才提供创新创业的平台和资源，推动人才的创新成果转化为经济和社会发展的实际成果。该战略强调建立科学公正的人才评价和激励机制。政府加强对人才的评价和选拔，推行绩效考核和激励机制，提供更多的晋升机会和职业发展空间，鼓励人才积极参与创新活动和实践。通过实施人才强国战略，我国致力于培养和引进高层次人才，提升科技创新能力和综合国力，推动经济社会发展，实现可持续发展和国家的繁荣进步。

一、从世界人力资源大国迈入世界人才强国行列

我国从世界人力资源大国迈入世界人才强国行列是指我国在人力资源领域的发展和转变，从仅仅拥有庞大的劳动力资源，向具备高层次、高技能、高素质的人才储备和创新能力转变的过程。这一转变的关键是我国政府所实施的人才强国战略。该战略注重人才培养、引进和留住等方面的工作，以提高国家的科技创新能力、经济竞争力和社会发展水平。中国在迈向世界人才强国的道路上取得的显著进展。在实施人才强国战略方面，中国坚持科技是第一生产力、人才是第一资源、创新是第一动力的理念。这意味着科技创新和人才培养是推动国家发展的核心驱动力。中国致力于深入实施科教兴国战略、人才强国战略和创新驱动发展战略。这些战略的目标是开辟新的发展领域和新的竞争赛道，不断塑造发展新动能和新优势。

突破"瓶颈"、推动制造由"大"到"强"的跃升，任重而道远。时隔26年首次修订的《中华人民共和国职业教育法》已经实施，这是重要的一步。在此基础上，各级党委和政府应该采取切实有效的措施，加大制度创新、政策供给和投入力度。这样可以使更多的技能人才脱颖而出，成为担负使命、勇于创新的主力军，具备高能力和本领的奋斗者，以及建立新功、创造辉煌的圆梦者。

党的十八大以来，我们党着力推动人才强国建设的理论创新和实践探索。我国在高等教育和职业教育方面进行了大规模的改革和投资，提高了人才培养的质量和水平。同时，加强基础研究和应用技术研究，培养具备创新能力和实践能力的高层次人才。例如，引进海外高层次人才计划、千人计划等，提供优厚的薪酬和福利待遇，为人才提供良好的工作环境和发展机会。同时，政府积极支持创新创业，为人才提供创新创业的平台和资源。设立创新创业基金、科技项目资助等，鼓励人才积极参与创新活动和实践。最后，政府加强对人才的评价和选拔，推行绩效考核和激励机制，提供更多的晋升机会和职业发展空间，激励人才积极投身于创新和发展。通过这些努力，中国已经

取得了显著的成果，逐渐从一个人力资源大国转变为人才强国。中国的人才储备和创新能力得到了提升，国家在科技创新、经济发展和社会进步方面取得了突破和成就。

二、人才强国建设进入高质量发展的攻坚期

习近平总书记在党的二十大报告中提出了到2035年建成人才强国的奋斗目标，并明确了一系列任务和举措。在人才强国建设中，我们要通过加强人才培养和教育体系建设、人才引进和留住工作、人才评价和激励机制建设以及国际人才交流与合作，中国将构建起一个充满活力和创造力的人才强国，为实现中华民族伟大复兴提供强有力的支撑。

首先，我们要坚持以中国式现代化的发展理念、质量标准和科学方式来培养高素质人才。要深化教育改革，推动教育体系的现代化转型。这包括更新教育内容和教学方法，注重培养学生的创新思维和实践能力，提高教育的适应性和针对性。同时，要加大对教师的培养和激励力度，提高他们的教学水平和专业素质。党的二十大报告提出了中国式现代化的本质要求，我们必须确立为党育人、为国育才的教育理念，明确培养人的目标、方法和受众，注重知识传授和价值引领的双重塑造，培养能够担当民族复兴大任的时代新人。同时，我们要全面提高人才自主培养的质量，着力培养拔尖创新人才，吸引和集聚全球各地的优秀人才。

其次，我们要着力打造人才强国的新动能。人才是推动社会发展和创新的重要力量，我们要通过创新机制和政策，激发人才的创造力和创新能力。这包括优化人才评价机制，建立激励机制和容错纠错机制，营造良好的创新创业环境，提供更多的机遇和平台供人才发展。同时，我们要注重人才培养和使用的结合，建立以人为核心的发展模式，充分发挥人才的作用和潜力。

最后，我们要聚天下英才而用之。人才是国家发展的重要资源，我们要采取措施吸引和留住各类优秀人才。这包括改善人才发展的条件和待遇，提

供良好的工作和生活环境，为人才提供广阔的发展空间和平等的机会。同时，我们要加强人才国际交流与合作，吸引国际高端人才来华工作和创业，推动国际人才的互联互通。

人才强国建设是一项长期而艰巨的任务，需要全社会的共同努力和支持。通过积极推进人才培养、激发创新活力、优化人才政策等措施，我们相信中国将能够建设成为人才强国，为实现中华民族伟大复兴的中国梦作出重要贡献。

三、实现人才强国的基本路径

第一，培养德才兼备的高素质人才是当前中国教育发展的重要目标。为了提高自主培养质量，需要建立和完善适应国家发展需求的教育体系，包括基础教育、职业教育和高等教育。这意味着教育系统需要注重培养学生的综合素质和能力，而不仅仅是注重知识的传授。教育投资的增加和教育质量的提高是实现这一目标的关键。教师素质的提高也是培养高素质人才的重要保障，因此需要加强对教师的培训和职业发展支持。高校在培养人才方面扮演着重要角色。高校应该重视基础研究人才的培养，解决基础研究人才数量不足和质量不高的问题。此外，高校还应注重培养学生的科学精神、创新能力和批判性思维，培养学生独立思考和解决问题的能力。此外，还需要探索建立适应中国特色、世界水平的工程师培养体系。这意味着培养具有技术创新能力和解决复杂工程问题能力的工程师队伍。工程教育应注重理论与实践的结合，培养学生的工程实践能力和创新能力。

第二，我们应鼓励学生、教师和研究人员参与国际学术会议、交流项目和合作研究，增强其国际视野和跨文化交流能力。同时，提供留学和出国交流的机会，让更多的人才能够接触到国际先进的教育理念和科研成果，拓宽思路，培养全球竞争力。通过积极融入全球化的人才交流与合作体系，注重市场需求和产业对人才的需求，建立健全的法律和制度保障体系，充分利用信息技术和人工智能，我们将为人才的成长和发展提供更加有利的环境，推动人才强国建设迈上新的台阶。加大对高层次人才培养的力度，鼓励人才参与科研和创新创业活动。同时，采取积极的政策措施吸引海内外优秀人才到中国工作和创业，提供良好的工作环境和待遇。

第三，建立既有中国特色又具备国际竞争优势的人才发展体制机制和科学规范、开放包容、高效运行的人才发展治理体系，是为了推动人才培养和发展的可持续、全面和协同发展。这包括发展职业教育和技能培训，培养各类技能型人才；加强高等教育和研究生教育，培养创新型人才和高层次专业人才；支持终身学习和继续教育，为人才提供持续学习和发展的机会。同时，要加强学校与企业、产业的合作，实现校企合作育人的良性循环。通过建立既有中国特色又具备国际竞争优势的人才发展体制机制和科学规范、开放包容、高效运行的人才发展治理体系，我们将能够更好地发挥人才的潜力和创造力，培养出适应时代需求、具有国际竞争力的高素质人才，为实现中华民族伟大复兴提供强大的人才支撑。

第四，建立激励机制，推进创新创业。建立科学公正的人才评价和激励机制，鼓励人才积极参与创新活动和实践。提供晋升机会和职业发展空间，激励人才为国家和社会作出更大贡献。加强创新创业支持，建设创新创业平台和孵化器，提供创业资金和技术支持。鼓励人才参与科技创新，推动科研成果转化为实际生产力。积极开展国际人才交流与合作，吸收借鉴国际先进的人才培养和管理经验。与其他国家分享资源和合作机会，促进人才的互利共赢。制定和完善相关政策，包括人才引进政策、创新创业政策、人才评价和激励政策等。政府要加大对人才发展的投入，提供资金和政策支持，为人才的成长和发展提供有力保障。

这些基本路径相互关联、相互促进，共同推动人才强国的实现。关键在于政府的领导和支持，以及全社会的共同努力，形成培养人才的良好环境和氛围，激发人才的潜能和创造力。同时，要注重人才的全面发展，兼顾不同领域和层次的人才需求，实现人才的结构性优化和均衡发展。这是一个长期而复杂的过程，需要政府、教育机构、企业和社会各界的共同努力。通过不断的改革和创新，中国可以逐步实现人才强国的目标，为实现现代化建设和高质量发展提供坚实的人才支撑。

第四节　教育强国战略

教育强国之"强"，首先是教育自身之强。近年来，我国教育事业取得了长足的发展，不仅在基础教育、高等教育等方面取得了显著成就，在科技创新、人才培养等关键领域也日益展现出强大的实力和潜力。毋庸置疑，在当今世界竞争日益激烈的背景下，教育被视为国家发展的核心和基石，这不仅是因为教育是人力资源的重要来源，更体现了教育对于国家未来的战略意义。

一、教育强国与社会主义现代化强国建设

教育兴则国家兴，教育强则国家强。重视教育就是重视未来，重视教育才能赢得未来。

首先，教育兴则国家兴。教育是一个国家民族的灵魂和未来，只有通过广泛的教育普及，培养出优秀的人才，才能确保国家的繁荣和稳定。教育可以提供知识、技能和价值观的传承，使人们具备自主思考的能力并塑造积极向上的品格。当一个国家的公民普遍受到高质量的教育，他们能够更好地适应社会需求，提升个人竞争力，为国家经济发展作出积极贡献。

其次，教育强则国家强。教育的发展不仅仅关乎个人发展，更是国家发展的战略支撑。教育强大可以催生创新力量，促进科技进步和社会进步。随着科技的飞速发展，高素质的人才成为各行各业的核心需求。只有通过加强教育改革，培养具备创新精神和实践能力的人才，才能更好地适应未来社会的变革，引领科技创新的潮流。同时，教育强化了国家的文化软实力，提升

了国家的国际形象和影响力。

然而，我们也要正视当前教育领域存在的问题和挑战。教育资源分配不均衡、教育质量参差不齐等问题亟待解决。只有通过加大对教育事业的投入、推进教育改革，才能真正实现教育兴国、教育强国的目标。

总而言之，我们每个人都应当意识到教育对于国家发展的重要性，无论是教育工作者、家长还是学生，都应当为教育的发展贡献自己的力量。只有通过共同努力，推动教育事业蓬勃发展，才能实现国家的梦想和愿景。

二、教育强国与人的现代化发展

在当今高度竞争和全球化的时代，一个国家要实现持久的发展和繁荣，教育是至关重要的。教育强国不仅为其公民提供优质的教育资源，更能培养创新思维、拓展人才潜力，使国家在各领域保持竞争优势。

首先，教育强国致力于提供普及且优质的教育。这意味着每个人都有平等地接受教育的机会，无论他们的背景、性别或经济状况如何。教育的普及确保了人们不受限于自身条件，有机会追求知识和技能的成长。同时，优质的教育意味着教师具备专业素养，教学环境良好，教学资源丰富。这样的教育体系能够培养具备全面素养和适应未来社会需求的人才。

其次，教育强国注重培养创新思维和解决问题的能力。创新是推动社会进步和经济发展的关键要素。教育体系应该鼓励学生探索、质疑和创造，培养他们的创新潜力。这需要给予学生更多的自主权和参与度，让他们在实践中学习并尝试解决真实问题。通过培养创新思维，教育强国能够孕育出具有创造力和技术能力的人才，推动科技、经济和社会的可持续发展。

再次，教育强国重视职业教育和技能培训。随着科技进步和产业结构的变化，未来的工作环境将需要不同类型的技能。教育系统应该与企业界紧密合作，了解市场需求，并为学生提供相关的职业教育和技能培训。这样的教育模式能够确保年轻人具备适应就业市场的竞争力，促进就业机会的增长，同时也为国家的经济发展提供有力支持。

最后,教育强国重视全球教育合作与交流。面对全球化挑战和机遇,教育强国应积极与其他国家分享经验,加强教育资源的交流与合作。通过国际交流项目、留学生交流等方式,学生可以与不同背景和文化的人相互学习和交流,拓宽视野,培养国际合作意识和跨文化交流能力。

教育强国是实现持久发展和繁荣的关键要素。通过提供普及且优质的教育、培养创新思维和解决问题的能力、重视职业教育和技能培训以及加强全球教育合作与交流,一个国家能够建立起具有竞争力的人才队伍,为社会进步和国家发展奠定坚实基础。

三、教育强国建设与高水平科技自立自强

科技创新是推动经济增长、提升竞争力和实现可持续发展的重要引擎。在当前快速变革的时代,科技创新不仅是应对挑战的关键,也是抓住机遇的重要途径。通过加强科技创新驱动,我们将能够不断提升经济的质量和效益,实现经济结构的优化和产业的转型升级。科技创新将助力企业提升核心竞争力,推动产业的繁荣发展。

随着社会的不断进步,我们愈发感受到了科技与教育的重要性。科技是第一生产力、人才是第一资源、创新是第一动力,而教育是培养人才的基石,缺失了教育,就难培养大量的人才,难有创新性人才,难发展科技。新时代二十年,我国创新驱动发展战略在神州大地落地生根、结出累累硕果,科技自立自强交出精彩答卷,科技创新让发展的质量更高了、赛道更多了、活力更足了。

教育是培养科技人才和创新能力的重要基础。通过建设教育强国,提供高质量的教育,培养具备科学素养和创新精神的人才。这些人才将成为科技领域的中坚力量,推动科技的发展和创新。教育强国为培养科技人才提供了充足的资源、优质的教育环境和广阔的发展机会。科技的自立自强是一个国

家实现教育强国的重要保障。通过自主创新、自主研发和掌握核心技术，一个国家能够拥有更多的教育资源和教育工具，提升教育质量和水平。

因此，教育强国建设与高水平科技自立自强是相互促进、相辅相成的。通过加强教育体系的建设，提高教育质量和公平性，培养具备科学素养和创新精神的人才，为科技的自立自强提供有力支持。同时，科技的自立自强也为教育提供了更好的工具和资源，提升教育的效果和质量。这种综合推进将促进国家的综合实力和竞争力的提升。

四、教育强国建设与全体人民共同富裕

教育是国家发展壮大的重要支柱。百年大计，教育为本。推动教育强国建设，培养担当民族复兴大任的时代新人，对于全面推进中华民族伟大复兴历史进程具有重要的战略意义。实现教育高质量发展，要加快推进教育现代化，坚持"两个毫不动摇"，落实教育优先发展战略，推动教育高质量发展。育人为本、公平第一，大力促进教育公平，有效保障和改善民生，更好实现教育民生民心目标。把我国现代化建设同促进人的全面发展、社会全面进步相统一，同筑牢中华民族伟大复兴的精神支柱相统一，同实现共同富裕的目标相统一。

教育是实现人力资源优化配置和提高社会生产力的重要途径。通过建设教育强国，提供高质量的教育，培养具备专业技能和综合素质的人才，为国家经济发展提供人力支持。这将促进经济的增长和社会的进步，为全体人民创造更多的就业机会、提高收入水平，实现共同富裕的目标。全体人民共同富裕是教育强国建设的根本目标和出发点之一。只有当整个社会都享有平等的教育机会和资源，人民才能充分发挥自身潜力，为国家的发展做出更大贡献。通过提高人民的教育水平和素质，使更多的人能够参与到创新创业中，为社会经济的发展注入活力和动力。

教育能够为全体人民提供平等的发展机会，通过提升个人的综合素质和

能力，使得人民能够更好地参与到经济活动中，创造更多的财富。而全体人民共同富裕也会为教育提供更好的资源和支持，包括增加教育投入、改善教育条件等，进一步提高教育的质量和覆盖面。这种良性循环将推动教育强国和全体人民共同富裕的同步发展。

五、教育强国建设与全面推进中华民族伟大复兴

建设教育强国是以人民为中心发展教育、为人民谋幸福，更好满足人民群众对美好生活的根本需要。教育关乎千家万户的切身利益和幸福，教育发展与每一个人的终身学习、就业与发展息息相关。随着我国现代化进程的加快，人们享有的社会物质财富极大增长。与此同时，人民群众对于美好生活的期待和向往将越来越强。为此，畅通向上流动通道，缩小城乡差异，促进共同富裕等，均对新时代教育发展提出新需求。建设教育强国，就是站在人民立场的高度，顺应人民对高品质生活与高质量教育的期待，办好人民满意的教育，不断促进人的全面发展，提高国民素质，进而让人民群众有更多获得感。

推动教育强国建设是全面建设现代化强国的战略先导。一方面通过提升教育水平和质量，培养高素质人才，能够为国家的经济发展、科技创新、社会进步提供有力支撑；另一方面通过加强科学研究，有助于提升国家的创新能力，推动科技进步和产业升级，提高国家的核心竞争力。同时，教育强国建设对提升国家的软实力有巨大推动作用。优质的教育体系和培养出的高素质人才将吸引更多国际学生来华留学，促进国际交流与合作，增强国家在国际舞台上的话语权。

推动教育强国建设不但能够提升国际影响力，还能促进国内社会更加和谐稳定。首先，推动教育强国能够促进社会公平正义。随着教育的普及，可以很大程度上缩小城乡、区域、贫富等差距，实现教育资源的均衡分配，让每个人都有平等接受优质教育的机会，提高社会公平性和社会公正性。其次，

推动教育强国建设有利于传承和弘扬中华优秀传统文化，培养具有民族自信和文化自觉的人才，让学生了解和尊重自己的文化传统，增强文化认同感和自豪感。

推动教育强国建设，全面贯彻新时代教育方针，坚持优先发展教育事业，坚持立德树人，为国育人、为民育才，全面提高人才自主培养质量，充分释放教育事业发展活力，更好发挥教育事业在全方位推动高质量发展、建设现代化经济体系、推进文化强国建设、提高保障和改善民生水平、推进生态文明建设等方面的基础性、战略性支撑作用。

第二章

创新创业教育概述

第一节 创新创业教育概念

一、创新与创业的定义与内涵

（一）创新的定义与内涵

创新是指在特定环境中，利用现有的知识和资源，以超越传统思维模式为导向，提出与常规或传统思路不同的见解，并通过改进或创造新的事物、方法、元素、路径、环境等方式，以满足理想化需求或社会需求，并获得有益效果的行为。创新与保守、守旧等相对，强调超越旧有观念和方式，追求新的思维和方式的发展。对于"创新"这一概念，目前人们在应用中有多种不同的解释。从词义学方面看，"创新"一是指"抛开旧的，创造新的"；二是指"创造性"[①]与"创新"一词近义和相关的词主要有"创造"和"创造性"。创新一般是与保守、守旧等相对，诸如人们常说的"要创新，不要保守""要开拓创新，不要因循守旧"等。

从哲学和社会学的角度来看，创新是人类独特的认知和实践能力的体现，

---

① 中国社会科学院语言研究所词典室. 现代汉语词典（第 5 版）[M]. 北京：商务印书馆，2005.

28

是推动民族进步和社会发展的动力。创新是一种创造性的实践行为，旨在增加整体利益。通过发现、利用和再创造事物，创新产生了新的矛盾和新的物质形态。这种观点强调了创新对于人类进步和发展的重要性。

创新的本质在于突破既有的思维定式和常规约束。它要求人们超越传统的思考方式和行为模式，寻找新的解决方案和创造性的途径。创新的核心是"新"，它可以表现为产品结构、性能或外部特征的改变，也可以是内容表现形式或创造手段的革新，还可以是内容的丰富和完善。在社会学领域，创新可以应用于各个层面，包括社会制度、组织结构、文化观念、价值观念、社会关系等。社会创新可以带来社会变革和进步，推动社会发展和社会问题的解决。社会学家关注社会变迁和社会结构的演变，研究社会创新如何影响社会发展和社会关系的重构。他们研究创新的动力、影响因素、创新过程和创新结果，以深入理解创新对社会的影响和意义。

无论从哪个领域来看，创新都是一种追求新颖、独特和有益效果的行为。它对于社会和经济的发展至关重要，因为创新能够带来新的解决方案、改进现有的产品和服务、推动技术进步以及激发经济增长。因此，鼓励并培养创新思维并付诸于实践，这对于一个民族和社会的进步是至关重要的。创新能力是指个体或组织运用新的方法、思维或路径进行创造性劳动，取得新的突破和成果的能力。它是一个综合性的能力，包括想象力、观察力、记忆力、判断力、学习力和执行力等多种基本能力的集合。创新能力在三个主要领域中得到突出体现。

1. 在学科领域进行知识创新

在学科领域进行知识创新是通过科学研究，在基础研究与应用研究相结合的情况下，获得某一学科领域中的新的基础科学知识或技术科学知识的过程。知识创新的目的是获取新的知识、追求新的发现、探究新的规律以及创造新的学说和方法。知识创新涉及各个学科领域，包括自然科学、社会科学、工程技术等。通过科学研究和学术探索，研究人员和学者可以提出新的假设、进行实证研究、发现新的规律，并形成新的理论框架和解释模型。这些新的知识成果可以通过学术论文、学术会议、学术期刊等途径进行传播和分享，推动学科的进步和学术的发展。

2. 在行业领域开展技术创新

在行业领域开展技术创新是指在某一行业领域内以创造新技术为目的的创新，如创造一种新的技术或在该行业领域的科学技术知识背景下及其创造的产业资源为基础进行的创新，如开发一种新产品或新服务。

3. 在职业领域变革制度创新

在职业领域变革制度创新是在所处的职业环境内对该职业领域的现存制度（包括但不限于经济制度管理制度、工作模式等）提出或实行的创新变革，通过利用新知识、新技术等创新手段，优化和改进原有职业领域的制度缺陷，提升效率以获得更好的效果。

（二）创业的定义与内涵

创业，即"创造价值、开创事业"，是指通过利用现有资源或通过一定程度的努力对能够获得的资源进行优化整合之后再利用，从而创造出更多的经济价值或社会价值的行为过程。创业的范围和领域应该是多样性的，"业"可以指：学业业务、专业、就业、转业、事业、产业、家业、企业等。可见"业"的内涵极为丰富。创业的本质是创造更多的价值，因此创业并不应该仅仅局限于商业领域，并不是说只有独立从事商业经营活动才能称之为创业。

创业可以指创业者个人或者其团队创立自己的产业过程中的一切活动，如开设店铺、开办工厂、创立公司、经济投资等各类生产经营活动；也可以指在知识创新的基础上，以生产技术、制作工艺、创新产品或创新服务等的技术创新，开创性地提供不同于原有资源的新技术、新工艺、新产品、新服务的一系列活动。创业对"业"的领域和范围是没有限制的，主要是体现了一个新的结果，是一个主体通过主观努力而取得的全新的成果。

结合创业的多种形态来看，总体来说创业主要可以分为以下两种类型。

1. 独立型创业

独立型创业指的是在创业初始阶段个人创业者或其创业合伙人形成的团

队通过使用其所拥有的可支配的个人资源或团队资源，所开展的创业活动。独立性创业是一个从无到有的创业过程，在这个过程中充满了机遇和挑战，创业活动所带来的回报也相对较大，但过程中的风险和难度也很大。独立型创业的创业者在创业初期往往缺乏足够的经验和资源，对创业者自身的素质以及能力要求也都相对较高。

2. 依附型创业

依附型创业指的是在某一行业或某一领域内，个人创业者或其创业合伙人形成的团队在这一行业领域中已有一个明确的角色定位，在创业初期，除使用个人或团队所拥有的可支配的资源以外，通过利用原有行业领域中的无形资源如行业影响力、品牌效应、通用技术或知识等，依托于原有行业的基础之上开展的创业活动。依附型创业是一个量变到质变的创业过程，对创业者的要求更多的是发现机遇和抓住机遇的创新能力，创业过程中风险较小，但创业机遇相对也很小。在依附型创业的过程中，创业初期一般常见的是模仿或复制行业领域中的同类企业或类似的创业活动，作为依附型创业者，应当要在一个已经成熟的行业领域内进行更进一步的创新，找到行业的痛点，才能从行业领域中脱颖而出。

二、创新教育与创业教育的内涵

（一）创新教育的内涵与模式

1. 创新教育的概念和目的

创新教育是一种教育理念和方法，旨在培养学生的创新能力，激发他们的创造力和创新潜力。它强调学生的主动性和创造性，注重培养学生的独立思考、问题解决和创新实践能力，以满足现代社会对创新人才的需求。创新教育摒弃传统教育的一些限制和约束，探索和构建新的教育理论和模式。创新教育旨在培养学生的创新素质和创新能力。它包括教育内容的创新、教学方法的创新、评价方式的创新等。创新教育注重培养学生的团队合作能力、沟通能力和创新意识，通过项目学习、实践活动和创新项目等方式，激发学生的创新潜力和创新能力的发展。创新是一个去探索未知领域以及打破已知领域进行突破的过程。因此，创新教育的主要目的就是培养人们在创新过程中所需要的创新精神、创新能力和创新人格。

创新精神是人们在思维、行动和态度上对新事物的好奇心、探究兴趣以及对新知识的求知欲的体现。它是推动个体和社会不断进步的灵魂和动力。好奇心是创新精神的基础。创新往往伴随着风险和困难，需要坚定的意志和毅力来克服挑战。百折不挠的精神使人们在面对困难和失败时不轻言放弃，不断尝试和改进，坚持追求创新的目标。创新精神的培养和弘扬需要社会各界的共同努力。教育机构应注重培养学生的创新思维和实践能力，鼓励学生参与创新项目和团队合作。企业应提供鼓励创新的工作环境和机制，鼓励员工提出新的想法和解决方案。政府应制定创新政策，提供创新创业的支持和激励措施。在全面建设创新型国家的过程中，创新精神将成为推动社会进步和发展的重要力量。唯有培养和践行创新精神，我们才能不断创造出新的知识、技术和价值，推动社会进步、经济繁荣和人类福祉的持续提升。

创新能力是指个体或组织在进行创新活动时所展现出的一系列能力和素质。创新能力是支撑创新活动的基础和核心。通过不断培养和发展创新能力，个体和组织可以更好地应对变化和挑战，推动创新的发展，实现持续的进步和创造价值。但是目前，大量青少年都十分缺乏创新能力。究其原因，主要有几点：一是缺乏创新的意识和创新的欲望。许多青少年进入大学之后，对自己未来的目标都十分迷茫。二是缺乏对创新的兴趣。随着社会发展，当代青少年的兴趣越来越丰富，因此对创新感兴趣的不多更缺乏引起创新兴趣所需要的深度和广度。三是思维定式。当代青少年习惯于使用固有的思维定式来思考和解决问题，弱化了青少年的创新意识，影响了青少年创新能力的发展。四是缺乏创新动力。不可否认，仍然还是有一部分青少年是具有创新动机的。他们对创新的概念有一定的认识和想法，也希望能在学习和实践过程中开展创新活动。他们在思想上追求创新，体现出了比较积极的精神状态，但在行动上却迟迟不去开展，主观能动性发挥不够，投身创新实践的勇气和能力都十分欠缺。

创新人格是指在创新活动中展现出的一系列个人特质和心理品质。具有创新人格的个体对自己的创新活动具有明确的目标和使命感。他们能够意识到自己的创新工作对社会和团队有积极的影响，并且以此为动力来推动创新成果的实现。他们勇于挑战传统观念，寻求新的认识和理解，不断追求知识的深化和拓展。顽强的意志和毅力使他们在创新活动中能够持之以恒，不轻易放弃，最终取得成果。在当今社会，面对快速变化的信息和激烈的行业竞争，开始创新活动相对容易，但要保持持续的创新并取得阶段性突破则十分具有挑战性。创新人格使个体能够在这样的环境下保持持续的创新活动，并取得阶段性的突破。开放的思维、坚定的自信、自律的意志和持久的毅力是进行创新活动的重要因素。具有创新人格的人意味着他们具有开创的精神、辩证的思维和独立的人格，在追求创新目标上有担当、有责任感，在实施创新活动中勇于突破自我，在克服创新困难上敢于变通，在控制创新行为上自律自控，最终为形成创新能力提供了极好的基础。

2. 创新教育的具体做法

创新教育主要是针对"创新"进行的教育活动，在目前的创新教育的实施实践过程中具体有以下几种做法。

（1）注重创新人格的培养。

创新教育应该注重培养学习者的质疑和创新能力，并创造一种积极的、和谐的学习环境。在具体的创新教育实施过程中，创造一种相互理解、轻松和谐的课堂氛围是非常重要的。这样的氛围可以促进学习者的自主创新，鼓励他们不受束缚地提出质疑和想法。面对学习者的提问，教师应该积极回应，不论问题是否天马行空或荒诞可笑，都应该保持尊重和鼓励的态度。即使问题存在错误或误解，教师也应该及时进行讨论和纠正，鼓励学习者继续探索和思考。通过这种方式，学习者可以逐渐形成求知创新的习惯。

创新意识和创造热情是发展创新能力的动力。在高等教育中，自信心、进取心和责任心是支撑创新意识的重要因素。创新意识和创造热情离不开自信心、进取心和责任心的支持。这些心理品质是大学生在学习、科研和社会实践中积极投入创新工作的动力和保障。通过培养和发展这些心理品质，可以帮助大学生更好地发展创新能力，为社会的进步和发展做出贡献。

（2）注重创新思维的培养。

创新思维并不是天生的，它也需要后天的引导和培养。兴趣是创新思维的先导，兴趣永远推动着人不断进取。创新必须基于一定的科学基础，同时也要保持实事求是的科学态度。在创新教育中培养学生的创新思维，首先要培养求异思维，求异思维可以帮助学生从不同的视角和角度审视问题，打破传统思维的局限性，激发创新的灵感和想法。求异思维对于创新和问题解决能力的培养非常重要。它能够帮助人们发散思维，拓宽思维的边界，打破传统的思维定式，从而产生新的思考方式和创新的想法。在创新教育和创新工作中，培养求异思维能力可以帮助个体更好地适应变化和挑战，提升创新能力和竞争力。

发散思维是一种思维方式，强调产生尽可能多的创新想法和解决方案。它与传统的收敛思维相对应，收敛思维更注重从已知信息中找出一个或少数几个合适的答案。发散思维对于创新和问题解决能力的发展至关重要。它能够帮助人们超越传统的思维模式，寻找新的解决方案和创新的思路。通过培养发散思维，个体能够更好地应对复杂的问题，提供多样化的解决方案。

（3）注重创新能力的实践。

在创新教育过程中，动手实践是将构想变为现实、提升和巩固创新能力的重要途径。高等教育的创新实践教学应该鼓励学生参与各种能够引发和促进新思想、新方法以及独立创新的活动。这种实践教学的目的是培养学生的创新思维和解决问题的能力，激发他们的创造力和创新潜能。

在现代教学中，重视培养学生对知识形成过程的理解和探究。这种教学理念强调学生的主动性和探索性，鼓励他们通过自主学习和实践来获得知识。这种教学方式可以激发学生的创新意识和创造热情，使他们在学习、科研和社会实践中勇于挑战和大胆创新。通过创新实践教学方法和活动，学生可以在实践中培养创新能力、团队合作和解决问题的能力。同时，教师和学校也应提供支持和资源，营造一个积极、创新的教学环境，激发学生的创新热情和动力。

（4）巩固创新精神的意义。

在"两创"的背景下，对高素质人才的需求提出了更新、更高的要求，具备创新意识、创新精神和创新能力的创造型的优秀人才是满足知识经济时代的高素质人才标准。在当今知识经济时代，培养学生的创新精神和能力是高等教育和教学改革的重要方向、潮流和趋势之一。在快速变化和不确定性的环境中，创新能力可以帮助个人和组织适应和应对挑战，推动社会和经济的发展。创新往往需要跨越学科边界，因此，高等教育应鼓励跨学科合作和综合能力的培养，培养学生的系统思维和综合素养，使他们能够在复杂问题中进行创新思考并解决问题。高等教育机构应积极推动创新教育的发展，为学生提供创新的学习环境和机会，培养他们成为适应知识经济时代发展所需要的创新型人才。

（二）创业教育的内涵

1. 创业教育的内涵

如今，"大众创业"和"万众创新"的潮流中，高等院校中的"创新创业教育"备受社会各界的广泛关注。然而，大多数人对于创新创业教育的概念仍缺乏清晰的认识，普遍将创新创业教育等同于创业教育，将整个创新创业教育的导向以创业为主。尽管创新创业教育和创业教育有相似之处，但在目标、内容和方法上存在差异。

创新教育的核心在于培养学生的创新能力和创新精神，鼓励他们在各个领域中提出新思想、新方法，并将其应用于解决现实问题。创新教育的目的是激发学生的创造力和创新潜能，培养他们具备创新思维、解决问题和创造价值的能力。创新教育强调的是创新的过程和思维方式，而不仅仅是创业的结果。创业教育主要侧重于培养学生进行创业活动所需的知识、技能和意识。它涉及商业模式的设计、市场分析、团队管理、融资等方面的内容，旨在为学生提供创业实践的指导和支持，帮助他们了解创业的过程和要素，为未来创业提供必要的准备。

虽然创新创业教育和创业教育有所区别，但两者并不是相互排斥的，而是可以相互促进、互为补充的关系。创新是创业的基础，创新能力的培养可以为创业提供更多的机会和可能性。学生通过创业实践可以将创新思维转化为实际行动，并在实践中不断提升自己的创新能力。对于高等院校而言，创新创业教育应该是一个完整的教育体系，既注重培养学生的创新思维和创新能力，又提供创业实践的机会和支持。这样的教育体系可以为学生提供全面的创新创业教育，使他们在未来的职业发展中更具竞争力和适应能力。

2.创业教育的基本模式

传统的创业教育，大多都是单纯的生存型的创业，所涵盖知识和技能的水平并不算太高，更多的是对传统的商业市场中的买卖关系进行基本的理解和分析，其主要目的是为了解决创业者自身的就业和生存问题。那么在高等学校中的创业教育，则应当以培养学生的创业素质和创业精神为重心，以提高学生的创业技能和创业能力为目标，让学生在毕业之际，可以不再局限于传统的求职就业，而是可以有能力进行全新的创业就业，甚至可以成为更多工作岗位的创造者，带动更多人就业。

目前我国现阶段的创业教育基本模式，是一种典型的"虚拟仿真"教育，先让学生了解市场经营以及开办企业过程中所需要的基本知识和技能，再通过讲授各类创业故事改变他们的创业认知与态度，提高他们的创业精神，强化他们通过创业成为一名企业家的意图，增强他们对创业的信念与创业主动性；之后再让他们模拟出一个企业从诞生到消亡的全过程，培养和提高他们的经营能力、管理能力和领导力，进一步提升他们创业方面的知识储备，让他们在今后的工作和生活中都能够更好地应用这些能力，提高创业的成功率。

其实目前这种创业教育的模式，是缺乏真实创业场景的验证和反馈的。这就使得学生在"仿真"的学习时，容易抓不到重点，而且容易把"仿真"过程中的知识遗忘，更多的关注点都聚焦在了"仿真"时的有趣过程，而忽略了"仿真"背后所反映出来的深刻意义。因此，这样的创业教育需要进行更加深入地改革与创新，改革教育模式、增加教学维度、对课程进行更多梯度的设计、加入创新的教学方式和方法等。除了基础的知识和能力教育，目前各高校也在积极引导学生参与各类创业大赛，将"仿真"的创业教育变为更加真实的创业初期阶段，通过风险很低的小型创业活动，在实际应用中巩固创业知识、提高创业能力。同时，还能从赛中择优，孵化出那些真正具有市场前景的项目。之后，在学校以及政府的政策红利、资金扶持下真正实现创业。未来，创业教育应该是一种极具特色的教育并不是单纯的以课堂教学为主，也不是简单重复的创业实践活动。创业教育应更灵活、更多元、更具体和更有针对性，既能体现对社会的服务价值，又能推动市场经济发展、填补技术空白，最终将创业教育落地，转化为一个实际的创业行为。

3. 高校中的创业教育

KAB (Know About Business) 和 SYB (Start Your Business) 是国际劳工组织开发并推广的创业教育项目。它们主要针对国际社会中的就业与创业问题，旨在培养和提升年轻人的创业意识、创业技能和创业精神。这两个项目在全球范围内已经得到广泛实施，并取得了可喜的成效。然而，在我国的高校中，开展创业教育课程面临着起步晚、发展慢、成效低等现实问题。为了解决这些问题，我国开始引进 KAB 和 SYB 创业教育体系，将它们融入具体的教育实践中。[①]

KAB 和 SYB 这两种创业教育体系，都是针对"创业"进行的教育，二者之间有许多相似之处，但是侧重点又各有不同。KAB（Know About Business）教育的侧重点是"K"即"know"，重在"了解、知道"，主要面向的是大学生群体，其主要目的是提高他们的创业意识和创业能力；而 SYB（Start Your Business）教育的侧重点是"S"即"start"，旨在"开始、启动"，SYB 教育一

---

① 黄海明. 高校创业教育 KAB 与 SYB 比较研究 [J]. 大学教育，2019 (1)：165–167.

般面向的是已经进入社会的群体，通过 SYB 创业教育的培训以帮助他们成功创业或者再就业。结合我国高等院校教育的特殊性，创业教育的主要目的是为了培养大学生的创业意识，提高他们的创业能力，尽可能地减小开始创业之后的风险，因此，KAB 教育相对更符合目前我国高校现有的创业教育模式，也是目前各大高校应用最广的一种创业教育。

KAB 课程共设置八个教学模块，每个模块都涵盖了特定的主题，并且这些模块之间存在着紧密的联系。这些教学模块相互关联，构建了一个全面的创业教育体系。通过学习这些模块，参与者可以获得全面的商业知识和技能，为他们的创业之路提供坚实的基础。同时，这些模块也强调创新、可持续发展和社会责任等方面的重要性，培养参与者的全面素养和企业家精神。KAB 课程通过创业游戏、模拟经营等方式，引导学生主动地参与探索创业过程中的知识点，激发创业精神。相比传统的知识讲授方式，这种实践性的教学方法可以提高学生的实战水平和动手能力。学生在实际操作中能够理解和掌握创业概念和商业知识，并在此基础上推演和认识到更高层次的商业关系和决策的利弊。这种基于实践和操作的教学方法可以使学生更好地理解和应用创业知识，在实际场景中锻炼创业技能。通过参与创业游戏和模拟经营，学生能够在相对低风险的环境中体验创业的过程和挑战，培养创新思维、决策能力和团队合作精神。

KAB 教育和 SYB 教育这两种创业教育一般主要运用以下几种教学模式。

（1）创业案例。创业案例是 KAB 教育和 SYB 教育中常用的一种教学模式。通过创业案例的引入，参与者可以学习和分析实际创业者在创业过程中面临的问题、挑战和成功经验。这种教学模式的好处是将理论知识与实际情境相结合，使参与者能够更深入地理解创业的现实情况，并从中获取启发和教训。但是案例教学需要不断积累，可以通过收集成功校友的创业故事等方式，建立起本土的甚至范围更广的创业案例库，通过各类不同的案例，融合更多的创业知识点。

（2）头脑风暴。创业并不是一种一成不变地复制和照搬，创业更多的是一个思维创新的过程，通过头脑风暴，激发学生的创新思维与创业意识，在面对创业过程中出现的困难和问题时，学会多维度考虑问题，在学生天马行空的发散思维中，引导他们找到最优的解决问题的办法。创新思维和头脑风暴是作为一名创业者应当具备的基本素质。

（3）创业游戏。创业游戏是创业教育中最常用的一种教学方式，通过模拟创业过程，在游戏中设置商务情境，采用分组对抗、小组竞赛等模式，利用游戏中的互动了解商务需求与市场利益等关系，激发学生在创业过程中主动探索、独立思考的进取精神，感受创业过程中的团队协作精神，学会在团队中与队友和谐共处，锻炼和提升分析问题和解决问题的能力。通过创业游戏还能让学生体会市场运作机制，感受市场竞争过程中所带来的紧张和刺激感。

三、创新创业概念及范畴

（一）创新创业概念

学术界对创新创业的观点主要有两种。第一种观点是把提高就业岗位和寻求工作有关的教育界定为创新创业教育。联合国教科文组织提出提供就业岗位和求职构成了创新创业教育的重要组成部分。这种观点下的创新创业教育是一种狭隘的理解，将相关创新创业教育比作开公司、办企业。第二种观点主要聚焦综合、全方位培养学生的素质。美国百森商学院提出了"创业遗传代码"的观点，这是具有革新性的教育理念。这种观点下的创新创业教育重点在对创业者个人的能力进行提升培养，作为广义的理解更被学术界广泛认可。

学术界对于创新创业教育概念的界定研究讨论激烈，但其根本的性质仍较为一致。首先，"创新创业"是创新创业教育的逻辑源点，重点在于引发和培养学生对理论知识的探索和对创业实践的冒险精神，以此培育创新思维，使得学生在未知的动态环境下创新解决问题的能力得到提升。其次，"教育"是创新创业教育的逻辑重点。教育根本是采取一定的措施手段使得人体外在和内在的能力得到有效提升，高校应该科学系统地构建创新创业教育体系，激发学生创新创业精神，使学生积极主动地运用创业理论和实践技能，在创业的最佳时机开展创业行为。

（二）创新创业教育的基本理论

任何一种教育理念与教育模式都是基于深刻的时代背景和社会背景而产生的。创新创业教育理念是在中国制造业转型发展、整体经济下行压力过大、社会发展动能不足的背景下提出的，推进创新创业教育，营造"大众创业，万众创新"的新局面，就是为了应对这种经济形势。但应该看到，这种教育理念的背后，还有深刻的教育理论基础。没有理论基础的教育理念就是空中楼阁，经不起推敲，因此全面解析创新创业教育的理论基础，洞悉创新创业教育蕴藏的内涵，成为当前研究高等教育创新创业教育的重点。

1. 主体教育理论

我国传统教育在自主性、主动性和创造性方面相对较弱，而现代教育最主要的特征就是高扬人的主体性，正是基于此，从 20 世纪 80 年代，我国就有学者提出了主体教育的思想。1981 年顾明远教授在《江苏教育》中发表了题为《学生既是教育的客体，又是教育的主体》文章，点明了"学生是教育主体"的观点。随后关于主体教育的讨论在全国范围内蔓延开来。时至今日，主体教育的研究已经进入新的阶段。裴娣娜提出："主体性教育作为一种开放的、发展的、动态生成的教育理论，必须在不断的反思、总结、批判、概括和提升中实现对自我的超越，从而保持其生命力。"客观地说，主体性教育就是在不断自我批判与反思中成长壮大的。

主体教育理论是现代教育理论中的一个重要组成部分，它反映了全球范围内教育教学改革的新趋势。主体教育的过程就是将人作为受教育的主体，唤醒和激发受教育者的主体意识，激发其自主性、能动性和创造性。主体教育强调学习者的内在需求和自主建构的实践活动。这意味着教育过程应该尊重学习者的兴趣、需求和个性特点，鼓励他们主动参与学习，通过实践和体验来构建知识和理解。主体教育理论的实践要求教育者从传授知识的角色转变为引导者和促进者的角色。教育者应该注重激发学习者的思考能力、问题解决能力和创新能力，通过启发性的教学方法和个性化的学习支持，帮助学习者发展其主体性，实现自我发展和价值实现的目标。其具体内容包括以下三个方面。

首先，受教育者的主体性。受教育者的主体是学生，学生是教育的对象，在整个接受教育的过程中，学生具有不可动摇的核心地位。强调受教育者的主体性，也是主体教育的重要内容，发展受教育者的主体活动能力，促使学生成为社会历史活动的主体，就是在教学活动中将学生当成受教育者的主体，给予他们充分的尊重，以他们为中心构建课程体系、改革课程教学模式，在思想观念上将其真正视为能动的、独立的生命个体，要在自主学习、自主活动和自主发展方面给予主体足够自由，整个教育活动必须围绕他们来开展。

尊重学生作为受教育者的主体地位，就是要充分认识到学校、教师、教学条件等一切资源都是为了学生的发展服务。要充分发挥学生学习的积极性、主动性，要在课程教学过程中强调学生的参与，在学生发展的过程中强调其主动权，强化学生学习的责任感。通过开展引导性教学、参与式教学活动，激发学生独立学习、独立研究、独立创造的能力，大力挖掘学生的潜能，全面提升学生知识、能力、素质等综合素养。高等院校推行创新创业教育，就是坚持把学生作为受教育者的主体地位，突出以学生为本的理念，将创新精神、创新意识、创新创业能力等重要素质培育起来，全面提高学生参与学习、自主学习、自发创造的积极性和主动性。

其次，教育系统的主体性。教育系统是独立于社会体制外的一个培养人才的专门系统，具有相对的独立性。要认识教育系统本身的主体地位，就要充分了解教育的生存状态和其在整个社会经济发展中的作用。教育与经济、社会发展紧密联系，必须坚持教育的本体地位，"按照教育规律来进行对待，同时不能将其封闭在象牙塔里，不顾社会、企业和个人的现实需要去自我发展"。这也是创新创业教育的本质要求。高等教育要与社会接轨，要承担如"中国制造2025""大众创业，万众创新"等一系列历史社会发展的任务，就必须真正做好人才培养的重要工作，为国家的可持续发展增加动力。

最后，实施教育的主体性。教师与学校是实施教育的主体，他们主导整个教育活动的运行。在整个教学活动中教师是知识的传授者，是信息的发出者，具有至关重要的作用。教师合理制定教学目标，科学规划知识体系，理性选择教学方法，准确考核学生成绩，都是提升整体教学效果的重要环节。应该看到教师在实施教学活动过程中的主体作用，教师对于提升学生成绩、培养学生各项能力有着不可替代的重要作用。

应当看到，施教主体在整个教学活动中也占有重要地位，而且施教主体在教育教学活动中具有比学生主体更为强烈的主体性。但在具体的教育教学活动中，不能将二者的关系等同于主动和被动的关系。

2. 个性教育理论

现代教育十分重视学生个性的培养，在高等教育中尤其如此，如何理解个性，更好地处理个性教育与集体教育的关系，是当前教育理论研究与教育实践中的一个重要课题。从个性与群体性整合的角度来看，在充分发挥受教育者主体个性创造力的前提下，全面提升其创新意识、创新能力，完善其创新创业能力和素质，培养创新创业人格已经成为当前高等院校教育的重要内容。

个性教育理论中，要尊重和发展学生的个性，充分发挥学生个性，并促使其形成创造力，成为当今世界教育改革的主流。

与主体教育相比，个性教育理论主要强调学生的差异性、个性化、创造力，尊重人的个性发展，这与主体教育强调学生主观能动性是不同的。从个人的视角来看，每位学生都是独一无二的，每位学生先天的遗传基因、性格都是有所不同的；每一位学生后天的成长环境，受教育的条件、成长的经历，以及个人的努力程度也都不同。这种不同造就了学生不同的个性，使学生之间存在个别差异。受教育的个体在智力、思维、心理、情感、生理、家庭等诸多方面均存在差异，这种差异也是个性教育理论产生的基石。

个性教育理论认可每一位受教育者都是独一无二的个体这一现实。每位学生的先天条件和成长路径都有所不同，导致他们在学习过程中表现出不同的学习方式、学习特点和学习结果。个性教育首先要承认受教育者存在的差异，承认每个教育对象是独一无二的个体，然后根据这一特性来分析个别差异和其身心发展规律，通过其在教育的各个阶段和时期中表现出的鲜明个性，来制定因人而异的有针对性的教育方式和教学内容，并采取科学的教学模式和合理的教学方法，目的是提高学生参与学习的主动性，全面提升学生的综合素质。开展个性化教育，就是要使教学方法、教学内容、教学模式与受教育者的个体特性全面契合，有力地促进每个受教育者个性的充分发展。同时，这种教育理论，对于受教育者其他各项能力，如想象力、创造力和思维能力等的开发，也有着不可估量的作用。促使受教育者得到全面的发展，是个性化教育的主要内容。

个性教育理论对于实施教育的教师有以下要求。一方面，教育者要善于寻找和尊重每位学生优良的个性和特质，使之得到自由的施展和发展，并能抑制和克服受教育者的不良个性品质。应该认识到，并非每位学生都有鲜明的个性，有些学生的个性潜藏得很深，表面上看起来与其他学生没有什么不同，实际上在许多方面都有专长。教师要善于发现和寻找学生个性，并且能够刺激学生发挥优良的个性，引导学生克服不良性格的影响。另一方面，要打破传统的教学模式，将僵化陈旧的教学模式转变为因材施教的个性化教学模式，鼓励学生发挥所长，实现特色化、个性化。当前的教育模式往往是针对群体的，学生的个性没有得到有效的发挥，一个班级五六十人，很难做到群体教育之中兼顾个性化发展，这就对教师的教学模式、教学方法有更高的要求。教学必须与时俱进，充分发挥学生的天赋、兴趣、爱好和特长，最大限度地实现学生的发展。

个性教育理论是强调创新能力的教育理论，它与主体性、自主性一样，都是尊重人性、尊重个体生命价值的教育理论。个性教育理论的核心观点在于，个性化发展是催生创造性的良好土壤，实施教育的基本目的在于培养服务于经济社会发展的有特色和创造性的人才。应当看到，传统的教育模式是在标准化人才培养思想指导下形成的，较少尊重学生的个性发展，学生很难发挥其创造力和主观能动性。这一模式在很大程度上会损害和抑制创新精神、创新意识和创新人格的形成，更无法培养出学生的创新能力。传统的教育教学模式对学生的损害极大，它会导致学生创造力缺乏，让受教育者深陷传统的怪圈，失去创造的精神和空间。"传统的应试教育，忽视学生的天赋和个体差异，将文化知识传授放在首位，以升学为唯一目标，而不注重学生的个性发展，甚至扼杀学生的特质、兴趣和特长，违背了学生个性发展的规律"，这种教育模式是无法适应现代社会发展对于创新型人才的需要的。

现代社会已经进入高速发展时期，科学技术的进步日新月异，这些进步与发展对人的个性发展提出了更高的要求。尤其是进入制造业转型发展时期，社会对于创新创业人才的需求达到了前所未有的地步。只有最大限度地发挥学生的个性化才能，充分挖掘学生的潜力，让其为社会主义现代化服务，才能满足当前经济社会发展的需求。从某种程度来说，创新创业教育实质上是一种立足于学生个性发展的教育理论，只有学生充分发挥个体的个性，才能具有独特的创造力，才能形成个性化的创新型人格。在当代社会，只有立足于个性教育理论，尊重学生的个性发展，重新整合教育内容，推进教学模式、方法和制度的改革，培养学生的独立人格、充分发掘学生个体的聪明才智和个性才能，才有可能使学生更自觉、更充分、更主动地提升其自身的整体素质，让个性化的发展成为学生的自觉追求，也才能为社会培养出更多稀缺性人才，以适应新时期国家发展需要，促进国民经济水平的提高。

当今社会是一个张扬个性的时代，大学生是时代潮流的主力军，他们的个性发挥显得至关重要。随着课程改革的不断发展和深入，学生的个性更是得到张扬，"个性"已经成为当代学生中的时髦词语，而高等院校推行创新创业教育说到底是尊重个性、发展个性的教育，只有个性得到了充分发展，群体的素质才能真正提高，因而人性教育有其重要的意义与作用，它是自然与人性的回归，是人尽其才的源头与根本。

3. 全面发展教育理论

人本主义"是贯穿西方哲学史的一个重要流派，它泛指一切从人本身出发研究人的本质和人与自然的关系，人与人的关系"。而个人全面发展教育理论，则是构建于人本主义之上的一种教育学理论。马克思曾提出"未来教育对所有已满一定年龄的儿童来说，就是生产劳动同智育和体育相结合，它不仅是提高社会生产的一种方法，而且是造就全面发展的人的唯一方法"。马克思所阐述的人的全面发展的理论必须从哲学、政治经济学和科学社会主义等方面全面理解，但其含义都有一个共同的思想，就是人的身心的全面发展，它是特定历史时期的理论产物，具有跨越时代的重要意义。

全面发展教育理论是对个体素质培育和提升功能的整体教育进行高度总结的理论。它旨在通过多种素质培养的教育活动，使受教育者得到全面的、整体的发展。全面发展教育理论包含了多种相互联系、互相支撑且各具特点的教育组成部分。在中国，全面发展教育理论的内容主要包括德育、智育、体育和美育。这四个方面综合起来，构成了全面发展教育的总体阐述。全面发展教育理论的核心思想是通过德育、智育、体育和美育的有机结合，培养学生全面发展所需的各方面素质。这种综合性的教育理论旨在促进学生全面发展，使其在道德、智力、身体和艺术等方面得到均衡和协调的提升，以适应现代社会的需求和挑战。

全面发展教育理论是当前我国教育改革的主要方向和行动指针，应该从以下两个方面来理解人的全面发展的教育理论。一是个性与整体的全面发展。每个人都是独立的个体，每个受教育者都有自身发展的个性化的需求，全面发展教育理论既要顾及整个群体的发展，又要顾及个性化的发展需要，这样才能形成人的全面发展。二是德、智、体、美、劳的全面发展。生命个体具有两个核心的能力体系，即脑力与体力。通过个体脑力劳动与体力劳动的结合，生命个体实现德、智、体、美、劳的全面发展，这正是基于对人的全面性的尊重而实施的一种教育。应当看到，任何时代都需要多种多样的人才，只有多样化的人才才能满足社会经济的多样化发展，这也是时代对于人才的定位与需求。从个性化教育理论出发，由于每一位受教育者都具有相对的差异性，这就要求在教育过程中，对同一发展阶段的受教育者，既要尊重他们生命个体全面发展的整体性，又要联系其差异性来确定教育内容、方法和路径。

传统教育理论往往忽视了学生的个性，而只强调学生的群体学习。教师作为教学活动的主导者，将所有的学生看成千人一面，没有注意到受教育个体的差异性。这样的教学方式忽视了学生的个性，将他们变成"两脚书橱"和"知识容器"，单纯地通过课堂灌输，甚至部分教师只是根据自己的想法和偏好来传输学习内容，对学生的个性差异视而不见，必然会影响学生潜能的发掘和全面发展的实现，同时还会严重遏制学生创新能力的提升。这种教育理论必然诞生灌输式的教学方式，学生的综合素质在整个测评体系中的价值被大大忽视了，而综合素质的提升恰恰是当前社会最需要的。

全面发展教育理论则是基于人本主义的一种教育理论，是以学生个体发展和整体性全面发展为导向的。在知识体系讲授方面遵照学生的身心发展规律，在采用教学模式方面充分考虑学生的差异性需求，在教学条件和教学环境方面充分引导学生参与学习、主动学习、积极研究，促使学生在学习和掌握知识的过程中，努力培养自我学习的能力，促使学生创造人格的养成，在这一环节中社会实践和训练也起到了关键性作用，促使他们将所学知识内化为受教育者长期稳定的思维模式与行为习惯，使学生能够游刃有余地理解和运用知识，达到全面发展的教育目的，真正培养出能够适应未来国家长期发展的创造型、复合型、特色型人才。

不同的教育理念和模式既有激发创新精神、创新意识和创新能力的有利方面，也会对创新创业教育本身产生损害、抑制的作用。从总体上来看，创新创业教育主要强调受教育者的可持续发展，并通过教育活动促使受教育者在个性化发展前提下实现全面发展，使他们在全面发展中得到相应的个性化教育，促进他们获得相对于自身而言的最好发展。

总而言之，创新创业教育是在深刻和扎实的理论基础上形成的一种反映时代特征的教育理念和模式，它是在当前历史时期对于社会经济发展的回应，是高等教育改革与实践的方针和依据。创新创业教育立足于人本主义思想，关注人的个性，追求人的全面发展，是激发和挖掘每个学生创新意识、创新精神、创新创业能力的一种重要的教育理论，是当前时代所需要的高等教育人才培养的指导性理论。

第二节　我国创新创业教育理念及模式

"大众创业，万众创新"是党中央国务院为了推动我国经济提升和发展而做出的重大决策和战略部署。这一战略旨在促进经济提质增效。在这个国家战略的背景下，大学生的创新创业教育备受关注。根据数据显示，我国在2017年新登记的企业数量增长了24.5%，平均每天新增1.5万户企业。此外，加上个体工商户和其他市场主体，每天新增4.5万户，凸显了创新创业对经济发展的重要性。作为我国创新创业的主要力量之一，高等院校的学生在"大众创业，万众创新"的发展道路中扮演着重要的角色。他们具备创新思维、学习能力和创业激情，是推动创新创业的生力军。

一、创新创业教育理念

创新教育和创业教育在本质上是相通的。创新是创业的先导和基础，而创业则是将创新成果转化为实际生产力的重要途径。创新创业教育注重培养学生的创新精神、创新思维和创新能力，使他们能够在实践中应用创新，并将创新成果转化为创业机会。创新和创业相辅相成，创新推动创业的发展，而创业则验证和应用创新成果。①

① 高晓杰，曹胜利. 创新创业教育：培养新时代事业的开拓者 [J]. 中国高教研究，2007 (7)：91.

创新创业教育的重点在于教育，即为学生提供更多学习支持，将创新创业教育与专业教育相结合，创新高校的教育教学方法，以实现学生更好的发展。通过将创新创业教育与专业教育相结合，学生可以在专业领域中培养创新思维和应用创新的能力，将创新成果转化为实际应用。

创新创业教育还强调创新高校的教育教学方法的创新。这包括采用实践教学、项目驱动、团队合作等教学方式，培养学生的实践能力和团队合作精神。创新创业教育还可以通过创新创业竞赛、创业实践基地、创业导师等方式提供学生实践机会和创业支持，使学生能够在真实的创业环境中学习和实践。[①]

创新创业教育的核心理念是培养学生的创新能力和创新思维，使他们能够在不断变化的社会和经济环境中脱颖而出。学校可以设立创新实验室、创客空间等创新平台，为学生提供创新实践的机会和场所。创新创业教育应该从创新的角度出发，营造一种创新创业的文化。通过鼓励学生探索新想法、培养创新思维，提供创新实践的机会和支持，以及培养教师的创新教育能力，创新创业教育可以在教育中培养出具有创新精神和能力的学生。

二、创新创业教育模式

在当今快速变化的社会和经济环境中，创新和创业能力的重要性不断凸显。科技进步、全球化和市场竞争的加剧，都对个人和组织提出了更高的要求。

创新创业教育的意义在于培养学生的创新思维、创业精神和实践能力，并为他们在现实世界中取得成功创造条件。首先，创新创业教育激发了学生的创新思维。它鼓励学生独立思考、挑战传统观念，并寻找新的解决方案。这种教育模式有助于培养学生在面对日益复杂和快速变化的社会环境时更具

---

① 孙娟，徐向安．周静大数据时代高校创新创业教育研究 [J]．商贸人才，2021（1）：176-177．

应变能力。其次，创新创业教育培养了学生的创业精神。这种精神包括主动性、冒险精神、自我驱动和解决问题的能力。

通过创新创业教育，学生可以了解创业过程、面对挑战和处理风险，从而培养他们在创业领域中成功的能力和心态。此外，创新创业教育提供了实践机会。通过实践项目、创业实验室、行业合作等形式，学生可以将所学知识应用于实际情境，并从实践中获得经验和教训。这种实践导向的教育模式有助于学生将理论知识与实际问题相结合，提高解决实际问题的能力。

（一）创新创业教育中应当提高创业教育的精准度

目前，我国高等教育中的创新创业教育基本做法以普及型教育居多，个性化的教学和指导略显不足。当前尚未探索出合适本校的创新创业教育教学模式的高校，一方面是因为创新创业教育的起步较晚，创业类的师资缺乏；另一方面也是因为各高校针对不同的模式开展的创新创业教学方式还没有很好地理解和分类。例如，在传统创业中，不同创业模式需要掌握不同的创业知识和技能，而在创新型创业中，不同创新创业模式所需要的专业知识、创新思维和创业能力都是不同的。如何进行更为精准的创新创业教育，首先，需要高校对学生今后可能采用的创新创业模式以及创业所需的创新技能和能力，能够较为精准地把握；其次，再思考如何对学生进行创新创业能力的培养；最后，再通过高校教学模式的顶层设计进行创新创业教育模式的工作细分。

（二）创新创业教育中应当重视创业教育的模拟教学与实战教学

在创新创业教育中的创业教育方面，一般主要有三种目的。首先，是培养学生的创业意识，激发他们对创业的意愿；其次，是教授创业方面的基础知识和技能，为学生创业提供基础的支撑；最后，通过模拟教学和实战教学来提升他们的创业能力。从诸多大学对创新创业教育的实施情况来看，模拟教学与实战教学是在创新创业教育中创业教育方面的核心。创业教育的重点在于提升学生的实际创业能力，为那些有意愿开展创业的学生提供支持和帮扶。因此，创业教育应当更加注重模拟教学与实战教学。创业方面的基础知识和技能可以通过教师在课堂上进行教授，但实际的创业能力则只能通过不断的模拟和实战来磨炼与提升。如果将创新创业教育中创业教育理解为一种技能培训，课堂中的创业教学就相当于模拟实际的创业演练，让学生在实践中学习。

创新创业教育的教师是否拥有相关的创业经验，是能够较好地开展创业教育模拟教学与实战教学的关键。通过聘请有创业经验的企业家导师进行创业教育的讲授，能较好地弥补高校在创业教育师资方面的这一短板，高校的创业教育师资可以邀请知名企业家、成功创业者投资者、经济类相关律师等社会上的优秀人才来担任高校的企业家导师，这些人士在各自的领域中都有着有相当丰富的行业经验，他们既可以为高校开展创业教育，还可以为学生的创新创业项目孵化提供一定的支持。那么在聘请创业教育的企业家导师的同时，高校也应当发挥顶层系统设计的作用，进行各类教学资源的整合，对创新创业教育的各个知识模块、教学环节和创业课程等进行教学结构的设计和重构，更好地发挥创新创业教育中各个角色的效能。

（三）创新创业教育中应当注重对知识创新的培养

当前，各高校的创新创业教育主要偏重于创业课程的教学和创业项目的孵化而对创新方面的教育稍显不足。创新创业教育是创新教育和创业教育两者的结合，创新和创业是融为一体的，如果没有创新，那么创业也就等同于无的放矢。创新教育可以在创业教育课程中完成，但创业教育并不等同于创新教育。在创新创业教育中，根据实际的创业类型的不同，发明创新型创业和改造提升型创业的创新培养和创业教育应该是有所区分的，创新培养是不能仅仅依靠课堂中的教学来完成。因此，高校的专业教育应当先与创新教育相结合之后，再与创业教育进行融合，使高校的创新创业教育的效果更好。

三、普通高校与职业院校创新创业教育的异同

中国高校的创业教育相对于国外仍处于起步阶段，大部分借鉴了国外大

学生创业教育的研究成果，而结合各地实际情况进行创业教育的高校比较少。然而，在近年来，国内高校对创业教育的重视程度逐渐增加，开始积极探索适合中国国情的创业教育模式。尽管相对于国外，国内高校的创业教育仍然处于起步阶段，但在借鉴国外经验的同时，一些高校也开始结合本地实际情况进行创业教育的探索，取得了一些积极的成果。

首先，一些国内高校开始注重培养学生的创新思维和创业精神。他们通过开设相关课程、组织创业讲座和工作坊等形式，引导学生从理论到实践，培养学生的创新意识和创业能力。这种以学生为中心的教学方式，有助于激发学生的创业潜能，提高他们的创业成功率。其次，一些高校积极促进学生与产业界的合作。他们与企业建立密切的合作关系，为学生提供实习机会、创业项目支持和导师指导等资源，帮助学生将创意转化为实际的商业项目。这种与产业界的合作模式有助于提高学生的实践能力和创业经验，使他们更好地适应市场需求。此外，一些高校还致力于打造创业孵化平台，为学生提供全方位的创业支持。这些孵化平台提供创业培训、项目评估、资金支持和导师指导等服务，帮助学生从创意到创业的全过程。通过这些平台，学生可以得到实际的创业经验，与创业导师和成功创业者进行交流，拓展自己的人脉资源。

虽然国内高校的创业教育仍面临一些挑战，如师资力量不足、创业文化的培育等问题，但可以看到，越来越多的高校已经意识到创业教育的重要性，并开始在这方面进行积极的探索和实践。随着时间的推移，相信国内高校的创业教育将会逐步发展壮大，并为更多有创业梦想的学生提供更好的支持与机会。

（一）共同点

1. 创业教育的理论基本相同

普通高校与职业院校的创新创业教育理论都强调培养学生的创新能力和创业精神。这包括培养学生的创造力、问题解决能力、逆向思维和跨学科思维等，以便他们能够在创业过程中发现机会、解决问题并提出创新解决方案。

他们都通过实践项目、实习机会、创业实训等方式，学生能够将理论知识应用于实际情境中，培养实际操作能力和创业经验。无论是普通高校还是职业院校，在创新创业教育中都会涉及商业计划和创业管理的内容。学生需要学习撰写商业计划书，包括市场分析、财务规划、运营策略等，以及掌握创业管理的基本知识，如团队管理、资源配置和风险控制等。

2. 创业的重视程度不够，教育面还比较窄

创业教育的重视程度与社会文化和观念有关。创业教育需要充足的资源支持，包括资金、导师、创业孵化器等。然而，教育体制和资源分配可能存在不平衡现象，导致创业教育的发展受限。一些学校可能缺乏专门的创业教育机构和师资力量，限制了创业教育的广度和深度。创业教育的课程设置和内容需要与市场需求和创新趋势保持同步。随着创业环境的快速变化和技术的不断进步，创业教育需要及时更新课程内容，涵盖新兴领域和创新模式。此外，创业教育还需要提供更多实践机会和案例分析，以帮助学生培养实际操作能力。

3. 创业成效不高，还有待提高

创业成效的提高是创业教育中的一个重要挑战。一是实践与理论结合不足。创业教育应该注重理论与实践的结合，但有时候教育过程中可能过于强调理论知识而忽视实际操作。为了提高创业成效，教育机构可以增加更多的实践机会，例如创业实训、项目实践和实习经验，使学生能够真正将所学知识应用于实际创业过程中。二是缺乏创业生态系统支持。创业生态系统是创业成效的关键因素之一，它涵盖了创业资源、导师指导、投资和市场等方面的支持。如果创业生态系统不健全或缺乏支持，创业者在实际创业过程中可能面临困难。政府、学校和企业可以共同努力，提供更好的创业生态系统支持，包括创业基金、创业孵化器、导师指导和市场对接等。三是创业者能力培养不足。创业需要一系列的能力，包括创新思维、领导力、团队合作和市场洞察等。如果创业者的能力培养不足，可能会影响创业的成效。创业教育应该注重培养学生的综合能力，包括创新思维的培养、团队合作的锻炼和市场敏感性的提高。同时，提供创业导师的指导和实践经验的分享也可以帮助创业者提升能力。四是风险意识和心理准备不足。创业过程中面临的风险和困难是不可避免的，创业者需要具备应对和克服困难的能力。然而，有些创业者可能缺乏风险意识和心理准备，导致在面对挑战时难以坚持和应对。创业教育应该帮助学生树立正确的创业心态，培养他们的韧性和适应能力，同时提供心理支持和创业心理健康教育。

（二）不同点

1. 普通高校创业环境相对较好，创业研究理论较深厚

在普通高校中，创业环境相对较好，并且创业研究的理论基础较为深厚。许多普通高校已经建立了完善的创业生态系统，包括创业孵化器、创业导师团队、创业竞赛等。这些机构和活动为学生提供了创业支持和资源，帮助他们在学校内部进行创业实践。普通高校通常拥有丰富的资源，包括资金、实验室设施、研究机构等。这些资源可以为创业者提供实验条件和研发支持，促进他们的创业项目和创新研究。创业研究不仅仅局限于商业学科，还涉及经济学、管理学、心理学、社会学等多个学科领域的知识。普通高校的学科交叉和合作能够为创业研究提供更多的维度和深度。普通高校拥有一流的教师队伍和学术资源，他们在创业研究领域拥有丰富的经验和专业知识。学生可以通过与导师的合作和指导，获得专业的研究支持和学术指导。

2. 国家政策比较倾向于普通高校，特别是试点院校

近年来，国家对于创新创业教育的重视程度不断提高，相应的政策支持也得到了增强。政府出台了一系列鼓励创新创业的政策，包括设立创新创业教育试点高校、资金支持、奖励政策等。这些政策旨在推动普通高校在创新创业教育领域的发展，使其在培养创业人才和推动科技创新方面发挥更大的作用。作为创新创业教育的试点院校，这些高校在教育模式、课程设置、创业支持等方面具有先行先试的作用。国家政策倾向于支持这些试点院校，以便在实践中总结经验、改进教育模式，并为其他普通高校提供可行的参考和借鉴。

3. 高职院校相对普通高校来说，创业氛围和创业教育理论深度都较欠缺

高职院校在创业氛围和创业教育理论深度方面可能存在一些欠缺。高职院校的教育定位主要是培养应用型、技术型人才，侧重于实践技能的培养和职业能力的提升。相比之下，普通高校更注重理论研究和学术知识的传授。因此，在高职院校中，创业教育可能没有普通高校那样的重视和深入程度。相对于普通高校，高职院校在创业教育方面可能面临资源限制。高职院校的经费和设施资源可能相对有限，这可能限制了创业教育的开展和发展。创业教育需要一定的投入和支持，包括创业导师、创业实践基地、创业项目资金等，这些资源在高职院校可能不如普通高校丰富。在一些社会观念中，高职院校的学生更倾向于就业和职业技能的培养，而非创业和创新。这种社会认知和就业压力可能导致高职院校学生对创业的兴趣和意愿相对较低，同时也影响了学校对创业教育的重视程度。

4. 高职院校的性质决定其更适合开展创业教育

高职院校的性质决定了它们在开展创业教育方面具有一些优势和适应性。高职院校的教育定位注重实践技能的培养和职业能力的提升。这种实践导向使得高职院校更加贴近实际产业需求，更注重培养学生在工作场景中所需要的实际技能和能力。创业教育强调实践和实际操作，与高职院校的实践导向相契合，有利于培养学生的创业能力和创新思维。高职院校通常与企业、行业协会等建立合作关系，开展实习、实训和就业合作。这种行业对接为高职院校开展创业教育提供了有利的条件，可以将创业教育与实际行业需求相结合，帮助学生更好地理解行业的创业机会和挑战。他们可以整合当地企业、社会资源和政府支持，建立创业实践基地、创业孵化器等创业生态系统，为学生提供更多的创业支持和机会。高职院校在当地社区和地方经济中具有一定的影响力，这有助于创业教育的开展和创业项目的孵化。相对于普通高校，高职院校的学生可能更具有创业意愿和创业倾向。由于高职院校强调职业能力的培养，学生更加注重实际技能和就业创业能力的提升。因此，高职院校学生更有可能对创业抱有浓厚的兴趣，并能积极参与创业教育的实践活动。

第三节　我国创新创业教育发展与实施

一、政策演变历程

（一）政策起源与早期发展

创新创业教育评价政策的起源与早期发展是在 20 世纪末至 21 世纪初，当时世界各国逐渐认识到知识经济对创新人才的渴求。这一时期，日益增长的经济全球化和技术进步催生了新的行业与商业模式，而传统的教育体系未能及时适应这一转变，因此出现了对创新创业教育体系进行评价和改革的需求。

在这一背景下，早期的创新创业教育评价政策开始于 20 世纪 90 年代，多数发达国家通过科技政策和教育政策相互配合，推动以技术创新和企业创办为鲜明特征的教育评价体系的初步构建。对于如何评价创新创业教育的有效性，起初较多依赖于经济指标，如企业成立率、创业项目的生存期以及创业者的就业情况等。

此外，2000 年代初期，随着信息技术的飞速发展，网络环境为创新创业活动提供了全新的平台，这一时期的教育评价政策开始关注创业教育课程的质量与实用性。这包括教学内容的市场相关性评价、师资力量的专业性评价以及学生创业能力的实践性评价。教育机构与企业的合作日益增加，共同设计与实施教育计划，并将企业界的反馈纳入评价体系，加强了教育评价机制的市场导向特征。

在时间的推移中，各国政府与教育机构逐渐认识到单一的经济指标并不能全面衡量创新创业教育的成效，评价政策因此逐步向包括教学方法、课程设计、项目合作和创新能力培养等多方面拓展。新的评价方法不断涌现，例如通过跟踪调查毕业生的创业路径、收集行业专家的评价以及进行创业教育案例研究等方式，来提供多角度、立体化的评价视角。

在创新创业教育评价政策的演变过程中，我们可以清晰地看到评价政策由初期的经济指标评价，逐渐过渡至更加关注过程和质量的综合评价模式。这一变化不仅响应了新经济形势下对人才培养的需求变化，也体现了教育评价从数量到质量、从狭义到广义转变的历史趋势。随着时间的推进，创新创业教育评价政策会继续发展和完善，以更全面、更深入地服务于培养创新型人才的教育目标。

（二）评价政策的演进动态

进入 21 世纪的第二个十年，评价政策的演进动态加快，与此同时，创新创业教育的目标和效果评价也从单一维度拓展至多元维度。评价体系开始强调对学生创新能力和创业精神的培养，以及这种能力在实际创业活动中的有效应用。除了量化指标，更多的质化因素被纳入评价体系，如教学课程的创造性、教师团队的多样性和专业性、学生参与度以及学生创业意愿的激发等。

随着创新科技和全球经济格局的演变，特别是数字技术的广泛应用，传统的教育评价体系面临着新的挑战和机遇。评价机构和教育决策者开始利用大数据、云计算、人工智能等工具来收集和分析教育活动中的大量信息。这些技术的运用使评价工作变得更加高效，同时也增加了对教育成效所做判断的准确性和客观性。

此外，社会各界对创新创业教育评价的参与度也不断增强，这一点从业界对创新创业教育评价结果的关注和使用可见一斑。企业、投资者和社会组织越来越多地参与到创新创业教育评价的过程中，他们的反馈和要求反过来又对评价体系产生影响，推动其不断调整和完善。

最后，国际间的交流合作也对评价政策的演进产生了深远影响。在全球化的背景下，各国之间在创新创业教育方面的经验交流和政策借鉴促进了评价体系的国际化和标准化。这种跨文化、跨体系的借鉴和合作，为提升创新创业教育评价政策的全球适用性和有效性带来了新的视角与方法。

二、教育实践探索历程

1. 创新创业教育模式的变化

1988 年 3 月，胡晓风在进行生活教育整体试验的基础上，提出了创业教育思想，并在合川区进行了教育试验。1989 年 11 月，创业教育概念首次出现在联合国教科文组织召开的国际会议中。1991 年 1 月，联合国教科文组织在"教育革新与发展服务计划"报告中，又进一步具体阐释了创业教育的广义和狭义概念。广义的创业教育概念是培养具有开创性的个体，这些个人同样对经济收益有所追求，聘用方除了要求受雇者取得业绩外，同样看重受雇者的其他能力，如创造力、发现力和独当一面的工作能力以及其所具备的沟通技巧等。广义的创业教育概念强调的是要培养学生终身学习的能力，而狭义的创业教育概念将创业教育与带有收益性质的培训联系在一起，具有局限性。

此外，教育部在 2008 年又通过了"质量工程"项目，通过立项的方式建设了 32 个创业教育类人才培养模式创新实验区。2010 年至今，创新创业教育在教育行政部门的指导下全面推进，并颁布了《推进创业教育和工作的意见》。2012 年，我国高校创业教育模式主要以活动作为主导，创业教育尚停留在活动的层面。创业教育活动主要是以清华大学发起的"挑战杯"为开始，全国高校参与，同时一些高校也设立了不同形式的创业活动项目，例如，上海交大的"华威杯"等创业活动大赛。这种做法在全校范围内形成了一定的创业氛围，营造了创新创业环境。此外，创业教育以第二课堂、讲座或者选修课的形式对高校师生形成有关创业教育方面的培训和熏陶。2014 年，国务院办公厅颁布了《做好 2014 毕业生就业创业通知》。2015 年，国务院又颁布了《深化高校创新创业教育改革的实施意见》，在国家相关政策的引导下，全国高校创新创业教育陆续开展，并于 2015 年评选出了"高校创新创业教育百强单位"。试点院校以及典型院校根据本校特色和具体情况，通过尝试不同的方式方法，开始对中国高校创新创业教育工作进行自主性的实践摸索，高校各自积累具有本校特色的创业教育工作经验，在理论研究和实践活动共同发展的情况下，创业教育区域性特征日趋显现，进一步形成了一批具有区域性、多元性的教育模式。

尽管当前各高校充分意识到创新创业教育的重要性，并大力推行发展创新创业教育，但仍有部分高校的创新创业教育模式比较单一，缺少专业特色的创业教育。有的学校虽然在辅修专业和第二学位专业等局部体现了创业教育与专业的结合，但是在普遍范围内还未形成系统的培养方案和体系。同时，对创新创业教育的考量评价办法也没有形成科学系统化的方案。创新创业教育在高校作为专业和学科建设时间较短，建设内容不够完善，课程设置多数是根据各自师资队伍的情况设置，具有不确定性，而且部分教师仍将创业教育归类为"第二课堂"活动，侧重于创业技能的训练，阻碍了创新创业教育与专业结合的推广，创新创业教学模式还需要继续探索。

2.创新创业教育课程的变化

创新创业教育课程在近年来发生了一些变化，以适应不断变化的创业环境和需求。一是创新创业教育课程越来越注重实践导向，强调学生在真实场景中的实际操作和实践经验。传统的理论课程逐渐被实践项目、案例研究、模拟实训等形式取代。学生通过实际参与创业项目、创业实践和实训，能够更好地理解创业过程和挑战，培养实际创业能力。二是创新创业教育课程越来越注重跨学科的融合。创业不再是某个特定专业的领域，而是需要多学科的知识和技能的综合运用。因此，创新创业教育课程开始整合不同学科的内容，如商业管理、市场营销、创意设计、科技研发等，以培养学生的多元思维和创新能力。三是创新创业教育课程越来越注重培养学生的团队合作和协作能力。创业往往需要团队合作来实现创意的落地和商业化。因此，创新创业教育课程通常设置团队项目，要求学生在团队中合作解决问题、制订商业计划和实施创业项目。这有助于培养学生的沟通、协调和领导能力。四是创新创业教育课程注重培养学生的创新思维和创造力。创业过程中需要不断寻找机会、解决问题和创造价值，因此培养学生的创新思维和创造力变得至关重要。创新创业教育课程通过启发学生的创意、创新方法和解决问题的能力，培养学生的创新创业意识和能力。五是创新创业教育课程越来越关注社会责任和可持续发展。创新创业不仅仅是为了追求经济利益，还要考虑社会和环境的可持续发展。因此，创新创业教育课程开始引入社会创新、环境保护和可持续发展的概念，培养学生的社会责任意识和可持续创业的能力。

在 2015 年 12 月，中国教育部发布了《关于做好 2016 届全国普通高等学校毕业生就业创业工作的通知》，要求推进创新创业教育改革。根据通知的要求，自 2016 年起，所有高校都要设置创新创业教育课程，并对全体学生开设创新创业教育的必修课和选修课，并将创新创业教育纳入学分管理体系。这意味着创新创业课程成为所有高校学生必须学习的课程之一，从而大大提高了大学生参与创新创业实践活动的机会和参与度。此举对大学生创新创业实践活动的参与度有着积极的影响。通过将创新创业课程纳入学分管理，高校为学生提供了更多参与创新创业实践的机会和激励。学生们将在课堂上学习到相关的知识和技能，并有机会参与创新创业项目、创业实践和创业竞赛等活动，从而提高他们的实践经验和创业能力。

创业教育课程是创业教育工作开展的重中之重和核心部分，虽然目前高校在课程建设上大部分都形成了具有自身特色的体系，个别学校结合自身发展特色，开设了一系列针对学生专业设计的创业课程，但大多数学校在设计课程的过程中只是开设了全校性的创业教育必修课，并没有设置与专业教育相融合的创新创业教育课程，大多数学校在设置课程过程中与以培养大学生创新精神为主旨的教育理念衔接不够严密。此外，虽然各高校依据各自的特点和实际情况设计了一些创业教育的课程，但并没有对课程进行模块化的设计。虽然试图增强创业教育课程的专业化，有意将课程细化，但对于细节的把握还不够，相关联的课程较少或没有进行归类，这种设置对于在高校中没有任何创业知识基础的同学而言，在众多课程中选择自己感兴趣且适合的课程较为困难。

当前，许多学者开展了创业教育的相关研究，但尚未形成完整的系统性研究。国家虽然有通用的创业教育的相关教材，但推广的力度不够，大多数学校也没有编著符合学校特色以及学生特点的脚本类教材。创业教育师资的缺乏导致了创业教育学科化、系统性的课程以及教材编写等方面的发展缓慢。当前的创业师资队伍不能满足大学生创业教育需求，大多数学校的教师或具有研究背景和理论知识而缺少实践经验和创业经历，或具有实践经验和创业经历而缺少研究背景和理论知识，造成有的老师偏重利用他们丰富的教学经验去向学生传授理论知识而缺少实践引领，有的老师具备丰富的创业经历，对大学生有较强的引领示范作用，但理论升华不够。这样的师资配备难以形成持续而稳定的教育成果。创新创业课程的开设与发展还需要不断地探索与优化，以达到更好的效果。

综上所述，我国创新创业教育仍处于起步探索阶段，在高校层面还处于各职能部门、院系依据自身优势和学科特点自主开展创新创业教育的阶段，处于"百花齐放"的局面。虽然高校层面的组织构架通过不同形式已经呈现，但自上而下的创新创业教育思路、方案仍不明晰，还在梳理构建之中。同时，在创新创业教育的发展过程中，还存在指导思想定位模糊、与专业结合不紧密、服务体系不完善等诸多问题。为此，高校应尽快构建和完善创新创业教育体系，建立和发展创新创业教育教学体系，使其更加具备科学性和合理性。健全实践教学体系，成立评估机制，建设一支满足创新创业教育要求的专业师资队伍，提高学科覆盖率，赢得社会各界的大力支持，推动创新创业教育的实效建设。

三、我国创新创业教育的实施现状

（一）我国高等院校当前创新创业教育的现状

当前，我国大多数高校对创新创业教育基本理念的认知仍存在一定的偏差，对创新创业教育的内涵认知不足，在创新创业教育实施过程中，过于注重创业基础知识的理论教育，对创新能力实践的教育稍显不足，部分创新创业教师仍然存在对其重要性的认知不到位的这一教学观念，导致学生在创新创业教学过程中的学习积极性较低，对高等院校的创新创业教育实施产生了一定的影响。

当前，大多数高校在创新创业教育的师资队伍建设方面仍存在一些挑战。创新创业教育作为一种跨学科的新型教育，对师资的素质和质量提出了较高的要求。除了需要具备丰富的专业科学理论知识外，创新创业教育的教师还应该具备丰富的创业经验或者超前的创新教学理念、教育方法等综合素质。目前，部分高校在创新创业教育师资队伍建设上存在一些问题。首先，缺乏可参考的筛选标准和准入标准。对于创新创业教师的选拔和评价，缺乏明确的指导和规范，导致师资队伍的质量参差不齐。其次，部分创新创业教师对创新创业教育的相关政策文件了解不够全面，对政策的领悟也不够透彻。这可能导致他们在教学过程中无法准确把握政策导向，无法将政策的要求贯彻到具体的教学实践中。此外，许多创新创业教育教师本身也没有接受过相关的教学培训，缺乏对创新实践的认识，对真实的创业情况了解有限，创业经验不足。这可能导致他们在创新创业教育过程中难以科学合理地引导学生，无法有效地运用本专业的知识指导学生进行创新创业实践。

在创新项目与创业实践方面，目前创新创业教育与创业实践有一定的脱节，创新科研项目的成果转化率较低。高等院校作为科研创新的活跃群体，是科研成果产出的重要机构，但由于科学研究与商业市场两者之间存在一定的壁垒，没有形成良好的开放互通的交互模式，就导致高等院校或科研院所产出的大量科技成果处于闲置状态，无法进行有效转化。因此，高等院校和科研院所等机构都应该把握创新创业教育开展和实施的机会，借助高校、企业、社会、政府等多方合作，引导学生利用创新科研成果进行创新创业的实践，从而还能提高科研成果的转化率。

（二）当前创新创业教育存在的问题

近年来，随着国家对创新创业教育的不断重视，在政策支持下，全国各地的高等院校在创新创业教育方面都在不断开展深化改革，很多高校都取得了积极的进展，但还有部分高校尚未调整好创新创业教育在高等教育中的功能与定位，存在一些理念上的偏差，没有形成完整的创新创业教育体系，就使得当前的创新创业教育工作产生了诸多问题，遇到了"瓶颈"。

1. 创业教育与创新教育存在内部关系割裂的问题

创新，是创业的基础与核心，创新引领着创业，而创业则是创新成果实现的载体，创业也推动着创新。创新创业教育的本质，就是为了培养具有创新意识、创新思维和创业能力、创业精神的人才。而在部分高校的创新创业教育实施工作中，创新创业教育的基本理念与现代观念相比有些滞后，认为创新创业教育仅仅只是培养学生创业者，或只是为了解决毕业生就业问题的举措之一。培养创新人才，不应该仅仅注重在学术领域进行创新研究的教育，而忽视了将科学创新成果进行应用。高校开展创新创业教育不应狭隘地认为创新创业教育只是开设一些与创业有关的课程、组织一些企业家讲座或是开展一些学科竞赛活动。创新创业教育内部关系的割裂会造成一种创业教育与创新教育彼此剥离的现象，缺少创新思维的简单创业，极易导致创业失败，且质量也相对较低，而缺乏创业意识的创新，如同闭门造车，无法将创新成果的价值市场化，创新活动的深化也相对更加缓慢。

目前，高等院校的创新创业教育模式仍处在探索阶段，其教育理念与学科定位还不是十分清晰，相关的制度建设与顶层设计也相对滞后。一方面，高校中大多数学生还没有具备创业意识，校园的创业文化也还没有形成，创业氛围并不十分浓郁。另一方面，部分高校并没有认识到创新创业教育的重要性，只是顺应国家的有关政策响应创新创业的号召，没能把握创新创业教育的内在规律，使得他们的创新创业教育教学方式在教学设计、课程设置、组织实施等方面受到传统工商类或经济类教育模式的束缚较深。

2. 专业教育与创新创业教育存在脱节的问题

不少高等院校的创新创业教育的实践教学方面大多以模拟创业操作或创业技能训练为主，一般高校实践教学的形式主要以课外创业实践、创业虚拟仿真训练创新项目实践、创新创业竞赛等方式开展。而创新创业的课程通常以通识课或者相关的专题讲座为主，并没有形成一个完整、系统的课程教学体系，课程设置零散、教学目标模糊，未能与专业教育的课程教学体系和培养方案相融合。这就使得创新创业教育在实施过程中缺乏与专业教育的交互和渗透，缺乏对创新创业人才培养目标的定位方向以及创新创业教学内容的稳定与延续。目前我国高等院校专业教育的发展已经相对成熟，而在创新创业教育方面则尚处于刚刚起步的阶段如何改变专业教育与创新创业教育脱节的问题，将创新创业教育与相对成熟的专业教育相互融合，使专业教育成为创新创业中项目开放或创新服务的基础，如何让创新思维和创业技能更好地融入专业教育中，是目前高等院校创新创业教育与专业教育在深化改革发展中所面临的共同问题。

3. 创新创业教育存在师资结构单一化的问题

一般情况下，高等院校的创新创业教育师资队伍的组成，主要由相关专业的教师、负责学生工作的辅导员教师等组成，绝大部分进行授课的教师自身大多都没有接受过比较系统的创新创业教育，而且，也缺乏真实的创业经历，对创业教育的方面大多也都只是对基本专业知识的方面有所了解，无法真正深入地进行创业问题的理论与实践教学，不足以满足现阶段创新创业教育的要求，大多数高校创新创业教育的主要课程基本都是以理论灌输或对创新创业项目进行实践指导为主，教学方式缺乏多样化，单调枯燥的教学模式也使得学生对创新创业教育缺乏兴趣，在创新创业的课程学习上多以应付为主。

由于传统的专业教育通常都是以单一学科的深入研究为主，加之目前我国大部分高等院校中的教师专业知识结构、科研经历相对较为单一，故而在与其他学科之间、不同专业之间的沟通交流、跨界融合都存在较大的障碍。然而，创新创业教育的实践性质又决定了高校在教学中需要有创业经验较为丰富的企业家、行业精英等作为创业导师走进高校课堂给予学生进行创新创业教育的实践教学指导。

4. 创新创业教育模式存在教材缺乏的问题

首先，创新创业教育课程缺乏，教育模式尚未形成完善的体系。传统的教材主要关注传授基础知识和理论，而创新创业教育需要更多的实践案例和实际操作的指导，难以满足学生在创新创业过程中的实际需求。其次，随着科技的迅猛发展和市场的不断变化，创新创业的理论和实践也在不断更新。然而，教材的编写和出版需要一定的时间，导致教材内容往往滞后于最新的发展趋势。此外，创新创业教育的跨学科特点也增加了教材编写的难度。创新创业不仅涉及商业领域的知识，还需要融合科技、法律、市场等多个学科的知识。然而，目前大部分的教材仍然以单一学科为主，缺乏跨学科的综合性教材。

现今我国高等院校的创新创业教育，大多存在着一种多头管理的现象，而创新创业教育又是一个庞大的教育系统化工程，由顶层设计、课程设计、教学方式师资构成、教材设计等多个环节组成，而任意一个环节的不完善也将在一定程度上制约创新创业教育的实施和发展。在创新创业教材方面，内容单一、创新创业知识不够深入是当前面临的一个艰巨的问题。当前市面上的创新创业类书籍门类丰富，但能作为教材使用的书籍，大多数仍然只是停留在创业基础的理论层面或仅仅只是简单涉及一些创业思维的模块，并没有十分深入对创新创业教育中的各类创新活动规律、发展创新所需素质、跨领域创业能力等方面进行研究和总结。对创新创业教育的实际帮助并不大。创新创业教育的目的是培养具有创新思维、专业性很强的创业人才，这样的人才除了具备创业过程中所必需的基础知识和创业技巧外，还需要培养他们的创新思维，强化他们在专业领域的创新成果等。创新创业教育的人才培养模式不能单纯地采用课堂"填鸭式"教学，而需要引进更多诸如虚拟仿真、项目实操等教学方法，激发学生参与创新创业的积极性和主动性。因此，创新创业教育教材的编撰应更多地侧重于总结创新发展的有关规律、跨专业融合创业的方式方法，使用创新科研成果作为项目进行创业的市场化运作规律等方面。

5. 创新创业教育存在评价体系缺失的问题

当前，有部分高校认为创新创业教育仅仅针对那些有创新创业意向或者已经参与了创新创业项目的学生，跟普通学生没有太大的关系，认为创新创业教育是为了培养创业者的精英教育，导致高校学生缺乏热情，参与度不高。也有部分高校认为创新创业教育与传统教育相比是一种特殊模式的教育，在实施创新创业教学活动时，局限于由学校的某个专职部门或专职学院来开展，缺乏各部门之间的协同教育、教学融合。这就造成了在创新创业教育实施过程中，缺乏完善的评价体系，从而无法对教学质量进行考核评估。在缺少创新创业教育评价体系的情况下，生搬硬套地将高校普通人才培养的评价体系套用在创新创业人才培养上，会错误地以学生是否创业成功或者创业成功后的项目数量作为创新创业教育评价的指标，反而忽视了高等教育中创新创业教育对人才培养的根本目的。

四、"学术—产业—政府"三螺旋关系创新创业教育生态的形成

20 世纪 90 年代中期，"学术—产业—政府"三螺旋理论正式被提出，用来分析在知识经济时代政府、产业和大学之间的新型互动关系。时代发展需要新的逻辑理论，大学、产业和政府作为社会活动的参与者，不仅是创新的要素，还是创新活动的主体。

企业在其发展过程中必须不断推动技术创新，形成自身的核心竞争力，才能在竞争激烈的市场环境下走得更远，而企业的技术创新发挥政府、大学、企业三重螺旋机制的作用，又是其中的关键节点之一。产学研合作涉及了政府、大学、企业三重螺旋机制，包括螺旋内部的进化（如大学与科研、企业与产业，政府与制度）、螺旋之间相互影响，使得政府、大学、企业和科研机构的创新价值发挥到最大作用。在三螺旋理论指导下，"学术—产业—政府"三螺旋关系创新创业教育生态可归纳为"三方螺旋、四链融合、五业联动"。

（一）三方螺旋

我国企业多采用"产学研"合作方式。"产学研"合作方式是指大学高校、公司企业、国家科研所之间通过合作交流，互换研发信息和资源，并以此进

行的技术创新活动。"产学研"合作可使企业的劳动生产率提高近30%，项目成功率高达70%。

"学术—产业—政府"三螺旋关系是指学术界、产业界和政府之间的相互作用和合作关系，这种关系对于创新创业教育生态的形成起到了重要的推动作用。学术界提供了理论支持、知识积累和研究成果，为创新创业教育提供了丰富的教材、课程和案例资源；学术界还通过学术交流、学术会议和学术期刊等形式，促进学术成果的交流和分享，推动创新创业教育的不断发展和提升。产业界通过提供实践机会、实训场所和资源支持，为学生提供创新创业的实践平台；产业界还可以为创新创业教育提供行业洞察、市场需求和实际问题，帮助学生更好地了解市场环境和行业趋势。政府通过制定相关政策和法规，为创新创业教育提供政策支持和法律保障；政府还可以提供资金支持、减税政策和创业孵化器等资源，促进创新创业教育的发展和创业者的成长。

通过"学术—产业—政府"三螺旋关系的紧密合作，创新创业教育生态得以形成。学术界提供理论支持和知识积累；产业界提供实践机会和资源支持，政府提供政策支持和资源引导。这种合作关系促使学生在创新创业教育中获得全面的培养，将理论与实践相结合，培养创新创业精神和实际应用能力，推动创新创业教育的不断发展和创新创业文化的培育。

（二）四链融合

四链融合是指学术链、产业链、创新链和政策链的融合与协同发展。这种融合旨在促进知识创新、技术转化和产业发展，推动创新创业生态系统的形成和协同发展。学术链是指学术界在科学研究、知识创新和人才培养方面的链条。学术界通过开展前沿科学研究和教育培养，产生新的知识和技术。产业链是指产业界在产品研发、生产制造和市场运作方面的链条。产业链负责将学术界的创新成果转化为实际产品和服务，并推动其商业化和市场化。创新链是指创新创业者在创意发现、项目孵化和企业创立方面的链条。创新链负责将学术链和产业链的成果转化为创业机会和商业模式，并推动其实施和落地。政策链是指政府在政策制定、资源配置和环境营造方面的链条。政策链负责提供政策支持、资金支持和市场环境，为学术链、产业链和创新链提供政策引导和资源保障。四链融合的目标是实现学术研究、产业发展、创新创业和政策支持的有机融合，形成创新创业生态系统的良性循环和协同发展。通过学术链、产业链、创新链和政策链的紧密协作，可以实现科技创新的转化和产业化，推动经济增长和社会进步。

考察和评价一个大学的创新创业教育的发展程度需要综合考虑多个方面的指标和因素。创新创业教育的评价在规划、监测和标杆设定方面扮演着重要角色。评价创新创业教育政策的效果有助于及时发现和纠正政策漏洞，而评估创新创业师资的培养和绩效有助于提高教学质量。同时，对创新创业教育的有效性进行评估有助于明确创业项目的发展短板，提高教育的效益。评价创新创业教育的关键指标因大学的具体情况和发展目标而异。评估创新创业教育政策的效果有利于及时发现和弥补政策漏洞，评估创新创业师资的培养和绩效有助于提高教学质量。

第一，创新链和产业链是相互促进、相互依存的关系。创新链的发展需要依托产业链的支撑和需求，而产业链的升级和发展则需要依靠创新链的推动和引领。通过促进创新链和产业链的精准对接，可以实现技术创新和产业发展的良性循环，提高经济增长的质量和效益。

第二，创新链和产业链的协同发展是实现经济高质量发展的关键路径之一。通过布局创新链，可以培育和壮大创新主体，推动科技创新和技术进步。同时，围绕产业链布局，可以推动创新成果的转化和应用，促进产业升级和结构优化。只有创新链与产业链实现深度融合，才能形成创新驱动的发展模式，提升产业链的附加值和竞争力。

第三，促进产业链创新链深度融合是实现经济高质量发展的迫切要求。深度融合要求创新链和产业链在技术、资金、人才、市场等方面实现紧密衔接和协同作用。这需要加强技术研发与产业应用的衔接，加大科技成果转化的力度，推动创新要素在产业链上的快速流动和优化配置。同时，还需要加强人才培养和交流，增强产业链创新链协同发展的智力支撑。

通过围绕产业链部署创新链，布局创新链以推动产业链发展，可以实现经济高质量发展的目标。这一战略方向为构建创新驱动型经济体系提供了指导和路径，促进了科技创新与产业发展的有机结合，推动了中国经济由高速增长向高质量发展的转变。在实践中，各级政府和企业应加强协同合作，营造良好的创新创业环境，加大对创新链和产业链的支持力度，推动创新链与产业链的深度融合，实现经济结构的优化和升级。

（三）五业联动

"五业联动"是指通过产业、行业、企业、职业和专业之间的深度协作与联动，促进创新创业教育的发展与实践。这种模式的推行旨在加强职业教育与实际产业需求之间的对接，提高职业教育的质量和实效，培养适应市场需求的创新创业人才。通过"五业联动"，创新创业教育可以更好地与产业、行业、企业、职业和专业相结合，为学生提供更具针对性和实践性的教育体验。这种模式能够增强学生的创新创业意识和能力，提高他们在就业创业中的竞争力，同时也促进了产业的创新发展和人才培养的协同推进。

1. "五业联动"的教育生态理论基础

"五业联动"的教育生态理论认为教育不应仅仅局限于学校教育，而应将社会、家庭、产业、科技等领域的教育资源纳入教育体系中。这是基于对教育综合性的认识，即学习和发展的过程不仅仅发生在学校，还发生在生活的各个方面。"五业联动"的教育生态理论旨在构建一个多元、协同、个性化的教育生态系统，为学生的全面发展和终身学习提供支持与机会。

（1）系统及动态平衡原理。

这一原理强调创新创业教育需要建立一个系统化的教育生态系统，同时保持系统内各要素之间的动态平衡。教育生态系统是一个复杂的系统，包括学校、产业、行业、企业、职业和专业等多个要素的相互作用。这些要素之间存在着相互依赖、相互影响的关系。系统性的观念意味着我们要将这些要素看作一个整体，通过相互协作与协调来实现创新创业教育的目标。教育生态系统需要保持动态平衡，即要求各要素之间在发展过程中能够相互适应、相互调整，以保持系统的稳定与发展。这意味着创新创业教育要与产业、行业、企业的变化和发展保持紧密联系，及时调整教育内容和教学方法，以适应时代的变化和需求的变化。

动态平衡原理强调教育生态系统的内在稳定性和适应性。教育机构、产业、行业、企业等各要素之间需要建立紧密的合作关系和信息共享机制，以促进创新创业教育的有序发展。同时，教育系统也需要时刻关注产业和行业的发展趋势，及时调整教学内容和培养方案，以确保学生获得与时代需求和市场需求相匹配的创新创业能力。系统及动态平衡原理是"五业联动"的教育生态理论基础的重要组成部分。通过建立一个系统化的教育生态系统，并保持各要素之间的动态平衡，可以更好地促进创新创业教育的发展，培养符合社会需求的创新创业人才。

（2）环境适应和自组织发展机制。

环境适应和自组织发展机制是"五业联动"的教育生态理论基础的重要方面。教育生态系统需要能够适应不断变化的外部环境。创新创业领域的要求和市场需求都在不断演变，教育系统需要及时了解和反馈这些变化，调整教学内容和方法，以便使学生能够适应和应对新的挑战。环境适应意味着教育生态系统要具备灵活性和敏捷性，能够对外部环境的变化做出快速响应，以保持系统的活力和竞争力。教育生态系统还具备自组织发展的能力。自组织是指系统内各要素之间通过相互作用和反馈机制形成的自我组织结构和行为。在教育生态系统中，学校、产业、行业、企业等各要素之间的互动和合作可以促成系统的自我组织和自我调节，形成相互支持和相互促进的发展模式。通过自组织发展，教育生态系统能够更好地适应外部环境的变化，实现创新创业教育的有序发展。

环境适应和自组织发展机制强调教育生态系统的动态性和适应性。教育机构、产业、行业、企业等各要素之间需要建立紧密的合作关系和信息共享机制，以促进创新创业教育的有序发展。同时，教育系统也需要灵活调整教学内容和教学方法，以适应不断变化的外部环境和需求。通过环境适应和自组织发展机制，教育生态系统能够更好地适应社会和经济的要求，培养具备创新创业能力的人才。这种机制为教育系统提供了灵活性和适应性，使其能够在不断变化的环境中持续发展和进步。

2."五业联动"的改革价值及现实意义

一是提升人才培养质量。"五业联动"的教育改革可以实现教育与产业的深度融合，使教育更加贴近实际需求。通过与产业、行业的紧密合作，教育可以更准确地了解市场需求，调整教学内容和教学方法，培养适应性强、创新能力强的人才。这种人才培养模式能够提高毕业生就业竞争力，满足产业对高素质人才的需求。

二是推动创新创业发展。"五业联动"的教育改革能够促进创新创业的发展。通过与产业、企业的合作，学生能够接触到真实的创业环境和实践机会，培养创新创业的意识和能力。教育系统可以为学生提供创新创业的知识、技能和资源支持，帮助他们在创新创业的道路上更好地实现自己的梦想。这种创新创业导向的教育模式有助于培养创新创业人才，推动经济的创新发展。

三是促进产学研紧密结合。"五业联动"的教育改革为产学研合作提供了良好的平台。通过与产业、企业的合作，教育机构能够更好地了解行业需求和技术动态，将最新的科研成果应用到教学实践中。同时，产业和企业也能够通过与教育机构的合作，获取人才和技术支持，推动自身的创新和发展。这种紧密结合的产学研模式有助于促进知识和技术的转化，推动产业升级和经济发展。

四是增强社会责任感和职业素养。"五业联动"的教育改革注重培养学生的社会责任感和职业素养。通过与社会各界的互动和合作，学生能够更好地理解社会问题和挑战，培养关爱社会、承担责任的意识。同时，与产业、企业的合作也能够让学生更好地了解职业要求和行业规范，提升职业素养和职业道德水平。这种社会责任感和职业素养的培养有助于学生成为有社会担当和职业操守的人才。

　　"五业联动"的教育改革具有重要的改革价值和现实意义。它可以提升人才培养质量，推动创新创业发展，促进产学研紧密结合，增强社会责任感和职业素养。这对于培养适应社会发展需求的高素质人才，推动经济的创新发展，提升国家竞争力具有重要意义。

第三章
创新创业教育评价理论阐析

　　创新创业教育评价有规划、监测与标杆设定作用，对创新创业教育政策效果的评价有利于及时发现并弥补政策漏洞，对创新创业师资培养及绩效的评估有助于提高创新创业教育教学的质量，对创新创业教育的有效性评估有助于明晰创业项目的发展短板，提高创新创业教育效益。如何考察和评价一个大学创新创业教育的发展程度？创新创业教育的成效体现在哪些方面？什么是考察高校创新创业教育的关键指标？如何进行创业教育课程评价？这些问题是当前高校创新创业教育研究的重要问题。

第一节　构建创新创业指标体系的现实需求

　　随着创新创业教育在全国高校的普遍开展，创新创业教育研究成果日益丰富。但是，现有的研究较多关注创新创业教育的政策、模式和实践探索，创新创业教育评价问题一直是研究中相对薄弱的部分。国内外学者虽在创新创业教育的实践中对创新创业教育评价进行了初步探索，但还缺乏系统的研究。国外有学者基于评价的规划、监测和影响力评估目标[1]，提出需要进行创

---

　　① Diamond,D.R., Spence,N..Regional Policy Evaluation:A Methodological Review and the ScottishExample[M]. Hampshire:Gower Publishing Company Ltd, 1984.

新创业教育的宏观政策评价和发展现状评价、高校创业教育项目的过程评价和高校创业教育的有效性评价。[①]

一、构建创新创业指标体系的现实需求

学者通过实际调研提出了高校创业教育评价的"七因素评价法"，包括以下方面：高校提供的创业类课程情况、教师出版创业类教材或专著的情况、学校的社会影响力、校友参与创新创业教育的情况、校友选择自主创业的情况、校友创业项目的创新情况以及高校学者的创业类外延拓展活动情况。

此外，还有学者从不同的理论视角出发，提出了创业教育 / 课程评价的两种范式：过程要素评价和影响评价。过程要素评价关注创业教育的实施过程和要素，主要考察创业课程的设计与实施、教师的教学能力和资源支持、学生的参与和反馈等。通过评估这些要素的质量和效果，来判断创业教育的实施情况和教学质量。影响评价则关注创业教育的影响和效果，主要考察创业教育对学生的创新创业能力、创业意愿和创业行为的影响，以及创业项目的创新程度和市场表现等。通过评估这些影响因素的程度，来判断创业教育的实际效果和社会影响力。

这两种评价范式可以互补地综合考虑，从不同角度全面评价高校的创业教育。过程要素评价侧重于教育过程的质量和有效性，影响评价侧重于教育结果的影响和价值。综合运用这两种评价范式，可以提供更全面客观的创业教育评价结果，为高校改进和优化创业教育提供参考依据。

高校创业教育评价可以综合考虑过程要素和影响因素。通过评价创业类课程的设计与实施，教师的教学能力和创业经验，教材的质量和更新情况、学生的参与度和学习成果、创新创业项目的支持和孵化等过程要素，可以了解创业教育的实施情况和质量。同时，评价创业教育对学生的创业能力和创

---

① 梅伟惠. 高校创业教育评价的类型与影响因素 [J]. 教育发展研究，2011，3 (3) 45–49.

新思维的培养效果，对学生创业意愿和行为的影响，对学生就业和职业发展的促进作用，以及对社会经济发展和创新创业生态的贡献等影响因素，可以了解创业教育在学生和社会方面的实际影响。创业教育并非必然改变大学生的创业意向，但可能会影响创业意向的潜在变量，如个人特质的隐性变化。

国内一些学者在研究中主要遵循过程评价和影响评价的范式，[①] 也有一些学者将 CIPP 教育评价模型引入创业教育能力评价研究，即从背景评价（Context Evaluation）、输入评价（Input Evaluation）、过程评价（Process Evaluation）、结果评价（Product evaluation）四个方面构建高校创业教育质量效果评价指标体系。[②] 但在实践操作层面，对创业教育的评价更多的是依据比较直观化的创业率、竞赛得奖数、教育投入指标等进行。

目前，政府、高校及第三方机构都开展了创业率评价，将创业率作为衡量创新创业水平和效果的重要方面。[③] 教育主管部门往往以各个高校参与"中国'互联网+'大学生创新创业大赛""'挑战杯'全国大学生课外学术科技作品竞赛""'挑战杯'中国大学生创业计划大赛""ACM–ICPC 国际大学生程序设计竞赛""全国大学生数学建模竞赛"等创新创业竞赛和学科竞赛的结果，以及创业教育课程的开设和活动的开展情况，来考察各省（自治区、直辖市）及各个高校开展创新创业教育的状况与效果。麦可思（MyCOS）就业创业率统计数据已经成为衡量创业教育成效的重要引用来源。

然而，目前无论是政府部门或第三方机构进行的创业率评价，还是各类创新创业竞赛和典型高校评选，都只针对少数人的创业教育活动进行评价，对于"将创新创业融入人才培养全过程"、将创新创业教育作为高等教育改革的"突破口"以及促进创新创业教育的分层分类发展等现实意义有限，并且评

---

① 徐小洲，等．两岸三地高校创业教育比较研究 [J]．中国高教研究，2018（9）：25–30．徐小洲，叶映华．创业教育课程设计及其有效性评价——以浙江大学《创业基础》MOOC 课程为样本 [J]．华东师范大学学报（教育科学版），2019，37（1）：16–22+164．

② 葛莉，刘则渊．基于 CIPP 的高校创业教育能力评价指标体系研究 [J]．东北大学学报（社会科学版），2014（4）：377–382．

③ 浙江省教育厅我省 2013 届高校毕业生职业发展状况跟踪 [EB/OL]．http://www.zjedu.gov.cn/news/143634156837657655.html,2015-07-08．

价机制的作用尚未真正发挥出来。当前，由于理念认识偏差或缺乏外部激励，创新创业教育在实践过程中仍然面临许多阻力。随着创新创业教育项目的普遍开展，有必要通过科学合理的指标体系来评价我国当前创新创业教育的成效，为实现更高质量的创新创业教育提供指导，并更好地激发学校、教师和学生参与创新创业教育的积极性。

二、当前创新创业教育评价存在的问题

（一）创新创业教育评价目标不清晰

尽管创新创业教育已经成为中国校内外各界的共同目标和要求，但是在评价创新创业教育的效果和成果时，我们面临着一个重要的挑战，即评价目标的不清晰性。目前，创新创业教育的评价主要集中在学生的创新创业能力和素养方面。然而，这些评价目标缺乏统一的标准和明确的定义，导致评价结果的主观性和不可比性。不同的学校、教育机构和评价者可能会对创新创业能力和素养有不同的理解和侧重点，从而使评价结果缺乏客观性和准确性。

为了解决这一问题，我们需要制定明确的创新创业教育评价目标，并与各方共同协商和确定标准。这需要教育部门、学校、教育专家和行业代表等各方的合作和参与。评价目标应该包括学生的创新思维能力、创业意识和创业技能等方面，同时要考虑到学生的综合素质和实践能力。此外，评价方法和工具也需要不断改进和创新，以确保评价的准确性和客观性。

（二）缺乏科学的评价体系

当前教育界都积极关注创新创业教育课程的建设情况，使得创新创业教育在高校中有了广泛的发展，但是对其绩效评价方面关注度较低。没有考核就没有提升，没有评价就没有进步，绩效考核与评价是促进创新创业教育更快更好发展的利剑，但是我国高校创新创业教育绩效评价方面存在许多缺陷，缺乏针对创新创业教育教学质量的评价体系，影响了教学质量的提高。目前，在国内高校中，对于创新创业教育的教学质量监控机制的理论研究和实践探

索相对较少。虽然一些院校通过构建评价体系来评测学校的创新创业教育能力和学生的创业素质，但这些评价体系往往仅从绩效的角度进行考量，未能全面覆盖教学过程的各个环节，如教学输入、运行、输出等。构建教学质量绩效评估体系需要进行深入的理论研究和实践探索，同时结合具体高校的实际情况进行定制化设计。这样的评估体系可以帮助高校更好地了解教学过程中存在的问题和不足，及时进行调整和改进，从而提高创新创业教育的质量和效果。当前高校绩效评价存在着指标单一化、质量与公平失衡、量化评价存在局限性以及参与度和透明度不足等问题。解决这些问题需要建立更全面、多元化的评价指标体系，平衡质量和公平，注重定性评价，同时加强参与和透明度建设，以促进高校绩效评价的准确性、公正性和有效性。

（三）评价主体单一，社会组织及资金参与度不高

大学生在校期间缺乏必要的积累，因此在进行创业活动时通常需要依赖银行、民间借贷组织以及亲友的资金支持。同时，由于缺乏财务管理方面的专业知识，他们可能面临资金缺口的风险，这可能导致错失良机甚至破产倒闭。这就意味着大学生的创业活动存在一定的资金风险。为了降低大学生创新创业的财务风险，提高他们的创业积极性，需要社会各界组织给予相应的关注，并尽可能提供投资资金。这些政策的出台反映了党和国家对大学生创业的高度重视和支持。这些优惠政策的出台积极推动了大学生创办小微企业，以创业带动就业，为大学生提供了更多的创业机会和发展空间，促进了就业稳定和经济增长。同时，这些政策也为大学生提供了更多的创新创业资源和支持，帮助他们在创业过程中更好地实现自身价值和社会贡献。

（四）缺乏科学规范的评价计划

确立科学规范的绩效计划对于有效评估和提升绩效至关重要。一是绩效计划应该设置明确的目标和指标，以便衡量绩效和成果。如果目标和指标不清晰，或者过于宽泛和主观，那么评估的准确性和一致性将受到影响。科学规范的绩效计划应该确保目标具体、可量化、可达成，并且指标能够客观

地衡量绩效。二是仅仅依靠定量指标来评估绩效可能会忽略主观和定性因素的影响。科学规范的绩效计划应该采用综合评估方法，结合定量和定性指标，以全面了解绩效情况。例如，可以结合量化指标和绩效评估、同行评审、360度评价等方法，以获取更准确和全面的绩效信息。三是绩效计划中指标的权重和比例分配应该根据各项指标的重要性和对绩效的贡献程度进行合理的设定。如果权重和比例分配不合理，可能导致评估结果失衡或偏颇。科学规范的绩效计划应该通过合理的权衡和权重设定，确保各项指标在绩效评估中得到适当的反映。四是绩效计划不仅仅是设定目标和指标，还应该包括持续的监督和反馈机制，以确保绩效评估的有效性和及时性。科学规范的绩效计划应该设立明确的监督和反馈机制，包括定期评估、个人交流、反馈会议等，以及及时纠正和改进的机制。为确立科学规范的绩效计划，组织和机构可以借鉴相关的绩效管理理论和实践，结合自身的特点和需求，制订适合的绩效计划。同时，应该注重参与和沟通，与绩效评估的相关方共同制定和确认绩效目标、指标和评估方法，以确保绩效计划的科学性和可行性。

第二节　创新创业教育评价体系的核心范畴

创新创业教育是一个系统工程，评价指标体系应综合考虑各个方面的因素，包括政府政策支持、社会组织力量、学校教育、师生素质等。评价指标应涵盖不同层面、不同环节的绩效表现，以全面反映创新创业教育的效果和成果。评价指标应基于相关领域的理论和实证研究，具有科学性和可行性。指标的设计应遵循教育学、心理学、经济学、管理学等学科的原理和方法，确保评价结果的准确性和可信度。构建高校创新创业教育绩效评价指标体系是一项庞大而复杂的工程，需要多方合作和持续努力。

一、创新创业教育评价体系阐释

(一)价值评价

价值评价是对创新创业教育的意义进行评判,可从精神价值和现实价值两个维度来考量。创新创业教育的精神价值体现在激发创造力、培养自主性和团队合作能力以及培养适应变化和风险承受能力等方面。创新创业教育鼓励学生独立思考、勇于尝试新想法和解决问题的能力。现实价值则表现在培养创业家和创新型人才、促进产业升级和转型、增强就业竞争力,以及推动社会创新和社会责任等方面。创新创业教育培养学生具备创业家精神和创新能力,为社会创造更多的创业机会和创新成果。这有助于促进经济发展、推动社会进步,并创造就业机会。

(二)过程评价

过程评价在创新创业教育中起着关键作用,它对政策投入、教育投入以及学生和企业发展情况进行评估,有助于了解教育过程的有效性和成效,并提供改进的指导。从政策投入来看,过程评价可以评估政府和教育机构在创新创业教育中的政策投入情况。这包括政策的制定和实施过程,政府资金和资源的投入,以及政策的有效性和成效。通过评估政策投入,可以了解政府对创新创业教育的重视程度,以及政策在促进创新创业教育方面的效果。从教育投入来看,过程评价还可以评估教育机构在创新创业教育中的投入情况。这包括教师培训和发展、课程设计和教材开发、教学方法和评估方式等方面。通过评估教育投入,可以了解教育机构对创新创业教育的重视程度,以及教育投入对学生创新创业能力培养的影响。从学生发展来看,过程评价可以评估学生在创新创业教育中的发展情况。这包括学生的创新能力、创业意识、团队合作能力、问题解决能力等方面的发展。通过评估学生发展情况,可以了解创新创业教育对学生个体能力的培养效果,并为学生的个人成长和职业发展提供反馈和指导。从企业发展来说,过程评价还可以评估创新创业教育对企业发展的影响。这包括创业项目的成果和效益、与企业合作的效果、创新创业能力对企业竞争力的提升等方面。通过评估企业发展情况，可以了解创新创业教育对企业创新能力和经济发展的推动作用，并为与企业的合作提供参考和改进建议。过程评价需要采用多种方法和工具，例如问卷调查、访谈、观察和文献分析等。评价结果应该被及时反馈给相关利益相关者，包括政府、教育机构、学生和企业，以促进创新创业教育的优化和改进。同时，过程评价需要定期进行，以跟踪和监测创新创业教育的进展，并为政策制定和教育决策提供依据。

（三）结果评价

结果评价是对创新创业教育的绩效和成果进行评定的过程。它主要分为创业者绩效和产品与成果两个维度。创业者绩效评价主要关注创新创业教育对学生的培养效果和影响，主要评估学生在创新思维、问题解决、机会识别和创业意识等方面的能力和素质等方面。产品与成果评价主要关注创新创业教育所培养出的产品、服务或解决方案的质量和影响力，主要评估创新创业项目或产品的商业模式、市场需求和盈利潜力等，以及其商业化的可行性等。结果评价通常采用多种方法和指标，如关键绩效指标、市场反馈、用户调研、财务数据等。评价结果的反馈和利用可以帮助改进创新创业教育的内容、方法和支持体系，以提高创新创业教育的质量和效果。同时，结果评价也可以为政策制定者、教育机构和社会各方提供参考，以便更好地支持和推动创新创业教育。

二、创新创业教育评价功能

（一）指导创新创业教育实践

创新创业教育评价在指导教育实践方面扮演了至关重要的角色。它不单是一个反馈机制，更是一个引导创新创业活动向预定目标前进的工具。

首先，评价作为教育决策的参考依据，提供了关于教育过程有效性与创新成果的直观印象。通过对教学方法、课程内容、学生反馈以及项目成效的评估，教育者可以得知现行创新创业教育的实施状况，了解其优势和待改进之处。之后，可以据此调整教学计划和课程设计，以期使未来的教学活动能更好地服务于创新与创业目标的实现。

评价还能够激励教育实践者不断追求教学质量的提升。一个明确且具有挑战性的评价标准能够促使教师、学校管理者甚至学生本身努力提升教学与学习的成效。例如，当教育评价凸显出学生在创新思维方面的进步时，学校可能会倾向于增强那些能够培养学生这一能力的课程和活动。

另外，评价可以帮助监控和保证教育质量的一致性。对于范围广泛的创新创业教育项目，评价能够确保各项活动达到预设标准，同时鉴别出表现超常的示范项目。这些项目可以作为最佳实践案例，分享给更广泛的教育社群，从而指导其他教育机构或课程的改善。

（二）监测与促进创新创业质量

创新创业教育评价在监测与促进创新创业质量方面发挥着不可或缺的作用。通过持续的评估活动，可以确保教育过程中创新创业的各个方面都能达到预定的标准和质量要求。

评价提供了一个框架，通过这个框架可以定期地检查和比较教育实践的质量。例如，课程设计评价、学生项目评审、师资培训效果等方面的评价，都有助于监督教育过程是否有效推动了学生的创新能力和创业技能的发展。通过这一过程，教育机构得以及时了解到哪些措施有效，哪些需要改进，从而对教学策略做出相应的调整。

与此同时，评价还激励教育机构不断追求更优的教学质量。当教育评价结果被公开时，学校和教育者之间会自然形成一种竞争和自我激励的机制。这种竞争促使他们对自己的教学方法和内容进行反思和创新，从而不断提升教学质量和学生的创业成效。

此外，创新创业教育评价还能辅助学校和教育者识别与挖掘学生的潜在创新能力。通过精心设计的评价工具，可以揭示学生在创新思维、问题解决能力以及团队协作等方面的优势。这样不仅有助于学生个体成长，也增强了整个教育生态系统的活力和创新能力。

三、创新创业教育评价的特点

（一）评价指标的综合性与动态性

评价指标的综合性体现在涵盖了教育活动各个层面的多种因素。这些指标不仅包含可量化的硬数据，如资金筹集额、企业起始率、专利数量等，也包含难以量化的软数据，如学生的创新意识、创业精神、团队合作能力和风险承担能力等。综合性的评价指标考虑到了创新活动的多面性，同时也强调了教育过程中知识、技能与态度等多维度的培养。

指标的动态性则指评价体系能够反映教育环境和市场需求的变化。随着新兴行业的出现和技术的迅速发展，创新创业教育的目标和内容需要不断调整。相应的，评价指标也应该随之更新，以保确保评价结果的时效性和相关性。动态的评价指标使教育评价具有前瞻性，能够指导教育机构预见未来变化并提前做出准备。

综合性与动态性指标的运用，要求教育评价具有灵活性，能够适应不同教学环境和学生需求。这方面的评价工具可能包括自我评估、互评、教师评估、项目评审以及与行业专家合作的外部评审等。使用这样的工具，评价过程能够在不同时间点捕捉创业教育过程中的关键发展，并提供定制化的反馈和指导。

（二）评价结果的适用性与传导效率

评价结果的适用性体现在其对实际教育与创业活动具有直接的指导价值，这不仅限于对已完成项目成败的后评价，也包括对正在进行的教育项目形成指导性意见，帮助决策者制定改进措施。评价结果应能够清晰地指出教育内容中的优点与不足之处，为课程设置、教育资源分配和教学方法创新提供实证基础。

而传导效率则要求评价结果能够及时传递至决策者和执行者手中。一方面，这需要建立高效的通报系统，确保评价信息能迅速地从评价人员传递至教育管理者、教师和学生。另一方面，传导效率也涉及评价结果的易理解性，即结果应以清晰无歧义的形式呈现，避免因信息表达不当而造成误解或延误决策。

适用性与传导效率强的评价结果对于创新创业教育体系是有益的。它使各个层面的教育参与者能够准确把握教育过程的实时状况，并基于这些信息做出及时的调整。例如，若评价指出某创业课程的实践环节不足，学校可以迅速地增加案例分析、实习机会或与企业的合作项目，以加强学生的实践能力。

四、创新创业教育评价体系分类

（一）教育过程评价体系

教育过程评价体系关注的是教育实施的各个环节和过程。这种评价通常是形成性的，目的在于监测和提升教学的实际操作。过程评价涵盖了教学策略的有效性、教学方法的创新性、师生互动的频率和质量、资源利用的效率以及教育环境和氛围的营造等方面。此外，教育过程评价也重视学生的参与度、主动性和他们在学习中的体验。通过跟踪这些动态的因素，教育者可以及时调整教学方法和策略，确保学习活动是高效、有效并且能创造积极的教学成果。

（二）教育内容评价体系

教育内容评价体系专注于教学大纲、课程设置、项目内容和学习资料的适宜性和现代性。这一评价体系评估的是教育内容是否满足创新创业教育的目标，是否能培养学生的创新思维和创业技能。内容评价需要确保教育材料与最新行业动态和技术进展同步，课程设计能够激发学生的批判思维和问题解决能力，而项目工作则要确实反映实际创业环境的挑战。教育内容评价保障了教材和教学内容的质量和相关性，支持学生将知识有效转化为实践中的创新成果。

（三）教育成果评价体系

教育成果评价体系则集中于教育活动结束后的成效和成果。这包括评估学生的知识掌握、技能运用、项目实施、创业计划的制订和执行等。成果评价不仅考虑短期的学习结果，如课程成绩和项目评比，也关注长期成效，比如毕业生的创业成功率、创新项目的社会影响力以及他们在职业生涯中的表现。这种评价体系强调结果的可测量性和可持续性，以确保创新创业教育的长远价值。

五、创新创业教育的评价方法

（一）定性评价与案例分析法

1. 实施定性评价

实施定性评价首先需要确定评价的主要目标和研究问题，例如，"学生的创新思维发展得如何"？或者"团队协作能力提升的主要影响因素是什么"？确立了目标后，可以选择适当的定性研究方法，如深度访谈、焦点小组讨论、观察法或开放式问卷调查。

深度访谈：涉及与学生、教育工作者或行业专家进行面对面的对话，收集他们对于教学过程和学习体验的深入看法。

焦点小组讨论：组织一小群参与者讨论特定的教育活动或课程内容，激发集体思维和观点的交流。

观察法：在实际的教学场景中观察，如课堂、工作坊或学生团队项目活动中，记录学生的互动和行为表现。

开放式问卷：设计问卷以收集自由表达的回答，提供对评价问题的多样性解释和个人见解。

2. 案例分析法的操作

案例分析是通过对特定实例的深入研究来揭示特定现象或趋势。在创新创业教育评价中，这可能包括对成功或失败的学生创业项目、特色课程或独特教学法的分析。

选择案例：首先要选择代表性强、信息丰富且对研究问题有重要意义的案例。

收集数据：通过文献回顾、访谈、问卷、项目档案等方式收集相关数据。

分析数据：运用事例分析、内容分析或主题分析等方法对收集的信息进行整理和解释。

撰写案例报告：结合理论和实证数据，对案例进行详尽叙述，并从中提炼出关键的教育洞察和经验教训。

交叉案例比较：在有多个案例时，可以对案例之间的差异和相同点进行比较，以深化理解。

定性评价和案例分析法的应用在于其能够提供对创新创业教育现象背后更全面和深入的理解。这些方法的操作需要熟练掌握数据收集、分析和解释的技能，并以开放和探索的态度对待评价过程中的发现和结论。通过这种方式，评价者能够抓住教育实践中的细微差别和深层次因素，进而为教育改进提供有力的指导和建议。

（二）定量评价与统计分析法

1. 设计评价指标

在开始之前，需要设计具体可量化的评价指标来衡量创新创业教育的效果，如学生的创业活动参与度、完成的创业计划数量、获得的资金数额或创新能力的相关测试成绩等。

2. 收集数据

数据收集可以来源于多种途径，包括但不限于：

学生的学业成绩和考试结果；

创业项目相关的数值数据（如市场调研反馈、收入与支出记录）；

学生和教师的问卷调查结果，使用预先定义的量表；

与创业相关的活动记录（比如比赛建议、创业竞赛成绩）。

3. 数据分析方法

一旦收集到数据，可以采用以下几种基本的统计分析方法。

描述性统计：包括计算均值、中位数、方差等统计量来描述数据集的基本特征。

推断性统计：利用百度查询检验、卡方检验等方法来分析样本数据与总体的一般性差异，或不同变量间的相关性和因果关系。

回归分析：用于分析一个或多个自变量和因变量间的关系，预测结果或判断变量之间的影响程度。

多变量分析：如因子分析、主成分分析，可以揭示多个变量之间的内在关联。

4. 报告结果

结果的报告要依据统计分析后得出的数据，明确显示其对评价问题的解释力度。通常情况下，需要使用图表、表格等直观方式来展示数据分析的结果，并对结果进行解释，说明其在创新创业教育评价上的意义。

5. 制订行动计划

基于数据分析的结果，设计针对性的改进措施或推荐策略。例如，如果发现某项创业技能的评分普遍偏低，可能需要加强那部分的教学内容或方法。

（三）综合评价与模型构建法

综合评价与模型构建法在创新创业教育评价中，通过整合定性与定量评价的优势，使用模型构建对教育的多方面影响进行综合分析。

首先，要确定综合评价的具体目标，并识别评价过程中所需要关注的关键要素，如学生创业能力、教学资源质量、创业课程的实施情况等。

其次，需要构建一个包括各种评价指标的体系，这个体系应整合涉及创新创业教育的多维度指标，包含硬性数据（如创业成功率、投资金额）和软性数据（如学生满意度、创新思维水平）。

数据采集应涵盖定量与定性的方面，可能包括问卷调查、现场观察、专家访谈、案例研究等。数据收集后，进行适当的处理，比如清洗和格式化，为进一步的分析做准备。

然后采用恰当的统筹方法和技术，如层次分析法（AHP）、模糊综合评价或其他多属性决策分析方法来构建评价模型。在综合所有数据后，根据既定的规则和权重系统进行评价。

再次，运用统计软件和分析工具对完成的模型进行运算处理，获取评价结果。分析得到的结果，识别创新创业教育中的优势领域和改进点。

最后，对模型运算得到的结果进行解释，并将其作为决策依据，用于改进教育政策、优化教学方法和课程设计。同时，收集利益相关者的反馈，对模型进行调整和优化，以适应教育实践中的变化和新要求。

六、创新创业教育评价的原则

（一）定量为主、定性为辅的原则

定量评价主要依靠量化的指标和数据，如考试成绩、项目完成情况、创业实践成果等。定性评价可以通过观察、访谈、问卷调查等方式收集学生的自我评价、教师评价和同伴评价等非数字化的信息。将定量评价作为主要手段，可提供客观的量化数据，而定性评价作为辅助手段，可提供更为深入和全面的评价信息。两者相结合，可以更好地评价创新创业教育的效果和学生的绩效，提供更准确、全面的评估结果，为教育改进和决策提供更有力的依据。

（二）领先指标和滞后指标相结合

领先指标是指能够提前预示学生创新创业能力和潜力的指标，通常与学习过程和学生特征相关。例如，创新思维能力、团队合作能力、创业意识等可以作为领先指标。滞后指标则是指能够反映学生实际表现和成果的指标，通常与学习结果和实践成果相关。例如，创新创业项目的成功率、创业企业的发展状况等可以作为滞后指标。通过关注这些指标，可以评估学生在实践中的创新创业能力和成果，为他们提供实际的反馈和评价，以促进其在实践中的改进和提升。将领先指标和滞后指标相结合，可以实现对创新创业教育全过程的评价和监测。领先指标能够提前发现学生的潜力和发展方向，帮助他们在学习过程中进行有针对性的培养和发展；滞后指标能够评估学生在实践中的表现和成果，为他们提供实际的反馈和评价，促进他们在实践中的改进和提升。

（三）内部评价和外部评价相结合的原则

创新创业教育需要全方面、多主体、全过程的管理，既要考虑学校内部各因素的制约，也要考虑外界力量的影响。学生作为创新创业教育的对象，是最重要的评价主体，学校管理人员及其他合作部门的同事，也可以从其他视角给予相应的针对性意见，校外的专家人士及政府相关部门人员的评价意见也对绩效改进和提升有很大的帮助，所以构建多元主体参与机制，将有效推进创新创业教育的发展。

（四）目标一致性原则

绩效评价指标应该与绩效评价的目的和评价对象的运行目标保持一致，这是非常重要的原则之一。确保指标与目标的一致性是有效评价绩效的基础。一致性包括内容一致性和完整性。内容一致性意味着所选择的指标应与评价对象的目标密切相关，能够准确反映出其实际运行情况。指标应该涵盖组织或个人关注的关键方面，反映出其关注的重点和核心目标。例如，对于高校创业教育的绩效评价，指标可以包括学生创业成功率、创业项目的可持续发展性、创业活动对学生创新能力的提升等。

完整性意味着评价指标应该能够全面反映评价对象系统运行总目标的各个方面。评价对象的运行目标通常是多维度的，因此，绩效评价指标应该涵盖这些不同的方面，以便全面评估绩效。在制定高校创业教育的绩效评价指标时，可以考虑包括学生创业率、创业项目的增值能力、创业者的创新能力和创业实践的社会影响力等多个方面的指标。绩效评价指标的选择应该充分考虑评价对象的特点和目标，确保指标的内容与目标的一致性，同时保证指标的完整性，以全面准确地评价绩效。这样才能确保绩效评价的有效性和可信度。

（五）独立性与差异性原则

独立性原则和差异性原则是评价指标选择和设计的重要原则，确保指标之间的清晰性和可比性。独立性原则要求评价指标之间的边界清晰，避免含义上的重复。每个评价指标应该具有独特的内容和定义，避免重复统计相同的信息。评价指标之间的差异应该明显，能够清晰地区分它们所衡量的不同方面。在制定指标时，需要仔细选择和定义指标，确保它们在内容上没有重复和重叠。评价指标的名称和措辞应该准确、清晰，避免产生歧义。在需要时，可以给出具体、明确的定义，以确保指标之间的差异性和操作性。通过遵循独立性原则和差异性原则，评价指标的选择和设计将更加科学和准确。这有助于确保评价过程的清晰性、可比性和可信度，提高绩效评价的有效性和精确性。

第三节　平衡计分卡与创新创业教育评价体系

一、平衡计分卡

采用平衡计分卡（Balanced Score Card，BSC）方法来构建应用型高校创新创业教育绩效评价的指标体系是一个合理且有效的选择。平衡计分卡方法是一种综合性的管理工具，可以帮助组织将战略目标转化为具体的绩效指标，并从多个维度全面评估绩效。

（一）金融维度

这个维度关注创新创业教育的财务可持续性和经济效益。相关指标可以包括创新创业项目的投资回报率、创业项目的盈利能力、创新创业教育项目的经费使用效率等。

（二）客户维度

这个维度关注创新创业教育的学生和企业合作伙伴的满意度和价值创造。相关指标可以包括创新创业教育项目的学生参与率、学生创业成功率、企业合作项目的质量和效果等。

（三）内部流程维度

这个维度关注创新创业教育的内部运作流程和教学质量。相关指标可以包括创新创业课程的设计和实施质量、创新创业实践平台的有效利用率、创新创业教育项目的评估和改进效果等。

（四）学习与成长维度

这个维度关注创新创业教育的学生学习和个人成长效果。相关指标可以包括学生创新创业能力的提升情况、学生创新创业意愿和创业信心的增强、学生创新创业项目的实践经验和成果等。

通过在这些维度上设定具体的指标，并结合定量和定性的评估方法，可以全面评估应用型高校创新创业教育的绩效。同时，通过制定绩效目标、监测绩效进展，并及时进行反馈和改进，可以推动创新创业教育的持续优化和发展，如表3-1所示。

表3-1 创新创业教育绩效评价指标体系

总指标	一级指标	二级指标	三级指标	指标概述
A 创新创业绩效评价指标体系	B1 创新创业教育财务运营	C1 经费投入	D1 政府财政拨款情况	政府从财政收入中支出给学校的创新创业教育相关费用
			D2 学校自筹情况	学校自己筹集到的相关资金费用
			D3 社会组织投资情况	合作单位或社会组织方面筹措到的资金
		C2 经费使用	D4 各经费构成占比	多项来源经费的比例
			D5 日常管理费用	大学生创新创业教育日常管理费用
			D6 研发费用	大学生创新创业教育科学研究费用
			D7 竞赛费用	大学生创新创业教育竞赛举办费用
	B2 创新创业教育课程管理	C3 课程设置	D8 课程门类数	开设创新创业教育相关课程数量
			D9 必修选修比例	课程必修与选修比例情况
			D10 理论实践比例	课程中理论课与实践课比例情况
			D11 学分设置	各个课程学分设置情况
		C4 教学监控	D12 教师授课情况	教学日常授课情况
			D13 课程开课率	创新创业教育开课情况
			D14 学生上课情况	学生听课情况
			D15 教学材料状况	教学相关资料准备情况

续表

总指标	一级指标	二级指标	三级指标	指标概述
A 创新创业绩效评价指标体系	B2 创新创业教育课程管理	C5 师资队伍	D16 年龄构成	教师年龄结构
			D17 职称构成	教师职称结构
			D18 专业构成	教师专业结构
		C6 环境围	D19 规章制度	学校创新创业教育规章管理制度
			D20 宣传报道	学校创新创业教育宣传情况
			D21 学生社团组织	学生相关社团组织情况
	B3 学生满意度	C7 课程满意度	D22 多样性	学生对课程多样性的满意度
			D23 启发性	学生对课程启发性的满意度
			D24 实用性	学生对课程实用性的满意度
		C8 教师满意度	D25 教学态度	学生对教师教学态度的满意度
			D26 教学技巧	学生对教师教学技巧的满意度
			D27 教学效果	学生对教师教学效果的满意度
		C9 创业效果	D28 创业项目数	大学生每年创业项目数量
			D29 创业规模	大学生每年创业资金规模
			D30 创业企业年限	大学生创办企业成立年限
	B4 创新创业教育学习和成长	C10 师资引进	D31 人才梯队构成	创新创业教育师资队伍梯队
			D32 师资发展规划	师资发展的人力资源规划
			D33 引进优惠政策	师资引进的优惠力度
		C11 技能培训	D34 培训课程数	教师参与的培训课程数目
			D35 培训时长	教学参与的培训时间
			D36 培训需求准确性	开设的培训需求满意度

续表

总指标	一级指标	二级指标	三级指标	指标概述
A 创新创业绩效评价指标体系	B4 创新创业教育学习和成长	C12 学习型组织构建	D37 团队学习	团队学习的次数及时间
			D38 持续性学习	学习的周期
			D39 系统思考	系统思考的锻炼情况
		C13 社会组织参与	D40 校企合作	校内外实习实践基地情况
			D41 高校联盟	高校联盟合作研究情况
			D42 创业竞赛组织	创业大赛组织情况
			D43 社会扶持比例	社会扶持参与项目的比例

需要注意的是，具体的指标体系设计应该结合应用型高校的特点和发展目标，根据实际情况进行适度调整和补充，确保指标具有可操作性和有效性。同时，应该注重多方参与和沟通，包括学校管理层、教师、学生、企业等相关利益方的参与，以确保评价指标的全面性和公正性。

对于绩效指标的权重，可以采用对偶加权法、权值因子判断法、层次分析法等多种设定方式，根据各学校情况不同，可以进行不同的设计，以引导教师和学生的行为转变。

二、创新创业教育利益相关方的发展策略

应用型高校创新创业教育是一个全面而系统的机制，需要政府层面、社会层面、高校层面以及学生层面多方的协调与配合，构建一个完善的应用型高校创新创业教育良性发展的生态均衡系统，具体如图3-1所示。

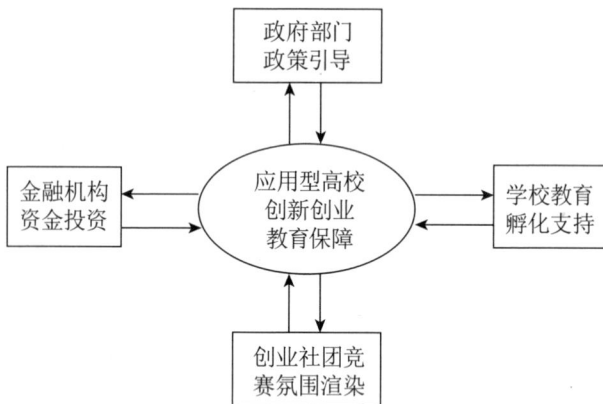

图 3-1　创新创业教育均衡系统

（一）政府部门政策引导

我国高校创新创业教育是在政府的推动下进行的。政府通过政策和资金的倾斜与支持，对高校创新创业教育起到重要作用。然而，目前我国高校创新创业教育中的政府子系统存在一些问题。一是在创新创业教育领域，政府出台了一些优惠政策，如税收减免、创新创业项目资助等。然而，这些政策的执行细则和具体操作方式并不清晰，导致高校在享受政策优惠时存在困惑和难以操作的情况。二是政府在创新创业教育中承担着提供支持和保障服务的责任。然而，目前的服务保障体系还不健全，缺乏统一的标准和规范，导致高校在开展创新创业教育时面临服务不足、资源不均衡等问题。三是政府在创新创业教育中提供了一定的资金支持，但整体倾斜力度相对较低。高校在开展创新创业教育时，仍面临着资金不足的困扰，难以充分发挥创新创业教育的效果和潜力。

根据中国大学生就业报告的历年数据，可以看出，自主创业资金中政府资助的比例相对较低，2011届、2010届和2009届大学本科毕业生的政府资助占比分别为2%、2%和1%，而家庭资助占比约为80%。数据显示，家庭资助在资金来源中占据绝对优势，政府资助虽有所提升，但仍然相对较低。因此，政府应该从根本上转变对大学生创业的认识，加强服务体系和资金扶持体系的建设，以改善我国大学生的创业环境。政府机关为大学生创新创业教育发展提供政策法律的保障，是高校创新创业活动的主要引导者，起着宏观指导的作用。政府应该继续出台能切实有效帮助大学生创业的优惠政策及法规，并通过一定的监督手段，确保相应扶持资金的有效使用，并积极提供一些创业信息和创业培训，努力营造"大众创新，万众创业"的良好氛围。为支持大学生创业，安徽省教育厅推出多项政策为大学生创业保驾护航，例如，免征一定年限的企业所得税优惠、工商部门注册零支付、小额贷款优惠、贴息扶持重点项目、租赁经营店面优惠等政策，并为大学生提供免费的创业培训及发放培训补贴，这些措施都极大地调动了大学生创业的积极性，对降低其创业风险具有较强的政策引导作用。

（二）学校教育孵化支持

高校是创新创业教育的主体，其在高校创新创业教育生态培育体系中处于主导地位。然而，高校创新创业教育的主导作用尚未完全发挥出来，存在的问题有以下几点。一是部分高校仍然过于注重传统的知识传授和学科专业培养，对于培养学生的创新创业能力关注度不够，缺乏全方位的教育改革。二是高校的创新创业课程设置相对固定，缺乏针对性和个性化，无法激发学生的创新潜能和创业意识。三是高校在导师队伍建设方面存在不足，导师的数量不足或者缺乏相关经验，无法提供有效的创新创业指导和培养。四是高校在资源整合方面存在困难，缺乏有效的机制和平台，导致创新创业资源的利用率不高。

高校是创新创业教育的关键环节，为实现创新创业教育的新发展，需要在高校层面上进行一系列改革和调整。高校需要改变传统的教育观念，确立以创业素质教育为核心的教育观。创新创业教育应成为教育的重要目标之一，使学生从"就业者"转变为"创业者"，培养具备创新能力的人才。除了传授理论知识外，学校应注重培养学生的实践能力和创业技能。可以组织创业实训、创新项目、商业计划竞赛等活动，让学生亲身参与创新创业实践，锻炼其解决问题和创造价值的能力。为了有效实施创新创业教育，高校需要重视教师的培训和引进工作。教师应接受创新创业教育理念和方法的培训，提升他们的创新创业教学能力。同时，学校可以引进有创新创业经验和背景的专业人士，担任教师或导师角色，为学生提供实践指导和行业资源。此外，高校应该鼓励学生参与创新创业的国际交流与合作。可以推动学生参加国际创新创业竞赛、交流项目或实习，增强学生的国际视野和跨文化沟通能力。这有助于培养学生具备全球化背景和竞争力的创新创业人才。

（三）社会组织的积极参与

主要表现在以下几个方面。一是高校与企业之间的合作关系较为薄弱，缺乏深入的合作项目和有效的资源共享机制。这导致学生在创新创业实践中难以获得来自企业的实际支持和指导。二是在实际操作中，高校、企业和科研机构之间的合作融合程度有限，缺乏有效的平台和机制来促进他们之间的合作与交流。一些高校在利用校友资源方面存在不足，缺乏有效的渠道和机制来与校友建立联系，限制了校友资源的充分利用。三是社会对高校学生创业普遍持不理解的态度，对他们创业的认可度较低。社会组织应积极帮助大学生创业，为大学生创业提供发展平台和资金支持，通过舆论的积极宣传和认可，营造全民扶持大学生创业梦的良好社会环境。大学生创业活动的开展离不开社会各界的扶持和关注，这是创新创业教育的坚固基础。通过校企合作的方式，推动产学研发展；通过公益基金的设立帮助大学生克服资金上的困难，降低其经营的财务风险；通过社会舆论的引导，形成不断创新、积极创业的氛围，为大学生树立创业的楷模。创新创业教育的社会资源包含企业、校友资源、公益基金项目等，这些资源都有可能为创新创业教育提供支持与帮助。在社会层面上，为了推动高校创新创业教育的发展，我们应该注意以下几点。首先，政府部门应该制定相关政策和法规，为高校创新创业教育提供支持和指导。政府可以提供资金支持，设立专项基金用于创新创业教育项目的开展和学生创业项目的孵化。此外，政府还可以制定税收优惠政策，鼓励创新创业相关企业与高校合作，促进产学研用的深度融合。其次，社会各界应该积极参与高校创新创业教育，为学生提供实践机会和资源支持。企业可以提供实习岗位和创业项目，让学生在实际工作中学习和锻炼。校友可以提供创业经验和资源分享，成为学生的创业导师或合作伙伴。社会组织和行业协会等也可以组织创新创业活动，促进学生与社会的交流与合作。另外，高校和企业之间应该建立更加紧密的合作机制。高校可以与企业签订合作协议，明确双方的合作内容和目标，并建立长期稳定的合作关系。高校可以借助企业的资源和实践经验，开展创新创业教育项目和实践活动，提升学生的创新创业能力。而企业也可以通过与高校的合作，获取创新创业人才和项目资源，推动自身的发展和创新能力。

（四）创业社团竞赛氛围渲染

创新创业教育旨在培养学生的创新创业能力，但我们必须认识到学生层面存在一些问题。第一，大学生创业需要得到家庭的双重支持，包括精神和物质方面。家庭资助通常是学生创新创业的主要资金来源，占比约为80%。然而，家庭贫困的学生很少有机会参与实际的创新创业行动，因为缺乏资金支持。此外，一些家长对学生创业的失败表示担忧，不鼓励他们去创业，这导致学生的创业想法无法得到支持。第二，虽然学生对创新创业有很高的热情，接近75%的大学生表示有创业的想法，但真正付诸实践的人却很少。根据过去几年的大学生就业报告显示，从2008年到2011年的毕业生中，从事创业的比例分别为1.0%、1.2%、1.5%、1.6%，尽管有所增长，但比例仍然相对较低。第三，学生对创新创业教育理念的认可度不高，参与率也不高。他们没有真正从思想上认同创新创业教育，忽视了创新创业教育对于实践中的理论指导。这导致在创新创业实践中缺乏经验、资金和社会关系等方面的支持。第四，创新创业教育的实践效果不明显，创新成果较少，创业率偏低，只有少数学生能够成功创业。缺乏成功的典型案例可以推广，这也影响了学生参与实践活动的积极性。创业大学生应该认真学习创业相关理论知识，加入到创业社团中参与各种创业竞赛，不断提升自己的创业能力。作为创业主体的大学生们，他们是创业活动成败的关键，他们具备的知识素质、掌握的管理技能等，都是未来创业活动的主要影响因素，因此，学校开展创新创业教育必须发挥大学生的主观能动性，让其发现创业的乐趣和成就，辨识自己是否具备相应的创业技能，不断弥补自身不足，通过反复的审视与自查，逐渐适应竞争。当前，创业教育在高等院校中蓬勃开展，应用型本科高校应顺应当前高等教育的发展需求，根据学校创业教育的实际情况，权衡各种影响因素的重要性，制定相应的评价标准体系，并对高校的创业教育质量进行评估和考核。这个评价标准体系应该得到社会的认可，并成为应用型高校创新创业型人才培养的目标。通过制定科学合理的创业教育评价体系，我们可以将创业教育进一步提升到与学术性教育同等重要的地位，推动应用型高校创业教育的健康持续发展。高校的创新创业教育作为知识经济时代的产物，符合高等教育改革的发展需求，并且在提升学生创新精神和实践能力方面起着重要作用。它也是解决当前严峻就业形势的重要举措之一。我们应该高度重视高校的创新创业教育，并致力于建立一个政府、高校、社会和学生之间良性互动的创新创业生态培育体系。这需要各方通力合作，包括政府制定支持政策和提供资源，高校提供创新创业课程和平台，社会提供创业机会和导师资源，以及学生积极参与和利用这些资源。

第四章

国外高校创新创业教育评价经验与启示

第一节　美国创新创业教育评价理念及模式

一、美国创新创业教育目标设计

霍勒斯·摩西被众多学者认为是开创了美国创业教育的先河，他早在1919年创办了青年商业社，以高中学生为对象，利用业余时间对其进行商业实践教育。目标在于学生能将课本的理论知识灵活地运用于实践以及使学生早早体会实践取得成果的魅力。他的这一举动在全国范围内激起了巨大反响，各界商业人士认可其做法并纷纷效仿，在国内大规模、大范围开展青年商业社教育活动。这一连串的效应使得美国商业在20世纪20年代一度保持繁荣，也使得青年商业社教育得到教育界顶级人士认可并正式成为中小学教育计划的重中之重。但学术界主流观点却以1947年哈佛商学院将创业以课程的形式引入校园并成为美国校园创业教育最早的践行者。以这一事件为起点将之后的历程划分为三个阶段。

起步阶段：大学首次开设创业教育课程并鼓励学生积极参与，同时社会上零星出版了有关创业教育的书籍、报纸和杂志，但整体参与度低，影响范围不广。同时这一时期新科学技术革命在美国发展蓬勃，如国际垄断组织和跨国公司等现代企业组织迅速崛起，但创业型小企业在这样的大环境中难以生存。

发展阶段：20世纪70年代的美国，经济深陷滞胀泥潭，发展缓慢，士气低落。政府急于采取有效的措施摆脱困境。这一时期美国的希望来源于硅谷创业者的成功，大学生创业热潮掀起并蓬勃发展，也使创业教育获得来自政府以及社会的更多重视。自20世纪80年代起，美国的创业教育快速向大学专业选择及学位教育方向渗透。以创业教育为特色的百森商学院始终是20世纪美国公认的创业学领域的带头人。如今，相较于其他国家，美国的创业教育教学体系历史悠久、文化底蕴深厚，已成为各国竞相模仿的正统体系。美国的创业教育和创新教育相辅相成，繁荣发展。美国是最早实施创新创业教育的国家之一，并在这方面取得了显著的成就。在美国，创新创业教育起步较早，内容相对完善，并覆盖范围广泛，合作领域也很广泛。许多大学通过建立创新研究机构来培养具有高创新能力的人才，以满足国家的需求。同时，美国国家科学基金会在20世纪70年代资助了四所高校的创新教育项目试点，这为美国高校建立了创新创业中心和技术创新研究中心等研究机构，开设相关课程，并鼓励学生从事技术发明、新产品研发等实践创新活动。这些举措极大地激励了美国学生的创造力和研发能力。

随着时间的推移，美国的创新创业教育进入了稳定阶段，成为一个成熟的体系。美国高度重视创新创业教育，在全国范围内投入大量资金，并制定了大量鼓励创新创业的政策，给予物质激励。此外，校园与企业的合作项目也不断涌现，包括企业孵化器等，数量剧增。在这样的宏观框架下，美国早早地进入了大众创新、万众创业的时代。美国的成功经验对其他国家的创新创业教育发展具有借鉴意义。它展示了创新创业教育在培养创新人才、推动经济发展和社会创新方面的重要作用，以及政府、高校、企业和社会各界合作的关键性。其他国家可以从美国的做法中学习，并根据自身国情制定相应的创新创业教育政策和措施，以推动创新创业教育的发展。

美国作为世界范围内的创新创业教育的拓荒者，在这个领域已取得傲人的成果，可以称得上是硕果累累。如学校方面的创新创业课程分类设置、导入雄厚师资力量，及社会上高校学生创新创业型公司举办创业比赛等。除此之外，美国创新创业教育的发展位列第一。

首先，美国在多年历史发展经验中精练出了一整套相当成熟和完备的创新创业教育体系，具有正规性、专业性和学位性的显著特点。正规性表现在这一体系涵盖了美国学生从小学、初中、高中、大学专科、本科直到研究生的全方面教育，普遍开设了创新创业教育课程，贯穿了美国学生的学习生涯，全美已有超过近 1500 所开展创新创业教育的高校。专业性体现在学校会聘请大量顶级学术人士，以及大学生创业成功人士进行经验授课、知识讲座、学术交流以及前沿想法的探讨。学位性是指许多高校还设有创新创业类本科和研究生专业，如果学生在相应学年内修完规定的所有学分以及从事创新创业实践项目，并累积较长经验情况下，授予相应学位，有些在创新创业教育方面有悠久历史的高校还能培养专业化人才，即从事创新创业教育教学和研究的博士生。

其次，美国的创新创业教育因其开始时间早而具有得天独厚的优势，是这个领域的佼佼者，具有多个第一的美称。大学主要特色的演变是一个线性发展过程：教学—研究—创业，即从教学主导型院校发展到研究型大学再到具有社会服务功能的大学。社会服务虽然是当中确立最晚，但却是发展最快，推动美国经济、科技快速发展，成为世界领先国家之一的最强引擎。

最后，美国推出了首个创业教育课程，由哈佛商学院的迈斯（Myles Mace）在 1947 年开设，名为《新创企业管理》（*New Enterprise Management*），以此来推动创业教育和相关学科的发展。1967 年，斯坦福大学和纽约大学在 MBA 课程体系中引入创业教育的内容，丰富了 MBA 课程体系。1968 年，百森商学院第一次将创业教育引入本科生课程，扩大了受教育学生的范围，开阔了本科生视野，较早培养了大学生创业思想。美国是第一个举办创业竞赛的国家，同时美国也开创了许多新颖的创业教育项目竞赛活动并率先设立各种奖项。

除以上成就外，美国重视创新创业教育评价体系建设，连续推出一系列政策推动创新教育的发展，这反而完善了美国在创新创业教育方面的政策框架。美国的创新创业教育评价理念注重培养学生的实践能力、创新思维和团队合作精神。评价不仅仅关注学生的理论知识，更注重学生在实际项目中的表现和能力发展。学生参与创业项目、实习或社区服务等实践活动，他们的实际成果和解决问题的能力会被纳入评价范畴。学生被鼓励提出新的想法、解决方案和产品设计，并在评价中考虑其创新性、可行性和市场潜力。他们会被要求撰写反思日志、展示个人成长和改进计划，以展示他们的学习过程和对自身发展的认识。学生参与具体项目后，项目的成果和过程会被评估与考核。评价的重点可以是项目的创新性、商业可行性、实施计划和团队管理等方面。

除了传统的考试和论文，评价方式还可以包括学生展示、实践报告、演示和面试等形式，以更全面地评估学生的能力和综合素质。美国的创新创业教育评价理念强调学生的实践能力、创新思维和团队合作。美国的创新创业教育评价方法多样化，注重学生的实际表现和成果，同时也鼓励学生对自身学习和成长进行自我评价和反思。这种评价理念旨在培养具有创新精神和实践能力的创业人才，使学生在真实场景中获得全面发展。

二、美国创新创业教育实施效果评价

（一）教育目标定位的战略性

创业是大多数美国年轻人的梦想，据统计，20 世纪 70 年代至 21 世纪的 30 年，创业者为美国创造了 95% 以上的财富，他们大大增强了美国经济实力，进一步巩固了美国超级大国的地位。美国独特的文化根源使得创业教育在美国这片土壤上如鱼得水，使得美国的创业文化蓬勃发展。

首先，美国人尤其是社会企业家有着强烈的社会责任感。他们长期把创业责任视为己任，不以追求利益最大化为唯一创业准则，懂得回报社会，为大量社会公共服务建设提供资金支持，热衷于社会公益事业。其次，大熔炉的移民文化特色也塑造了美国人敢闯敢拼的性格特色。勇气和灵活性是远赴异国的移民者必须具备的品质。美国作为一个移民社会，每个移民者的起点都是一样的。最后，个人主义是美国的特色，其本质是追求个人自由、独立和发展，强调自身奋斗和自我实现，以期在创业过程中实现自我价值及社会价值。因此在创业教育的教学方法设置中，美国学校会极为注重学生的主观能动力和潜在能力，老师会鼓励学生参与创业实践并从中积累经验。再加上美国的本土哲学是实用主义。创新创业教育吸收了美国本土的实用主义，教育过程中注重实践能力培养，如邀请知名企业家开展讲座、提供机会进入企业体验、模拟企业经营等。美国的许多著名大学培养了一批又一批创业者，他们在学校接受的就是实用主义思想，在创业中自然而然将实用主义结合到创业过程中去。21世纪是属于年轻企业家的时代，是最具创业精神的时代。

（二）外部援助力量强大

外部环境作为外部驱动力在创新创业过程中发挥着不容小觑的作用。美国正确认识到了这一点并为创业学生营造了一个可实现的创业过程的环境，首先是国家层面的鼓励政策、适当的法律法规、规范的指导机构；其次是社会层面的资金支持及各种创业辅助机构等。

政府层面宽松性政策鼓励创新创业。美国宽松的创业教育管理模式将政府的干预降到最低，呈现出"小政府、大社会"的格局。通过颁布创业法律法规、创办创业扶持机构、运用财政手段等方式为准备创新创业的学生及美国其他大众营造自由平等、公平和谐的竞争环境。多项专项法规逐步设立。如1890年制定的《谢尔曼法》，1953年出台的《小企业法》（*Small Business Act*），1980年通过的《小企业政策法》。随后又陆续出台了《公平竞争法》《小企业技术创新开发法》《小企业法律法》及《美国就业法案》等，这些法案在很大程度上使中小企业的法律地位得到维护，在数量上极大鼓励了中小企业的建立。成立帮助中小企业发展的机构，一是中小企业管理局。以资金援助、技术支持、市场开发等专门向中小企业提供专业化服务。二是白宫小企业会议。定期在白宫举办白宫小企业会议，针对鼓励政策、资金援助、管理运作等问题进行协商，以此使总统合理决策。支持大范围创业的财政手段，1978年起至1981年资本利得税一再降低，政府加大税收优惠，财政补贴，从降低企业成本角度真正免除了创新创业年轻人的后顾之忧，随即引发一波又一波的创业浪潮。

社会层面以企业孵化器的方式提供各方面支持。企业孵化器同时也是高新技术创业服务中心，为新创办的中小企业提供场地、基础设施等一系列服务支持，减小创业者的创业风险和创业成本，提高创业成功率，优化创业成果，培养合格的企业和企业家。一般来说，中小企业的成活率很低，但经过孵化器的孵化和培育优化后，其成活率普遍提高。除了企业孵化器外，还有中小企业研究所、考夫曼创业中心、创业教育联合会、智囊团、家庭企业研究所都以提供实质帮助来帮助中小企业的存活以及发展。

（三）完备的创新创业教育体系

美国的创新创业教育体系相对于其他国家的教育体系而言是相当完备的，位于世界的前列，具有示范性作用。主要体现在以下四个方面。

系统性的课程设置。既开设了面向拥有创业潜质领域性人才的专业化教育课程，也为大众提供了普遍性创业通识教育的课程，两类课程不是相互独立的，是在一些项目中相互结合。课程所传授的内容主要涉及三个方面。一是创新创业意识类课程，目的在于培养学生的创业意识，锻炼发现商机以及合理评估潜在风险的能力。能随所处的政治、经济、法律等环境改变做出及时正确的反应。二是创业专业知识。在校学习创业的相关理论知识是之后真正创业的土壤肥料，有利于创业潜能的尽早开发。三是创业技能训练。主要形式是商业计划书撰写、创业模拟实训等。

教学方法的多样性。创业理论课程通常以老师讲授课本理论知识为主，目的是让学生扎实掌握基本理论知识，为创新创业专业课的深入开展打下坚实的基础。这种教学方式可以帮助学生建立创业基础知识体系，了解创业的理论框架和基本原理。相比之下，专业课程采用多样化的教学模式，旨在更深入地教授创新创业相关内容。这些教学模式包括项目分批教学、创业模拟实训、案例分析教学、名人讲座等。通过使用具有代表性的成功和失败的案例进行讲解，学生可以更深入地理解创业过程中的挑战和机遇，以及相应的经验教训。这种实践导向的教学方法能够帮助学生归纳出基础性创业的规律，并通过学习间接经验来弥补直接经验的不足。另外，创业教育还应包括实践教学环节，鼓励学生将自己的想法通过实际行动变成现实的创业实践活动。这可以通过加入创业教育实践课程或设定实践素质拓展学分的方式来实现。学生可以通过创业实践活动，如创业计划书的编写、创业项目的实施、创业比赛的参与等，提升个人的创业素质和创业能力。

多元化师资队伍。美国高校在创业教育方面注重拥有多样化的师资团队，以提供全面而丰富的教学体验。一类是专职教师，他们在学校的师资团队中占据重要比重。这些专职教师通常具备强大的学术背景，精通创业相关的理论知识，而且很多教师还具有丰富的创新创业经验。他们能够传授学生切实可行的创业理论和方法，并提供学生所需的学术指导和支持。

另一类是兼职教师，这一团队主要由成功的企业家、创业家、政府官员等构成。学校通常邀请他们担任客座教授，举办交流型、开放式讲座，分享他们的创业经验。这种安排使学生可以从实际的创业实践者那里获得鲜活的实例指导，并为学生提供社会资源和人脉的平台。通过与这些成功人士的互动，学生可以获得实践经验和行业洞察，并建立有价值的社会关系网络。多元化的师资队伍为创业教育的教学质量提供了保障。美国高校普遍认为"双师型"的教师团队能更好地胜任创业教学工作。专职教师通过定期培训和挂职锻炼，提高他们在创新创业实践方面的能力。他们被鼓励创办实体企业，并为有创业意向的学生提供实践机会，使学生能够以"员工"身份参与实际创业活动，获得宝贵的实践锻炼机会。

三、美国创业教育评价指标体系

在得到考夫曼基金会的支持下，美国创业教育协会推出了《创业教育国家内容标准》。该标准是通过在全国范围内组织小组对创业者的知识、技能和态度等方面进行调研，然后根据调研结果提出的一套指标系统。

该标准分为三个一级指标、十五个二级指标和五十一项三级指标。这些指标涵盖了创业教育的各个方面，旨在为教育机构提供指导，确保创业教育的内容和质量得到保证。一级指标是核心目标，包括创业技能、必备技能和商业功能。二级指标是在一级指标基础上进行细化和具体化的评估，涉及创业教育的各个方面，如商业模型、创新管理、风险管理等。三级指标是对二级指标进行更加详细的分解和具体描述，以指导具体的教学和评估实践。这些指标的提出和应用旨在促进创业教育的发展和提高教育质量，为创业者的培养提供了一套全面的标准和指导。

创业技能、必备技能和商业功能是《创业教育国家内容标准》中的三个一级指标，它们贯穿创业教育的整个过程，对培养创业者的能力和素质起着重要作用。创业技能是指创业者在创办和经营新企业过程中所需的实际操作技能。这些技能包括市场调研、产品开发、销售和市场营销、财务管理、团队管理等。创业者需要具备这些技能，以便能够有效地实施创业计划，解决问题并推动企业的发展。必备技能是指创业者在创业过程中必须具备的基础知识和能力。这些技能涵盖了创业者的学习能力、问题解决能力、沟通能力、创新思维和创造力等。必备技能对于创业者的个人发展和创业成功至关重要，它们为创业者提供了坚实的基础，使其能够适应不断变化的市场环境和挑战。商业功能是指创业者在创业过程中所需的各项商业操作和管理能力。这些功能包括商业模型设计、风险管理、战略规划、市场定位、融资和投资等。

创业者需要具备这些商业功能，以便能够有效地组织和管理企业的各个方面，并做出明智的商业决策。这三个一级指标相互关联，共同构建了创业者所需的综合素质和能力。创业技能提供了实践操作的能力，必备技能提供了基础知识和能力的支持，而商业功能则帮助创业者有效地管理和运营新创企业。通过培养这些一级指标所涵盖的能力，创业教育能够全面提升创业者的创新能力、领导力和实践能力，从而增加他们在创业过程中的成功机会。

这些指标可以根据具体的创业教育课程和目标进行调整与细化，不同的评价体系可能会有所不同。评估的方法可以包括课堂作业、项目实践、团队演示、创业计划书、案例研究等多种形式，以全面评估学生在创业教育中的学习和发展情况。这些评价指标的目的是帮助教育机构和学生了解创业教育的有效性，并提供反馈和改进的方向。

四、美国创业教育评价指标体系的特征分析

科学的创业教育评价指标体系能够确保创业教育的质量和有效性，帮助学生全面发展创业技能和素养，适应不断变化的创业环境，并为社会和经济的可持续发展做出贡献。

（一）以实践为导向，培养创业精神

创业教育和创业者在过去的 22 年中，通过提供技能指导和实践机会，为学生和社会带来了巨大的影响和贡献。他们的努力推动了经济的发展，培养了创新人才，并为社会的繁荣和进步做出了重要贡献。

这些项目和活动包括创业项目、创业实习、商业计划竞赛以及创业实验室或课程等。通过这些实践机会，学生能够亲身体验和学习创业过程中的挑战与机遇，培养创业思维、创新能力和实际操作的技能。

同时，创业教育也为社会提供了更多的创业者和创新者。通过实践为导向的创业教育，学生能够获得切实的经验和实践机会，培养创业精神、创新思维和实际操作的能力。这种教育方法能够激发学生的创业潜力，提高他们在创业领域中的竞争力，并为将来的创业或职业发展奠定坚实的基础。

（二）创业教育体现终身学习模式

创业教育最早始于小学，逐渐地在不同层次的教育中推广，包括成人教育。在现代社会中，创业者需要不断更新和发展自己的知识与技能，以适应快速变化的商业环境和市场需求。创业教育强调学习者在整个职业生涯中持续学习、成长和适应变化。创业教育提供了一系列的学习机会和资源，使创业者能够不断掌握新的商业理念、市场趋势、技术创新和管理方法。这包括参与创业培训课程、研讨会、工作坊，以及利用在线学习平台和资源进行自主学习等。创业者可以通过这些学习机会来更新知识、发展技能，并与其他创业者进行交流和合作。

此外，创业教育还强调学习者的实践经验和反思。创业者通过实际参与创业项目、实习或实践活动，将理论知识应用到实际中，并从中获得宝贵的经验教训。他们通过反思和总结，不断改进自己的创业策略和行动，实现个人和企业的成长与发展。美国创业教育协会倡导的理念即创业是一个终身学习的过程，至少包括五个不同的发展阶段。

第一阶段：基本技能。从小学到初、高中阶段，学生应该对创业教育的各个方面进行体验。在这个阶段，学生开始了解创业的基本概念和原则。他们了解创业的意义和价值，认识到创业精神和创新的重要性。学生开始参与一些简单的创业活动，例如模拟经营游戏或小型商业项目，从中学习基本的商业知识和技能。

第二阶段：能力认知。学生学会使用创业、企业方面的专业术语，并能从企业家的角度分析问题。在这个阶段，学生逐渐参与更有挑战性的教育活动。他们开始进行更深入的市场调研，学习如何识别商业机会和解决问题。学生可能会参与商业计划竞赛或与实际企业合作，通过实践经验培养洞察力和判断力。

第三阶段：学习创造性运用。学习关于创办、运营一个企业的相关知识非常重要。在这个阶段，学生已经具备了较为深入的商业知识和技能。他们可以独立地进行市场分析、战略规划和财务管理等方面的工作。学生可能会参与创业项目或实习，与实际创业者合作，深入了解创业过程和实践操作。

第四阶段：创办企业。成年之后，有时间习得工作经验或接受更高层次的教育时，更多的人需要帮助以此形成创业理念。在这个阶段，学生已经具备了高级的创业能力和专业知识。他们可以应对复杂的商业挑战，具备创业领导能力和团队管理能力。学生可能会参与创业加速器或孵化器项目，接受专业的指导和支持，进一步完善自己的创业计划和实施能力。

第五阶段：企业成长阶段。在这个阶段，学生成为一位经验丰富的创业者，但他们明白创业是一个不断学习和成长的过程。他们持续关注市场变化，不断更新知识和技能，以适应新的商业环境和机遇。学生可能会继续参加创业培训、研讨会和行业交流活动，与其他创业者分享经验和合作。

创业需要实际行动、实地体验和与市场交互的能力。创业教育应该提供学生与真实商业环境接触的机会，让他们能够在实践中学习并应用所学知识。创业教育的目标是培养学生的创业能力和素养，使他们具备承担风险、创新思维、市场洞察力以及管理和营销技能等必要的创业技能。创业教育应该注重实践和与企业家的互动，为学生提供切实的创业体验和机会，帮助他们在创业领域取得成功。

第二节　英国创新创业教育评价理念及模式

一、英国创新创业教育目标设计、发展路径与支撑体系

英国创新创业教育政策面临的外部环境、问题源流及政策源流共同助推了创新创业教育政策的发展。伴随着经济全球化、高等教育革新、市场需求的深刻变化及激烈的国际人才竞争，英高校创新创业人才培养理念也在政策

设计中做出回应。创业被视为促进创意的商业化、提高生产力及应对全球化挑战的重要手段。英国创新创业教育政策着重强调以政府为主导的核心，强调创新行动力和创新创业教育精神的培养。

（一）课程体系建设

1988年，英国国会通过了由教育大臣贝克负责制定的教育改革法案，即《1988年教育改革法》，掀起了第二次世界大战以来英国最大规模的一次教育改革，为当代英国教育体制全面改革提供了法律依据。该法案的主要精神是改革普通教育，同时兼顾高等教育。该法案规定实施全国统一课程、改革考试制度、改革学校管理体制、加强中央对教育的控制、改革高等教育的管理和经费预算等，强化了中央集权式的教育管理，《1988年教育改革法》左右了英国教育发展走向，也对高校的创新创业教育政策产生了深刻的影响。

2004年，英国的小企业和创业研究所（The Institute for Small Business and Entrepreneurship，ISBE）认为，除了提供一般课程还有必要开发适合目标市场特定需求的课程，包括创业和创业教育的所有方面，除了学生课外活动与在校生和毕业生关于创业的学习课程，还包括基础课程。

目前，最具影响力的相关文件是英国高等教育质量保证署（The Quality Assurance Agency for Higher Education，QAA）2012年提出的《英国高等教育机构创新行动力及创业精神教育指南（2012）》。该指南的目标之一就是完善课程建设，增强学生创业经验，通过质量保证机制保证学生在课程学习阶段和课程测试阶段的学习，以培育学生进取的行为、良好的技能及创业精神和能力。具体实施策略包括：第一，创建一系列由教育专家讲授的嵌入式课程，例如"专业研究"或"个人营销技能"，为学生获取网络、实践经验等资源提供更好的机会；第二，强调课外和课内课程相结合，把部分关于企业的知识嵌入课程中，激发学生对课内、课外课程的兴趣，培养学生学习技能，巩固学习知识；第三，进一步明确课程的内容和意义。"是什么"的课程意在帮助学生吸收和反思某个话题或主题，深入理解现有理论、知识和资源，通常倾向于使用传统的教学方法，通过讲座和固定的阅读内容来学习关于创新行动力及创业精神的理论基础，通过案例学习查分析过往的事件和决策过程，使学生能够批判性地评估与之相关的学习资料："为什么"的课程则聚焦创造创新行动力教育的教学方法，旨在帮助学生发现有创新行动力是什么样的，理解如何成为一个企业家，并且为成为一个具备创新创业精神的人做准备。这类课程的传授通常是在一个有意义和相关的情景下，通过给予学生实验的机会，吸引学生并提高学生的能力。实践需要理论的支持，理想化的状态是能够在一个课程体系中涵括"是什么"和"为什么"的学习。

　　2018 年修订发布的《英国高等教育机构创新行动力及创业精神教育指南(2018)》在 2012 年的框架下进行了调整，围绕课程建设主要从"是什么""为什么""通过什么"三个层面进行设计。"是什么"和"为什么"与 2012 年的政策文本一脉相承，同时创新性地提出"通过什么"，即"如何做"这一层次。"通过什么"学习活动聚焦发展学生的创新创业能力，通过"动手做"反思以往的经历，有选择地利用理论来完成学习过程。创业项目就是在课堂的环境中成功完成创业活动的例子。虽然这样的倡议活动通常由专门的支持孵化器或加速器计划的创新行动力教育者来组织实施，但创业项目也可以是从创新行动力教育到创业精神教育的通道。通过研究话题来获取知识，这是在学习"是什么"；学习如何更加具有创业能力等更务实的目标，则是在学习"为什么"；通过实际应用创新创业活动来学习，能够培养和提高学生的反思能力，并将其与实践活动相联系，例如创立公司、完成创业项目等。图 4-1 说明了课程学习和课外学习如何促进企业意识及企业家心态、能力和整体效能的发展。学生的学习过程往往不是直截了当的，而是以迭代的方式参与不同的阶段，个别学生的学习过程可能有不同的起点。①

---

① NCEE.Enterprise and Entrepreneurship Education:Guidance for UK Higher Education Providers[DB/OL]. http://ncee.org.uk/wp-content/uploads/201 8/05/Enterprise-and-entrpreneurship-education-2018.pdf,2018-01-01.

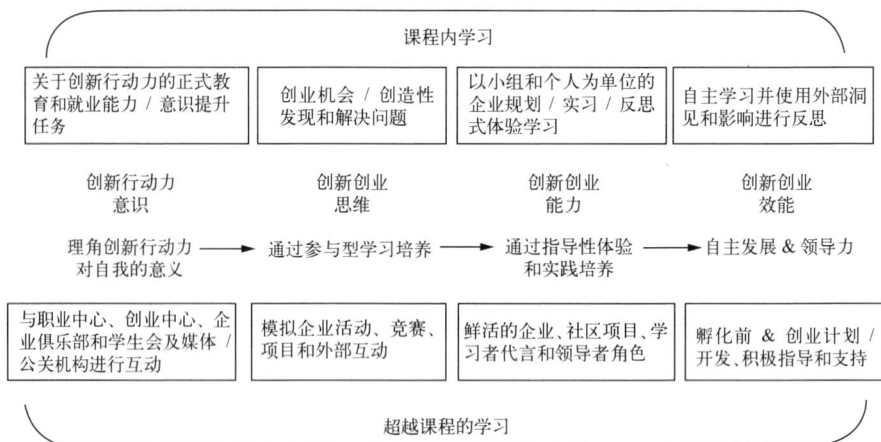

图4-1 课程学习和课外学习促进企业意识及企业家心态能力和整体效能的发展

资料来源：NCEE.Enterprise and Entrepreneurship Education，Guidance for UK Higher Education Providers[DB/OL].http://nceeorg.uk/wp-content/uploads/2018/05/Enterprise-andentrpreneurship-education-2018.pdf，2018-01-01.

（二）教师发展路径

面对经济下行及失业率偏高的压力，英国政府提出应进一步采取措施解决师资短缺问题，力图保持教师职业的社会吸引力，同时确保教师培训制度的可持续性，避免教师行业及教师职业发展的潜在危机。创新创业教育教师发展是英国教师发展的重要组成部分。英国政府提出通过专业培训来提高教师的创新创业教学水平。"国际创业者项目"由英国高等教育学院（Higher Education Academy，HEA）和美国考夫曼基金会（Ewing Marion Kauffman Foundation，EMKF）共同设立，目的是为教师培训提供支持，通过将创业精神融入所有课程中，提高教师自身的创业意识，从而提升高校创新创业教育的师资水平。威尔士政府以"青年创业精神战略"（Youth Entrepreneurship Strategy）和"威尔士大创意"（BigIdeas Wales）为引领，集中资助各级教育的创新创业榜样，大力推进教师培训的进程，通过建立教育机构的创新行动力及创业思维教育推广人制度，促进教育推广人之间的沟通互动，建立了协同培训的机制。"成功的未来"

(The Successful Futures）对学校教育进行回顾，强调学校的目标就是培养具有创造力和创新行动力，并能够对社会有所贡献和创造价值的学生，同时为了促进学生的成长，提出要进一步加强教师培训进程。[①]

《教学卓越框架》（*Teaching Excellence Framework*，TEF）是英国政府提出的针对本科生的教学工作评选。该框架第一次把教学经费与教学质量联系起来，将学生满意度、学生成就、毕业生就业率、薪资水平等作为教学质量的评价标准。这是一个重大变化，《教学卓越框架》采用分阶段的方法，针对不同年级采取不同收费方式，并将其作为财政拨款依据。[②]

（三）教学方式

2018 年，英国发布的《英国高等教育机构创新行动力及创业精神教育指南（2018)》提出，为提升创新行动力和创业精神教育的教学水平，应使用多种教学方法。教育者可以根据具体情况选择不同的教学方法，以相应地提高和发展学生的行为、品质和能力。教学方法应与学生之前的学习、实际背景和学科紧密相关。

第一，采用情境教学方式。通过情境教学帮助学生在自己的学科范围内提高创新创业能力，如果教师在教学中能为学生创设生动、恰如其分的情境氛围，便可唤起学生的想象力，从而激发学生的学习兴趣，调动学生的积极性。在学习策略和测评方面鼓励跨学科教学方法，在使用实验性的学习策略、理论联系实际、提供理论支持的同时，鼓励对理论的正面及负面进行讨论，鼓励学生通过反思来巩固学习要点，批判性地探索情感反应，并做出针对未来行动的规划。

第二，重视教学方法设计。应该允许学生能够"实践"所学的科目，赋予学生辨别并解决问题的能力。学生辨别并解决问题的总体目的是为他人创造

---

① NCEE.Enterprise and Entrepreneurship Education:Guidance for UK Higher Education Providers[DB/OL]. http://ncee.orguk/wp-content/uplads/2018/05/Enterprise-and-entrpreneurship-education-2018.pdf,2018-01-01.

② Teaching Exeellence Framework(TEF)Results 2017[DB/OL].https://www.timeshighereducation.com/news/teaching-excellence-framework-tef-results-2017,2017-06-22.

价值并使其概念化，促使学生区分创新行动力及创业精神教育课程培养的理论知识和实践知识，将"学什么"（例如理论和案例／观察）"为什么学"（为行动做准备）和"通过什么学"（行动中）区别开。

第三，提供以行动为基础的实践活动和挑战。首先，这些活动和挑战可以由社群、商业机构、企业或其他合适的伙伴来组织，比如向客户、中小企业和社会责任承担群体提供咨询服务；其次，让学生能够开创并运营商业项目极其重要，这有利于培养学生发现问题、解决问题的能力，使学生获得亲身参与实践的积极体验和丰富经验，激发学生创新潜能，这是课程体系的组成部分；再次，积极开发与实际紧密结合，具有较高参与度及影响力的创业活动，例如模拟创业活动和创业项目等；最后，聘请校友、企业家及其他相关的专业人士作为访问学者和嘉宾演讲人，保证学生通过学习这些访问学者和演讲人对自己创业经历的反思来支持自身的学习。

第四，体现团队协作与合作的精神。团队协作是就业能力和创业精神的重要组成部分，团队成员彼此的、针对贡献多少的交互评审可以为测评提供信息，以清晰地衡量团队每个成员的贡献，并为团队成员提供支持。针对已知成果的测评与发展新认知和新机会的测评是截然不同的，特别是在一个不断变化的背景和环境中，需要通过过程导向的评估来衡量和对比学习成果与所展示的学习阶段的差异。[①]

（四）政策支撑体系

1. 创业创新教育组织机构体系

英国多种创新创业协会、科技园、企业孵化中心的参与为创新教育提供了灵活而广阔的空间。

（1）官方创业支持机构。官方支持创业的组织主要有两种：一是中央与地方提供了灵活而广阔的空间。地方各级政府部门，包括英国教育与技能部、

---

① NCEE.Enterprise and Entrepreneurship Education:Guidance for UK Higher Education Providers [DB/OL]. http://ncee.org.uk/wp-content/uploads/201 8/05/Enterprise-and-entrpreneurship-educalion-2018. pdf,2018-01-01.

贸易和工业部、财政部、行业技能发展处和行业技能委员会等。二是各类官方基金资助的创业中心和创业委员会。高等教育质量保证机构的宗旨是保障和评估英国高等教育的标准和质量，鼓励英国高校进一步提高管理和教学质量。1999 年，英国科学创业中心（UK Science Enterprise Centers，UKSEC）成立。该中心致力于推进大学与企业合作开展基于科技创新的创业教育。全国大学生创业委员会（NCGE），现改名为国家创新创业教育中心（National Center on Education and the Economy，NCEE）通过开展创业教育研究、评选年度创业型大学、开展全国性创业教育现状调查等，对英国创业教育的发展提供指导。英国高等教育学院（HEA）是提高高等教育教学质量的国家机构，通过奖励优秀教师，使人力与资源得到最佳的研究和最大化的分享，同时帮助高校制定和实施政策，通过与大企业的衔接，支持相关学科发展，以解决就业问题。[①]

（2）非政府创业支持机构。英国充分发挥各类创业协会、民间力量对创新创业的支持作用。全国高校企业家协会（National Association of College Entrepreneurs，NACE）是一个民间慈善机构，通过支持、联系和代表社会化企业，激发全国各高校学生的创业热情和创业活动，被世界经济论坛称为"全球青年创业最佳实践模型"。[②]2007 年，英国科学创业中心（UKSEC）转型为英国创业教育者网络（Enterprise Educators UK，EEUK），并于 2008 年成为一家非营利性机构。目前，该机构拥有约 1400 名教育工作者和从业人员，[③]聘请企业人员作为讲师，为学生举办讲座和咨询活动，为学生从课堂走向社会起到了良好的衔接作用，得到联合国的认可。区域发展局（Regional Development Agencies）以协调者的身份帮助政府促进大学与企业关系的发展，

---

① 黄兆信，张中秋，赵国靖，王志强. 英国高校创业教育的现状、特色及启示 [J]. 华东师范大学学报（教育科学版），2016，34（2）：39–44+114.

② 黄兆信，张中秋，赵国，王志强. 英国高校创业教育的现状、特色及启示 [J]. 华东师范大学学报（教育科学版），2016，34（2）：39–44+114.

③ 谢萍，石磊. 英国创新创业教育的现状及其启示 [J]. 世界教育信息，2018，31（14）：42–47+51.

建立合作机制。①

（3）校内、校际创业支持机构。英国大部分高校都设置了相关的创业支持机构，其中大学内部的组织机构有大学科技园、企业孵化中心、就业力优异中心、创业中心及各类创业俱乐部、创业协会等。英国大学科技园的产生与发展有利于大学的组织转型，满足了创新创业教育进一步发展的需求，著名的"苏萨克斯学术走廊"（Sussex Academic Corridor）在英国大学科技园区颇具影响。②英国高校还注重校际或区域创业教育合作，如利兹大学、布拉德福德大学、赫德斯菲尔德大学构建的联合体"西约克大学"，不仅促进了校际创业合作，而且提升了区域创业活力。

2. 创新创业教育项目的设立及实施

设立项目是各国吸纳创新创业教育资金的重要途径。英国政府推动建立的各类创新创业教育项目大致可分为 3 种。一是旨在吸引大学生参与创业活动的项目。在这一类项目当中，最早的是 1998 年启动的"大学生创业项目"（TheGraduate Enterprise Programme），该项目是专门为 18 岁至 25 岁在校大学生设计的该项目分为开办公司和创业课堂（Entrepreneurship Master Classes）两部分。③二是以评估国家创业政策为特点的创业研究项目。其中，以"全球创业观察项目"（Globe Entrepreneurship Monitor Project）最具代表性。该项目是由英国伦敦商学院和美国百森商学院共同发起成立的国际创业研究项目，体现了创业的多样性，区分了个体的主动性、创新、风险承担行为，以及他们与环境的交叉。三是设立旨在提高创业教育教师技能的项目。④2004年，英国商贸机构管理的"小企业服务局"（Small Business Services）拨专款

---

① 谢萍，石磊. 英国创新创业教育的现状及其启示 [J]. 世界教育信息，2018，31（14）：42-47+51.

② 黄兆信，张中秋，赵国靖，王志强英国高校创业教育的现状、特色及启示 [J]. 华东师范大学学报（教育科学版），2016，34（2）：39-44+114.

③ 牛长松. 英国大学生创业教育政策探析 [J]. 比较教育研究，2007（4）：79-83.

④ European Commission.The European Charter for Small Enterprises[M]. Luxebourg:Office for OfficialPublications of the European Communities, 2002.

设立了"创业洞察"（Enterprise Insight）项目。2007 年由英国高等教育学院和美国考夫曼基金会共同资助，设立了"国际创业教育者项目"（International Entrepreneurship Educators' Pmgmmme, IEEP）[①]。此外，由经济合作与发展组织（OBCD）和欧洲委员会合作发布的"高等教育创新"IE mov）项目通益导力与治理组织能力、创业教学、支持体系、数字转型、知识交流与合作、国际化、影响力八个指标，对英国创业教育与创业型大学的建设产生了重要影响。[②]

3. 创新创业教育经费支持及优惠政策

（1）创新创业教育基金支持及财税优惠政策。

在英国大学创新创业教育发展的前 20 年里，有 80% 的创业教育发展经费来源于政府的高等教育创新基金（Higher Education Inovation Fund）和科学包业挑战基金（The Science Enterprise Challenge Fund）等。[③] 高等教育创新基金是英国政府于 2010 年启动的创新创业教育支持基金。科学创业挑战基金设立时间较早，是由政府投资建立的，主要负责管理各个地方的创新创业教育情况，帮助企业和高校之间建立联系，进一步推动校企合作的形成。目前，政府支持是创新创业教育资金的主要来源，提高私人捐助水平应该成为今后的主要发展方向。

英国政府注重拓展创业经费的覆盖面，促进创新创业教育基金流向高校的所有专业，而非限于工商管理专业。与此同时，兼顾创业基金流向的效率与公平适度向学习困难者、有犯罪前科者、濒临犯罪者、被监护者、失业者、少数族裔、残疾人等弱势群体倾斜。[④] 针对特殊群体，英国也出台了相应的扶持基金：一是针对弱势群体设立了新创业奖学金（The New Entrepreneurial Scholarship，NES）主要通过发放创业奖学金，对家庭有困难的弱势群体进行

---

① 徐小洲．胡瑞英国高校创业教育新政策述评 [J]．比较教育研究，2010，32（7）：67－71．

② NCEE.Enterprise and Entrepreneurship Education; Guidance for UK Higher Education Providers[DB/OL].http://ncee.org.uk/wp-content/uploads/2018/05/Enterprise-and-entrpreneurship-education-2018.pdf,2018-01-01.

③ 牛长松．英国大学生创业教育政策探析 [J]．比较教育研究，2007（4）：79－83．

④ 刘碧强．英国高校创业型人才培养模式及其启示 [J]．高校教育管理，2014，8（1）：109－115．

创业支持，帮助其坚定创业目标并将创业想法付诸实践；二是针对精英群体的创业支持。例如，创立于20世纪90年代的英国国家科学技术和艺术基金会（The National Endowment for Science Technology and the Arts，NESTA 通过对创新创业项目的策划与经费投入重点支持英国精英群体的创业实践。[①]

（2）非政府的创业基金和财税支持。

王子基金（The Prince'sTrust）是英国非政府组织的创业基金和财税支持的代表，王子基金由民间创立，资金由各企业的资助和民间团体的赞助组成，帮扶对象主要是14岁至30岁的弱势群体（没有稳定工作或没有正常劳动能力的青少年）。依据《欧洲小企业宪章》成立的高等教育深入商业和社会基金，旨在促进高等教育与商业现实密切接触；成立在职人员培训网络基金，资助了18个项目以鼓励中小企业在职业培训方面的合作；设立新企业家奖金以帮助潜在的企业家获取商业管理技能，以及把商业构想变成现实；成立科技企业奖励基金。通过政策的支持，依靠更好的法律和更好的管制，使中小企业的成立更为快捷，花费更少。[②] 英国非政府组织所设立的创业基金项目及计划的类型十分多元化，其中有代表性的一些创业基金项目及计划的类型如表4-1所示。

表4-1 英国非政府组织所设立的创业基金项目及计划的类型

名称	出台时间/年	宗旨	主要内容
企业投资计划（EIS）	1994	鼓励个人投资者、天使基金或共同基金直接针对企业早期的发展进行投资	由公司起步支持计划（BSS）和公司扩张支持计划（BES）合并组成，该计划所规定的投资行为要求与创业投资信托计划（VCTS）基本一致，即投资者必须与企业无任何关系、投资期要达到三年以上、所持股份不超过企业股本的30%、不从企业获得任何回报，被投资企业必须符合小企业标准

---

① 胡立强. 英国大学生创业教育的运行机制探析 [J]. 继续教育研究，2015（11）：122-126.

② European Commission.The European Charter for Small Enterprises[M].Luxembourg:Office for OfficialPublications of the European Communities, 2002.

名称	出台时间/年	宗旨	主要内容
创业投资信托计划（VCTS）	1995	鼓励个人投资者通过专业性创业投资基金间接从事创业投资	为有效保护个人投资者权益，基金的组织形式必须是股份制有限公司，且必须在伦敦证券交易所主板上市，基金管理机构要接受英国金融监管机构监管
公司创业投资计划（CVs）	2000	针对大企业不愿同小企业建立贸易关系的问题，开展业务往来支持小企业发展	倾向于采取并购方式解决小企业面临的这一问题。该计划提供的税收优惠政策包括：一是按大企业投资于小企业资金规模的20%给予企业所得税抵扣；二是允许再投资资金延迟纳税；三是企业投资的损失允许抵扣
种子企业投资计划（SEIS）	2012	帮助小型、处于初创期的企业弥补融资不足的问题	作为企业投资计划（EIS）的有益补充，对被投资1年间企业的要求如下：成立时间不超过2年公司员工数量不超过25名资产不超过20万英镑、总投资额不超过15万英镑。对投资者的激励包括：按投资额的50%抵免个人所得税；如果所得收益继续再投资到SEIS，则免征资本利得税；其他优惠与企业投资计划（EIS）相同

资料来源：刘健约，刘国艳，王元.创业投资的税收优惠：英国经验及借鉴[J].国际税收，2014（9）：40~43.

二、英国创新创业教育政策实施效果评价

（一）英国创新创业教育政策的特点

大学生创业对提升区域创新能力、提高就业率、推动经济增长都具有显著贡献。英国政府将推进创新创业教育、促进大学生创业上升到国家战略层面，积极探索创业型大学的建设路径，承担了创业教育资金的主要提供者、创业项目主要发布者的角色。近年来，英国高校创新创业教育政策的特点是课程类型多元化、教学活动方式多元化、培养目标多层化、师资队伍专业化、

教学方法差异化等。政策不断推动各类创业项目的发展，且基于项目实施过程的需求，设立了多重创新创业教育管理机构，建立了各方联动的创新创业教育保障体系。政府、企业和学校联合起来，政府通过政策、资金等手段进行保障，企业提供平台给予学生锻炼机会，学校通过创新创业教育保障机制，在课程目标及课程具体内容上辅导学生，全方位、多层次地支持创新创业教育。

第一，注重政策的连续性与传承性。英国高校创业教育政策普遍强调创新行动力和创业精神的培育。1987 年至今颁布的诸多政策文件，均能反映这一主题。例如，高等教育质量保障局在 2012 年和 2018 年分别颁布《英国高等教育机构创新行动力及创业精神教育指南》，其主旨内容都集中在创新行动力和包业精神的培育。北爱尔兰提出"思考、创造、创新教育行动计划"（Think / Create Innovatet'Education Action Plan），为北爱尔兰 2014—2025 年创新战略的实施提供了基本导向，要求通过教育提高企业的创造力并为其提供所需的技能，同时要求学校对现行的考试体系进行修改和补充。①2016 年，高等教育基金会（Higher Education Foundation，HEF）发布《麦克米伦报告》（McMillan Report），即《知识交换框架报告》，该报告呼吁在战略上要更加重视高校间的知识交换与融通。《2016—2017 苏格兰企业和技能回顾》（2016—2017 Enterprise and Skills Reviewin Scotland）为确保苏格兰的公共机构为企业提供足够的技术支持，提出要确保苏格兰的公共机构为苏格兰的大学、培训机构和企业提供充分的创新行动力和技能支持。②2017 年底《威尔士政府的经济行动计划》（The Welsh Government's Economic Action Plan）呼吁企业通过与各级教育机构之间的协作积极参与创业运行和创新驱动。③

第二，注重创新创业教育教学环节的革新。英国政府倡导通过多层次的

---

① Enterprise and Entrepreneurship Education:Guidance for UK Higher Education Providers[DB/OL]. http://ncee.org.uk/wp-content/uploads/2018/05/Enterprise-and-entrpreneurship-edueation-2018.pdf,2018-01-01.

② Enterprise and Entrepreneurship Education:Guidance for UK Higher Education Providers[DB/OL]. htp://ncee.org.uk/wp-content/uploads/2018/05/Enterprise-and-entrpreneurship-education-2018.pdf,2018-01-01.

③ Economic Action Plan[DB/OL].https://businesswales.gov.wales/economic-action-plan,2018-09-21.

创新创业教育课程，配以足够的师资力量，运用合理的教学方式，引导学生创业。英国政府从课程、师资和教学三个角度出发，全面、系统地关照高校创新创业教学的具体过程。英国政府不断出台各类政策以指导创新创业教育课程的改革。例如，《教学的重要性》、《学校教师工资和条件法》、"国际创业者项目"、"初始教师培训"和英国教学卓越框架等。2018 年出台的《英国高等教育机构创新行动力及创业精神教育指南（2018）》更是在教学过程、教学方式上起到风向标的作用。

（二）英国创新创业教育政策的实施效果

在积极政策的导向下，英国高校创新创业教育促进了各创新创业教育机构协同发展，成功打造了一批高质量的创新创业教育项目，推动了创业实践的发展，提升了高校创业师资的专业化水平和实践能力，提高了大学生的创业参与率和主动性。

第一，促进创新创业教育机构的协同发展。英国创新创业教育的组织机构由政府机构、非政府创业支持机构、校内校际创业支持机构及国际性创业支持机构构成。政府相关机构通过权威政策和信息发挥引导和促进作用，有效指导全国性的政策走向。例如，在有关部门的要求下，建立了专业化的大学生创业管理机构，利用商业网络，引领全国创新创业教育的发展方向；同时，英国充分发挥各类创业协会、民间力量的协同与配合，以促进创新创业教育发展。如全国高校企业家协会（NACE）激发全国大学生的创业热情与行动，被世界经济论坛称为"全球青年创业最佳实践模型"。英国科学企业中心（UKSEC）与创新创业者教育协会（IEEA）通过共同的理念与目标，成功为学生举办多场讲座和咨询活动；校内创业支持机构、校际创业支持机构与国际性创业支持机构有机结合，主要通过资源共享、优势互补的方式，使校内支持机构起主要作用，校外支持机构和国际性创业支持机构起到辅导、示范、组织等重要补充作用。各地区发展局也积极推动当地大学生创业活动，为大学生开展创业项目提供有效的资金支持及智力支持。如约克恒伯大区发展局和西约克郡大学合作开发创业课程，创办企业与大学生合作项目，迎合了地区经济战略，提高了企业成活率；剑桥大学、沃尔克大学、南安普敦大学和苏格兰创业研究所的学生针对全国学生的创业网络，通过网状创业计划、中心的目录及创业大事列表等资源，支持学生创办企业。[①]

第二，创业热情及创业参与率不断提升，创业环境良好。全国大学生创业委员会（NCGE）与小企业和创业研究所（ISBE）的联合研究报告指出，英国大学生创业参与率持续增长。全球创业观察研究所（GEM）作为研究创业活动的权威性组织，追踪了 54 个经济体的创业率，在 2017 年对 12646 名 18 岁至 80 岁的成年人进行创业板调查。发现在英国参与创业活动的人中，超过 4/5 是机会激励型，9.3% 的人预期在未来 3 年内开始创业，4.8% 的人正在尝试创业，4.1% 第三章 国际创新创业教育政策动向：欧美的视角的人已经成为新兴的创业者。66% 的人已经开创企业超过两年，男性创业率为 11.9%，女性创业率达 5.6%。大约 80% 的非创业人口认为创业者在社会中具有很高的地位，创业参与率和主动性大大提高。此外，英国各项创业指数不断提升。《2018 年全球创业指数报告》指出，英国创业指数全球排名第四，全欧洲排名第二。英国有发达的金融服务、安全快捷的融资途径、完善的法务制度、高水平的教育与科研水平、较低的税率水平，说明英国有非常适宜创业的环境。

第三，依托政策及资金支持，成功打造一批高质量的创新创业教育项目。自 1998 年开始，英国政府出台了"大学生创业项目"（The Graduate Enterprise Programme），逐步在全国形成了浓厚的创业文化氛围和创业认同感。随后，相关部门和管理机构针对具体创业对象和创业困难推出多种项目，合理利用资金和技术优势，坚持项目带动，营造创业氛围，提高创业成效。如"全球创业观察项目"（Global Entrepreneurship Monitor Project，GEMP）基于实际数据制定创业政策，解决了长期制约创业研究的数据收集难问题，加强了各国间的创业合作活动，探索出了行之有效的调查设计方法体系，推动并促进了不

---

① 沈东华. 英国高校创业教育的发展历程与反思 [J]. 当代青年研究，2014 (4)：124–128.

同国家间在创业研究上的合作交流和知识共享；[①] 基于实践的"STEM"项目运用科学、科技、过程及数学学科的知识，持续性地开发适合学生创业的项目，使仅占世界 1% 人口的英国开发的成果在世界顶尖科研成果中占 10%，解决了英国技能人才短缺的问题，繁荣了英国经济，提高了国家竞争力；[②] "创业洞悉项目"（Enterprise Insight）吸了一大批 14~30 岁的青少年参与创业活动；"国际创业教育者项目（IEEP）"吸引了大量英国创业教育机构、创业管理者及创业教育者共同参与，分析创业教育过程中学生需要习得的技能，以及与之相适应的教师教育教学方法；"创业精神 360 项目"（Entrepreneurship 360 Project）西北高等教育企业冠军项目（NHEECP）及学徒制项目等，也取得了预期的效果。

第四，创业实践教育取得实效。英国许多大学建立了科技园区，为大学生创业搭建实践实习平台，提供价格较低的场地和咨询服务。例如，牛津大学科技园作为创新创业教育教学实践基地，通过校企密切合作，促进了实践教学，使科技园区获得了企业的扶持资金。与此同时，企业也获得了技术支持，达到共赢。牛津大学科技园举办的国际创业竞赛"牛津大学 21 世纪挑战"，2007 年的奖金高达 6.5 万英镑。赛德商学院组织的"硅谷走进牛津大学"活动每年举办一次，请美国硅谷的高科技企业的领军人物来牛津大学作活动，与世界顶尖高科技公司领导者的"亲密接触"，带给了学生参与最前沿的创业实践的机会，也激励学生为实现自己的创业梦想不断努力。又如，牛津大学赛德商学院每年还会推出上百个与创业相关的实践活动。[③] 有代表性的是"商业计划大赛"，该赛事每年都会在不同时间就不同主题举办若干场，吸引了很多致力于创业的在校大学生和社会人士参加。英国高校持续拓展合作范围，以促进大学生创业实践。拉夫堡大学的创新中心（Innovation Centre）与世界

① 王鉴忠，秦剑，陆岚，宋君卿. 全球创业观察 (CEM) 项目研究回顾与展望 [J]. 辽宁大学学报 (哲学社会科学版)，2017，45 (5)：71–82.

② 英国 STEM 教育详解，学理科的同学们看过来 ![DB/OL]. http://www.sohu.com/a/23730308099945202,2018-06-22.

③ 张会亮. 牛津大学赛德商学院创业教育探析 [J]. 外国教育研究，2008，35 (11)：30–34.

著名企业，英国的主要银行建筑公司等有长期的合作关系，为 40 多家企业提供研发空间和服务并输送各类人才。此举不仅提升了大学生的创业实践能力，而且解决了部分学生的就业问题。[①]

第五，创新创业教育师资的专业化水平和实践能力均得到有效提升。一是提升了教师的专业能力。英国高校在教师选聘环节更倾向于专业能力较强的教师，通常采用职位晋升的方式提高教师对创业能力提升的重视程度。例如，中央兰开夏大学（University of Central Lancashire，UCLan）要求授课教师是专业的从业人员，能为学生教授具体的创业实践经验。二是通过在职教师培训促进了创业教师专业转化能力的提高。英国教育主管部门通过定期举办各类培训活动来提高创新创业教师的专业化能力，促进其创业理论知识和创业实践技能的有机结合。例如，"国际创业教育者项目"（IEEP）、"创业培训联盟"（Entrepreneurship Training Alliance）等是政府培训项目的典型代表。英国帝国理工学院（Imperial College London，IC）专门设立了一个创新创业研究部门，从全国各地聘请了 50 多位科研和教学人员构成创业教育团队，从创业初期到团队组建的各个阶段为学生提供专业知识的指导及有效的资源，并促进学生创业。[②]在这个过程中，教师的专业化水平和实践能力得到了有效发展。

三、英国创新创业教育评价结果的运用

英国高校创新创业教育政策对创新创业教育产生了积极、深刻的影响。未来，英国将在创新创业教育政策及实践上继续追求卓越，发挥引力作用，促进高校创新创业教育质量评估体系趋于完善，更加注重扩大创新创业教育政策对大学生的惠及面，同时促进创新创业教育政策适应社会发展需求，并引领高等教育改革。

---

① 苗青. 英国创业教育对我国的启发 [J]. 教育评论，2018（3）67–72.
② 周莉. 英国"创业型教师"培养的历史经验及启示 [J]. 中国成人教育，2018（7）：99–100.

第一，追求卓越，持续促进创新创业教育的良性发展。早在 20 世纪 80 年代，英国政府就推出了一系列创新创业教育政策，后续政策保持了发展目标的延续性，取得了良好的效果。英国政府的诸多政策文本，高度关注对高校创新创业教育的引导和规范及良好的创业文化氛围的营造；在不同的阶段开设不同的创新创业教育课程；关注创业师资技能及教学方法的改进；促进创业活动的多元化。这些措施使得英国创新创业教育处于世界创新创业教育的领先地位，对创新创业教育的繁荣及英国经济的发展起到了重要的作用。

第二，英国高校创新创业教育质量评估体系日趋完善。从政策角度建立科学、合理、多层次的评估体系是保障高校创新创业教育顺利开展的重要推力。政府是高校创新创业教育的助推器，有义务做好高校、企业开展创新创业教育的监督工作。对企业的评估应关注其是否切实履行与高校签订的合同条款，对高校的政策落实情况评估应关注其创新创业教育课程设置、师资队伍、教学方式等的效果。政府可以作为政策引导者和高校创新创业教育质量的评估者，积极引导高校和企业履行好职责，充分发挥各自在高校创新创业教育中的作用。

第三，英国创新创业教育政策将持续扩大学生的惠及面。鼓励和吸引所有学生参与创新行动力培养和创业精神教育活动，并使之与他们选择的专业相联系，这不仅是为未来创业行动做准备，也是培养创新精神和创新能力的需求。政策将促使学生能够确认并找到新的机会，更好地适应新的变化。英国创新创业教育政策将惠及所有专业的学生，甚至包含校友及所在区域的社区成员。

第四，创新创业教育政策的变迁将适应经济、社会发展需求，引领高等教育改革。英国国家创新创业教育中心（NCEE）于 2018 年 4 月发布的《再论创业大学：推动时代的变迁》（*The Entrepreneurial University Revisited:Promoting Change in Times of Uncertainty*），讨论了高等教育发展趋势，以及创业型大学在实践中的重大变革，包括引领高等教育变革、高等教育的发展趋势、实践中的创业型大学等。① 英国高校创新创业教育政策将持续强调以社会需要为导向来促进高等教育的变革，让学校和社会更贴近，并促进大学生创新与创业能力的全面发展。

第三节　日本创新创业教育评价理念及模式

一、日本创新创业教育目标设计、发展路径与支撑体系

日本是国际社会公认的创新型国家之一，创新创业政策是支撑日本创新系统的核心环节，主要包含激励措施、教育和培训措施及保障措施等内容。20 世纪 90 年代，日本产业出现空心化，由此引发的经济低迷、失业等问题成为困扰其经济发展的重要原因。全球化与知识社会表现了对传统政策的不适应性，对就业、增长与创业之间的关系调整进入政策制定者视野，创业公共政策成为政府行为与发展目标之间的重要联结体。日本试图通过颁布创新创业政策促进地域经济发展（Local Economic Development），进而推动国家经济增长。

日本将"官、产、学"合作作为提高国家创新创业能力的重要因素，政府通过完善技术创新扶植政策、改革教育科研体制、有效配置社会资源等方式，促进知识与技术在产业与学术界的双向流动。其中，政府扮演了计划制订、政策引导及居中协调的重要角色，体现出强有力的行政力量主导特点。

（一）创新创业战略引领国家发展

20 世纪 90 年代，日本政府提出"科学技术创新立国"的战略目标，非常重视创新在国家发展中的核心地位。21 世纪以来，为适应经济、社会、文化，

---

① The Entrepreneurial Uhiversity Revisited:Promoting Change in Times of Uncertainty[EB/OL].http://ncee,org.uk/wp-content/uploads/2018/07/The-entrepreneuria-university-revisited-Apr18.pdf,2018-04-01.

人口结构，产业结构的新变化，日本政府积极行动，将创新政策、产业政策、创业政策结合起来部署未来发展战略，通过加强产学合作、鼓励技术创新、创造新兴产业的连贯模式和创新机制促进经济增长。

《创新25战略》是安倍内阁施政演说的重要内容，日本政府非常重视。为了提高战略的实效性，中央及地方省厅针对组织机构进行了调整，如政府设置了专门的创新担当大臣，还在内阁府设立了专门的"创新25特命室"。

日本学术会议成立专门创新推进委员会，产业技术综合研究所成立创新推进室，在创新创业、地域创新、集群创新方面提出具体的创新战略项目，例如，文部科学省提出知识集群创新工程，经济产业省提出创新高速公路计划、产业集群计划，综合科学技术振兴机构提出了区域创新创业项目综合支援项目、产学合作种子创新计划等以保证创新战略的顺利开展。

日本安倍政府推出了"安倍经济学"并提出日本再兴战略、未来投资战略2017、创业挑战2020，从促进产业新陈代谢和鼓励创新创业角度出发，提出了"赶超美国、英国，提高开业率到10%"的关键绩效指标（KPI）目标。可以说创新创业政策正成为日本国家发展的重要战略核心，通过创新政策引领经济、社会发展。

从日本政府支持创业的类型和群体看，既有基于专利知识等的学术高科技创业、活跃经济创新的商业创业，也有基于社会问题的社会创业等，并形成了包括"政策—施策—事业"的政策体系。

值得一提的是，日本非常重视各个群体的创业活动水平对整体创业率的影响，针对大学生、青少年、妇女、老年人、外国留学生、失业人士、残疾人等群体制定了不同的创业激励政策。例如，针对大学生创业，日本政府通过创业税收减免、创业休学、创业学分互认、创业项目辅导、创业项目奖励等政策鼓励师生参与创业。在鼓励女性创业方面，日本政府专门设立了"创业支援中心"及"女性与工作未来馆"，提供各种不同的创业课程及研讨会平台，分享创业的专业知识及经验。日本商工会议所、全国商工会议所女性联合会共同主办的"女性创业者大奖"，每年提供奖金鼓励杰出的女性创业家。针对老年人创业，日本政府修改《老年雇佣安定法》，延长退休年龄，对老年人群体进行阶段性的支援，以提高其创业意识。针对留学生群体，2009 年 11 月，日本法务省入境管理局推出针对外国留学生的"创业签证"政策。该政策"允许在日本大学应届毕业的外国留学生在日本创办公司"。只要提出申请，有 500 万日元以上的创业资金，并具有详细的"事业计划书"和"公司法人登记事项证明书"，入境管理局就可以给从事"创业活动的外国人"签发 180 天"投资经营"签证等。创业支持政策更加关注作为创业主体的个人，服务于潜在的企业家预备军，实现了从服务"企业"到服务"人"的转变。

（二）系统推进创新创业教育发展

概括起来，日本从以下六个方面大力推进了创新创业教育的发展。

1. 以协同推进创新创业教育为路径

开展高校创新创业教育以推动创业型人才的培养，重视促进创新创业行为的活跃与经济发展。在推动创新创业教育的过程中，以日本内阁、经济产业省、文部科学省、中小企业厅、厚生劳动省为中心的政府机构在营造良好的创新创业环境和生态、推动创新创业教育方面发挥了重要的引领和支持作用。

1995 年，日本政府智囊机构经济团体联合会提出关于《对发展新产业、新事业的建议：以培养创业者精神为社会目标》的报告，为后来日本政府主导推动创业及创新创业教育奠定了基础。1996 年 12 月，内阁会议通过了桥本总理大臣提出的《经济结构变革与创造的行动计划》。该计划提出：加强创新创业教育研究，改革人才培养模式，营造有利于创新创业人才培养的制度环境；创设让企业界参与创新创业教育体系的环境，发挥企业和学校在创业人才培养中的优势；广泛开发与创新创业教育有关的课程，通过不断实践使课程体系有利于日本企业家的诞生。

为了促进创新创业教育发展，以经济产业省和文部科学省为代表的政府主管部门密切配合，共同推进创新创业教育发展，建立完善的创新创业政策生态系统。

经济产业省作为支持日本创新创业教育的核心政府机构，颁布的创新创业支援政策包括《高等教育阶段普及促进创业教育（创业者甲子园)》《构建女性创业者等支持网络》《硅谷派遣培养创新者》《面向 NEDO 研究者等的商业计划研修》《地方研究开发风险创业者后备培养》《独创性 IT 人才创意实现支援》《风险创业表彰制度》《研究开发型风险创业支援事业（创业者后备人才支援事业)》《VC 相关创业事业化支援事业》《新能源风险创业技术革新事业》《旨在创造尖端工程的企业合作·资金·规则层面集中支援》等。以上政策从促进经济增长、新企业诞生、企业家培养教育出发，将创新创业教育作为推动新企业诞生的重要手段。

文部科学省颁布的主要创业支援政策包括《促进初等中等教育创业体验活动的普及》《促进高等教育阶段创业教育普及》《大学发端风险创业表彰》《大学发端新产业创造工程（START)》《出资型新事业创造支援计划（SUCCESS)》《官民创新计划》《创新日本》《日本生物创造计划》《国立 4 大学对风险投资基金的出资》《产学共创平台共同研究推进计划》《全球创业育成促进事业(EDGE)》《地域革新·生态系统构建工程》《硅谷与日本架设机会之桥项目》等。这些政策重视学生创新创业精神、生存能力、职业生涯能力等的培养，尤其关注与创新创业教育相关的课程、教材改革、企业见习活动及教学教法等，通过项目支援方式引导创新创业教育发展。

此外，厚生劳动省、财务省、总务省、农林水产省、环境省等也通过具体项目支持创新创业教育，不同省厅既相互分工又通力合作，使得相关创新创业激励政策产生"相乘"效果。

2. 以创新创业核心能力培养为导向

日本政府极为重视创新创业能力培养，将其视为创新创业教育的最终目标。2000 年，日本文部科学省根据时任内阁总理大臣森喜朗的指示和教育改革国民议会最终报告，提出《21 世纪日本教育新生计划》，将学校和教育新生作为重点，制定了四项实施目标和具体举措。其中，加强学生学习能力、培养学生创造性、加强培养社会领导型人才等成为重要改革导向。日本文部科学省中央教育审议会讨论通过的《学习指导要领》国立教育政策研究所学生指导中心发布的《职业观劳动观培养学习计划大纲》等重要政策都将"生存能力"培养作为核心内容。在"生存能力"的内涵中，挑战精神、不惧风险的勇气、想象力、创造力问题发现能力、积极思考力交流能力、逻辑思考力、表现和宣传能力、信息收集能力、问题解决能力、企划能力、行动能力、决断能力等内容与创新创业教育的内涵和培养目标非常契合。在题为《推进具有创新创业精神的人才培养》的报告中，文部科学省倡导高等教育机构积极适应产业界需求，根据产业界要求更新教育结构，以知识资源为社会作贡献。

3. 以大学风险企业创设为目标

风险企业成长一般会经历种子型风险企业、启动型风险企业、发展型风险企业、成熟型风险企业和购并型风险企业等不同阶段。高校，尤其是研究型大学是大学风险企业（VB）产生的母体。通过应用自身具有的各种资源，支援大学衍生企业的创办及成长是大学实现其社会功能的重要途径，也是大学解决资金财政问题、提高社会声誉的重要经营战略。日本政府尤为重视理工科研究型高校学生的创业，为了引导大学更有针对性地开展创新创业活动，2001 年初，日本内阁通过了旨在 3 年内创设 1000 个大学风险企业的平沼计划。日本经济产业省产业构造改革雇佣对策本部提出了包括 10 年内大学拥有专利数量扩大 15 倍，5 年内大学专利转化数量扩大 10 倍，3 年内（2002—2004 年）内包设大学风险企业（衍生风险企业）1000 个，5 年内实现新规创业数目倍增，5 年内实现培养创业专门人才 100 万的中期政策目标，同时提出最大限度地应用科学技术，促进具有潜力的创业型衍生企业的诞生。

2001 年 7 月，作为经济产业部门咨询机关的产业构造审议会下设的产学合作推进委员会，提出了"推进作为技术革新体系的产学合作和创设大学风险企业"的方针。与此同时，文部科学省下设的科学技术学术审议会，以及技术研究基础部下设的产学官合作推进委员会也发表了"为构筑新时期产学官合作，加速大学衍生企业创设"的报告。在这些基本方针和具体构想的基础上，2002 年，日本在国家预算案中针对支援大学衍生企业投资 1000 亿日元（约8.26 亿美元），支持四所重点公立大学——京都大学、大阪大学、东北大学和东京大学开设大学附属公司。

4. 以青年社会创业为重点

根据全球创业观察（GEM）的调查数据显示，创业态度是影响创新创业活动的重要因素。因此，唤起创业态度，尤其是青年人的创业态度的政策相较于其他政策更有效。2003 年 6 月 10 日受内阁委托本经济产业省、文部科学省、厚生劳动省联合召开了"青年自立挑战战略"会议，专门研究如何支持青年就业和创业问题。文部科学省大臣、厚生劳动大臣、经济产业大臣、经济财政政策大臣出席会议并授权发表了《日本青年自立挑战计划》。该计划是日本政府近年来为促进青年就业和创业发表的一个重要文件，旨在加强教育、就业市场、产业政策之间的内在联系，同时加强对人才战略的重点投入，强化官民一体化的综合人才战略格局。

日本政府从多方面鼓励青年创业，并出台一系列指导性文件和具体规划。2013 年，日本内阁府提出大力推进支持青年和女性创业，争取实现创业率10% 的目标。值得一提的是，日本内阁府还专门设立日本内阁总理大臣创业大奖，用于奖励拥有创业成果的青年及企业。

5. 以创新创业生态建设为核心

日本政府非常注重高校创新创业生态环境建设和组织创新变革，探索日本版"创业型大学"。大学法人化改革后，日本政府积极倡导高校导入"创业教育激励计划"（Entrepreneurial Stimulation Project，ESP）。该计划以大学风险企业创建为突破口，包括学生创业教育（Entrepreneurial Business Education）、校园指定空间（Dedicated Space On Campus）、服务网络（Service Provider Network）、社会力量（Social Gathering）、数据库资源和信息网络（Database Resources & Information Network）五个相互交叉的部分，通过创新创业教育激励计划平台，整顿学校环境，构建适合培养创业人才的三维创新创业生态体系。ESP 非常重视创新创业人才的培养环境，成为日本众多高校开展创新创业教育的基本遵循。此外，日本建有数量众多的创新创业育成中心、高校风险企业实验室（VBL）及企业家精神开发中心、企业教育国民论坛等非营利机构。

6. 以资源共享和提升质量为手段

资源共享可有效提高资源利用率，减少闲置资源成本，最大限度地发挥资源的有效性。日本政府非常重视通过创新创业教育资源共享促进整体创新创业教育水平的提升。2009 年，经济产业省提出以创新创业人才培养为目的的《产学合作人才培养计划》（产学官连携人才育成事业、企业家人才育成事业）。该报告针对日本创新创业教育的辐射范围有限，创新创业教育的内容主要依靠教师个人经验和人际关系、开展途径单一的现状，提出共同推进产学合作的创业人才培养计划，通过建立和运营"高校创业教育推进网"，实现与创新创业教育相关的师资、课程、教材、讲座、模式、案例、活动等资源共享；通过大学与产业界的密切合作实现创新创业型人才的培养目标，促进创新创业教育在全国的顺利推进。

该报告的主要内容包括以下几点。（1）设立大学创新创业教育论坛。论坛由与大学创新创业教育相关的内部教师、外部教师、产学合作或技术转化人员、风险投资家协助创业见习的企业家等组成，实行会员制度，通过创设大学创新创业教育综合信息网，将有关创新创业教育的信息及时在网络上更新，方便相关人士利用资源。（2）创建有关创新创业教育的数据库。数据库将各校创新创业教育的相关课程、教师资源、外部教师等情况进行汇总，同时将数据库资源与网络进行连接，为实现相应资源的共享创造条件。（3）召开全国性创新创业教育会议，实现同行之间在教学教法、教材开发等方面的交流。（4）选定优秀的创新创业教育案例学校、优秀的教授模式定期在网上公布，便于其他学校学习。（5）积极推进风险企业见习制度，实现企业和学校之间的供需信息公开。（6）收集有关创新创业教育教材案例创业计划竞赛（University Venture Grand Prix）相关信息。

2017 年日本经济产业省启动了"全球创业者培养"项目，作为"连接硅谷和日本"项目的内容之一，旨在通过增强交流学习和资源共享提高创业水准。

（三）通过法律手段营造良好的创业氛围

日本政府重视通过政府主导的法律手段，从制度构建上创设有利于创业的良性环境，并通过法律法规的适时修订以适应不断变化的形势。仅在 1998—2004 年，日本就颁布修订了有关促进大学技术转移、知识产权、产业活力等数十部法律，这些法律为高校学生创新创业营造了良好的外部环境。

首先，完善学术创业的法律制度。20 世纪 90 年代末，日本借鉴美国等国家通过建立技术转移中心（TTC）技术转让办公室（TTO）、"科技市场"中介组织来促进高校创业发展的经验颁布旨在促进大学技术转移（Technology Transfer，TT）的《大学技术转移促进法》（1998 年），其中规定大学对运用国家经费开展共同研究取得的专利成果拥有所有权，保障并鼓励大学及其教师开展以科技成果商品化为目的的技术转化，以及推动企业通过提供技术、管理人才、直接投资等方式直接参与大学创新创业活动。

此后，日本政府陆续颁布了《研究交流促进法》（1998 年）、《产业活力再生特别措施法》（1999 年）、《知的财产基本法》（2002 年）等法律，为大学及其相关机构从事学术创业活动奠定了基础。2003 年 4 月，《国立大学独立行政法人法》颁布实施，在新自由主义和新公共主义背景下，法人化改革强化运用市场原理政府对大学实行目标管理，实施"目标—评价—预算"的连带体制，在教育体制中引入"重点研究经费竞争机制"和"业绩外部评估机制"。作为新大学的评价指标，创办高校创业型企业、发展创新创业教育等成为评价大学质量和能否获得资助的重要评价考核指标。

国立大学经过法人化改革后，运行机制开始与私立大学接近。由于面临第三方评估、财务压力等状况，学校非常注重自我经营，利用科研服务社会，进行创新创业改革，强化教师和学生的创新创业意识。与此同时，日本政府陆续修订了《教育公务员特例法》和《教育基本法》明确大学在社会服务、创业活动等方面的作用，并有条件地放宽了国立大学教师到校外机关、企业兼职、科研成果使用等方面的限制，为教师参与科技创业创造了必要的条件。

其次，完善创投及中小企业金融支持机制。在日本的传统观念和政策取向中，政府一直把中小企业作为经济活动的配角而非主角。20 世纪 80 年代以前日本政府的产业政策一直是以支持大企业为核心，对中小企业的定位仅仅是为大企业发展做配套服务。

20 世纪 80 年代中期以后，迫于美国经济制裁压力，日本政府通过一系列法律法规和制度改革，逐渐改保护中小企业的政策为支援中小企业，鼓励人们从事中小企业创业和投资。这些法律法规包括《特定中小企业事业转换对策临时措施法》(1986 年)、《特定地域中小企业对策临时措施法》(1987 年)、《承包企业调整圆滑化技术开发助成制度》(1987 年)、《融合不同领域中小企业知识拓展新产业临时措施法》(1988 年)、《特定创投事业实施圆滑化法临时措施法（创投事业法)》(1989 年) 等。

20 世纪 90 年代以来，日本受过度投资引发的资产膨胀，股票证券、房地产市场"泡沫化"，人口结构的少子老龄化趋势及就业困难等因素影响，经济一直处于不景气甚至衰退的状态。为了推动经济发展，日本对产业政策进行了重新修改，视中小企业为国民经济的基础、经济活力的源泉。

这一时期，日本尤为重视创业投资产业发展，修订了《创投公司宪章》，为创业投资提供了法律保证。此后，《促进中小企业创造性事业活动临时措施法》(1995 年)、《投资事业有限责任合伙法》(1998 年)、《新事业创出促进法》(1999 年)、《中小企业基本法修正》(1999 年)、《中小企业技术革新制度（日本版 SBIR)》(1999 年)、《产业活力再生特别措置法》(1999 年)、《产业技术力强化法》(2000 年)、《中小企业挑战支持法》(2002 年)、《中小企业新事业活动促进法》(2005 年) 陆续颁布。政府在设备投资减税、天使税制、资金调配、创业关联担保、市场开拓经营活动投资扶持等方面给予创业者一定的支援，并实行可行性的担保。《中小企业经营力强化支援法》（2012年）、《小规模企业活性化法》（2013年）、《小规模企业振兴基本法》（2014年）等法律，大力激发了以中小企业为主体的创业热情，凸显了中小企业在创造新产业、提供新就业机会、推动市场竞争中的重要作用。

（四）创业支援助力创业环节

对早期初创企业而言，给予资金支援无疑是"雪中送炭"。为了给创业者创设一个宽松的资金环境，减少创业困难，日本政府建立起一套较为完整的支持体系，通过融资、出资、信用担保等手段对创业者进行创业资金支援。

在融资支援方面，形成了包括中小企业金融公库、商工组合中央金库、国民金融公库、中小企业事业团、中小企业投资育成公司在内的政府金融机构支援体系。资金支持形式包括以下几种：（1）直接的资金支持。由新事业开拓出资中小企业基本设备机构、中小企业投资育成公司直接出资。（2）间接的资金支持。包括《新创业融资制度》《女性·年轻人·年长者创业家支援资金》《小规模企业设备资金制度》《小规模企业设备分期购买、租借制度》《再挑战支援融资制度》《预约保障制度》等约定的资助方式。（3）由信用保证协会提供的信用补足、新事业开拓补助金、风险基金、中小企业基金、中小企业投资培育公司投资制度、风险投资家税制、中小企业基础人才确保补助金方式等补助金支持。为了鼓励中小企业创业及风险企业投资，日本政府注重以补助金形式对处在创业各个阶段的中小企业进行支持。这些补助金主要针对企业研发活动及企业员工培养等方面。

此外，日本各地设有各种中小企业支援机构，如中小企业综合事业团、地方商工会联合会、商工会议所、地方中小企业团体中央会、地方中小企业支援中心、地方金融机构。这些机构通过组建具有创业专业知识的专门团队，提供企业经营、创业计划、财务分析、法律支援、资金运转等方面辅导咨询，还通过培训和讲座形式提高创业人才的知识水平和技能。为了发挥这些机构在整个创业生态系统中的作用，日本政府联合这些机构共同实施国家各种创业支援政策。

二、日本创新创业教育政策实施效果评价

（一）日本创新创业教育政策的特点与效果

1. 推动创新创业发展

日本通过实施一系列创新创业教育政策，在鼓励创业实践中产生了"化学反应"，促进了日本创业生态环境优化、创新创业教育质量提高、大学风险企业成长、师生创业素养和技能提升。通过共同研究（Joint Rescardh），技术转移（Technolog Tansfomnation）和创办大学创业企业（Umivasily Venture）等政策的实施，日本实现了知识与技术人才在产业界与学术界之间的双向流动。日本政府主导建构的创新创业政策体系契合了日本经济社会发展的实际，迎合了全球化发展的潮流，不论其"官产学"的通力配合及"全球未来创业领导者"的远大目标，还是"打通创业最后一公里"的精准施策及"事无巨细"的法规，都在客观上推动了日本良性的创业生态的形成。

日本政府在制定创业政策时非常重视通过数据指标对政策实施效果进行评价。根据2017年经济产业研究委托三菱综合研究所进行的《创业政策相关成果指标调查》结果显示，在与创业相关的开业率、创业活动指数（TEA）、风险投资额、上市（IPO）、并购（M&A）方面，日本的相关数据具有不同程度的上升。

大学创办风险企业数是日本创业政策效果的直接反映。日本帝国数据银行发布的调查报告显示，截至2018年2月，日本共有大学风险型创业公司1002家，主要集中在软件开发、人工智能、机器人、医疗健康等领域。从行业细分情况看，与信息技术相关的企业数量众多，其中软件开发企业共有119家，排在首位。

2. 创新创业教育势头迅猛

根据2016年3月日本文部科学省发布的《大学教育内容改革状况的调

查》日本开设创新创业教育课程的高校共247所，其中国立大学53所、公立
大学15所、私立大学179所。这247所大学共提供了928项创新创业教育
课程。

通过对这些项目进行分析，可以大体将日本高校创新创业教育分为四种
类型（见表4-2）。

表4-2　日本高校创新创业教育的四种类型

类型	内涵	案例学校
创业者专门教育	为经营学和商学等专业学生开设，面向有志于创业的学生，培养创业所必备的知识、技能	东京工业大学 小樽商科大学 日本大学 立命馆大 大阪经济大学
综合经营技能教育	以经营学部和商学院为主体，侧重于经营实践能力培养的课程	青山学院大学 庆应义塾大学
创业技能辅修教育	以工学、医学等专业学生为主体，将商业创业技能作为辅修专业学习的课程	关西学院大学 信州大学 庆应义塾大学（湘南藤泽校区）
创业精神教育	面向全体学生培养创业精神的通识课程	横滨国立大学 广岛修道大学

从整体上看，日本创新创业教育内容不断丰富，例如，工商管理硕士
（MBA）类创业教育讲座在高校得到不断发展，参与人员更加广泛；"产业社
会与人""模拟经营"等创业实践实习渠道和空间不断拓展；涉及多领域的创
业计划竞赛活动越来越普遍；通过培养具有企业精神的未来领导人，旨在促
进青年合作的青年就业网（KAB）冒险事业实验室（VBL）国际创新创业发
展协会（Global TIC）等国际行动的参与高校数量不断增加，高校创新创业教
育的质量也不断提高。

东京大学、早稻田大学等著名高校始创于国家转型、社会进步的关键时

期，担当着独特的历史使命，其创新创业教育活动在日本发挥了不同程度的引领作用。作为具有世界一流声誉的大学，东京大学的独特地位决定其必须对日本社会的现实问题给予回应，特别是在日本国立大学法人化改革之后，东京大学在自身发展逻辑和回应社会现实的双重语境之下，大力开展创新创业教育，逐渐形成了具有东京大学特色的创新创业教育体系。

东京大学设立的产学协创推进本部（Division of University Corporate）对全校层面的创新创业活动进行管理。在东京大学校长的直接领导下，产学协创推进本部为产学合作，以及校内、校外相关联的活动提供积极的支援。产学协创推进本部将创新推进部（主要推动创新研究成果的转化）知识产权推进部（主要负责知识产权的管理与活用）与东京大学本部事物组织中的产学连携部进行整合，与东京大学技术许可组织股份公司等外部组织保持密切联系，东京大学创新创业组织结构如图4-2所示。

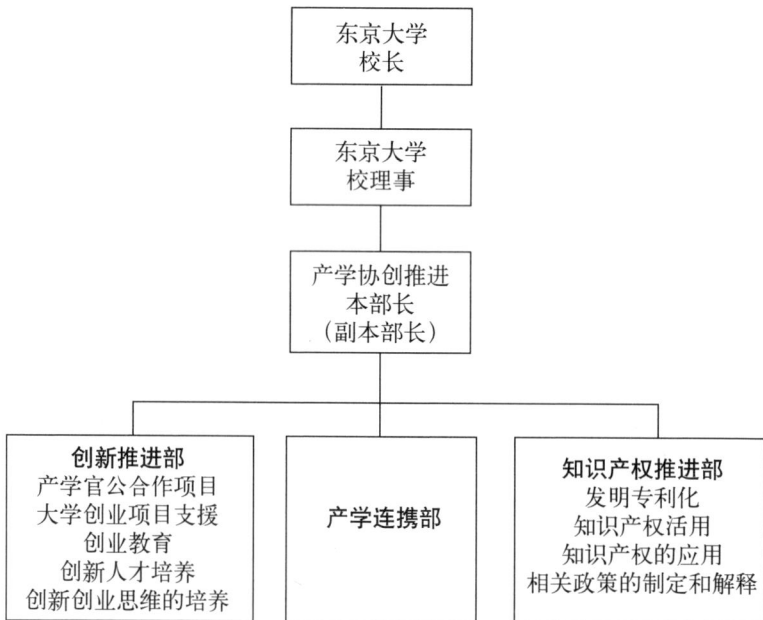

图4-2 东京大学创新创业组织结构

通过创新创业教育相关政策的推动，东京大学对基础研究、试验试错、制订商业计划、创业资金配置、开展创业活动共五个创业实践阶段提供不同的支援实践策略，具体如图 4-3 所示。

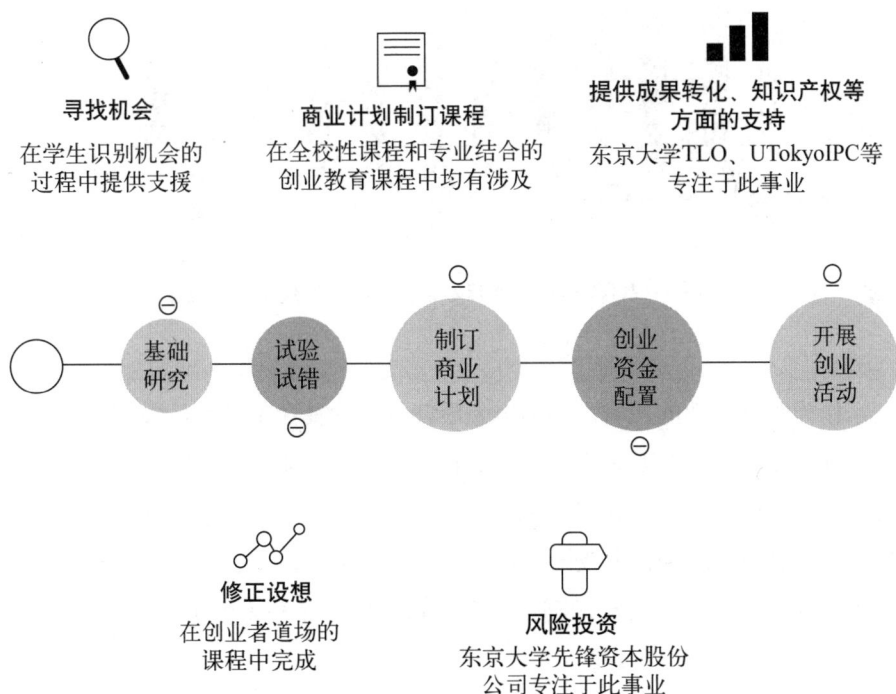

寻找机会
在学生识别机会的过程中提供支援

商业计划制订课程
在全校性课程和专业结合的创业教育课程中均有涉及

提供成果转化、知识产权等方面的支持
东京大学TLO、UTokyoIPC等专注于此事业

基础研究　试验试错　制订商业计划　创业资金配置　开展创业活动

修正设想
在创业者道场的课程中完成

风险投资
东京大学先锋资本股份公司专注于此事业

图 4-3　东京大学创新创业教育实践动线

东京大学充分整合师资、教学场地、资金等硬件，利用校园文化、学校政策等软件优势，构建创新创业教育生态系统，在推动科技成果转化、扩大大学社会影响力、引领社会经济发展等方面都成就斐然。从 2007—2017 年日本大学孵化年收益为 1000 万日元以上的创业企业（包括大学自身的创业企业、毕业生创立的创业企业和校内教职员工所创立的创业企业）数量上看，东京大学拔得头筹。日本有关高校创业型规模企业分布情况如图 4-4 所示。

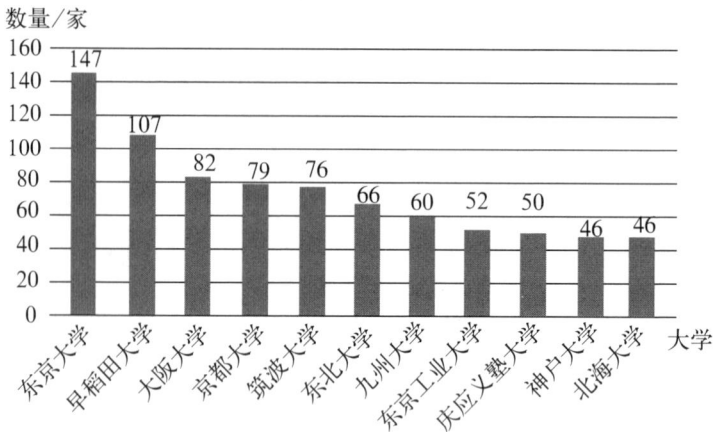

图4-4 2007—2017年日本各大学创业型规模企业数量

资料来源：根据日本文部科学省相关数据整理而成。

作为私立大学的代表，早稻田大学在日本的社会地位举足轻重。早稻田大学秉承创业的百年历史光辉，培养了很多颇具影响力的人物。在商业领域，索尼、卡西欧、三星、东芝、乐天、任天堂、松下、三洋、优衣库（迅销）等众多著名公司的创始人及社长均出自早稻田大学。在日本相关创新创业政策的推动之下，早稻田大学利用自身优势，以创新技术、创意转化为核心，打造创新创业者全生命周期体系，具体如图4-5所示。

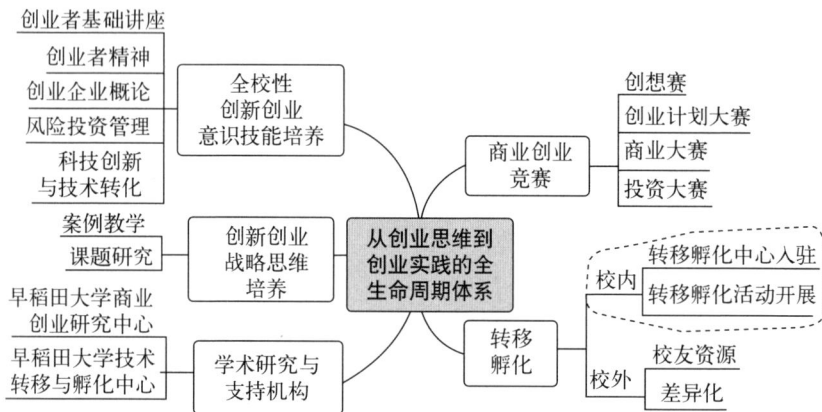

图4-5 早稻田大学创新创业支持体系

早稻田大学的创业教育以实践性和国际化为鲜明特征，通过案例教学和课题研究两个层面系统推进创业者的成长。早稻田大学创新创业实践体系如图4-6所示。

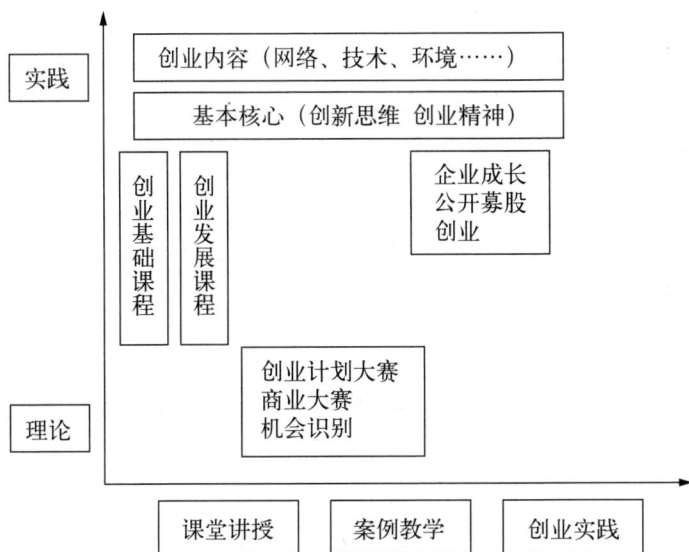

图4-6　早稻田大学创新创业实践体系

早稻田大学的创新创业者全生命周期体系可以整合全校资源，开展针对性的支持活动。但这一体系的组织架构隐含着教研与实践的二元对立，探索更为科学、有效的创新创业者支持体系是早稻田大学今后需要解决的难题。

（二）日本创新创业教育发展的难题

由于日本经济社会自身的特点，创业政策推行过程中也出现一些难题，创业实践情况并不乐观。根据一般财团法人投资创业中心所提供的《平成二十八年度（2016年）创业企业支援事业（有关企业家精神与成长型企业的国际调查）企业家精神报告》显示，在发达国家中日本人的创业意识水平最低。2016年7月的《中小企业白皮书》显示，在受访者中"计划进行创业"的人数急速下降，从 2014 年的 160 万人下降到了 80 万人。在阻碍创业的理由中，以下三个方面的问题最为突出："缺乏创业意识""创业后生活与收入的不稳定""创业成本高，手续复杂"。当前，日本大部分学生仍然把在大型企业就职作为第一位的选择。日本社会对失败的宽容度极低，但创业势必面临失败的可能。日本缺乏对青年创业者意义重要的标杆性的创业人物。

从总体上看，日本社会对创新创业的重视程度会越来越高，由目前的"雇佣社会"向"创业社会"发展是必然趋势。特别是 2008 年全球金融危机之后，日本创业内涵更为丰富，单纯强调经济创业已经不合时宜。日本先后制定了"新成长战略""产业构造变革 2010""新公共时代"等政策，体现出创业视域的拓展。创业不仅可以实现经济再生，也可以实现社会再生，社会创业开始在社会问题的解决中扮演重要角色，日本"创业"和"创业者"意象也随之发生变化，这是 21 世纪以来日本创业领域的新问题，也是未来政策发展的重要课题。

针对创新创业及其教育存在的问题，日本开始从"充实初等教育中创业内容""鼓励大学和大学院加入创业教育网络""培养国际视野的创业人才""扩大风险投资的资金"等方面改革创新创业教育。

当前，日本大学步入了新的历史十字路口，随着国立大学法人化改革、私立大学特色化推进，日本高校力求在国际化浪潮中争得一席之地，必然将更为重视市价政策的运用创新创业教育的改革与发展。

三、日本创新创业教育评价结果的运用

未来日本创新创业教育政策将围绕优化创新创业教育体制、提高创业课程教学质量、加强师资队伍建设、改进创新创业教育评价方法、完善创新创业教育支援体系与创业环境等问题进行规划，逐步回归对创新创业本质的本源追求。

第一，完善创新创业教育体制。为充分发挥政府政策引导、社会各界通

力配合、学校体系努力践行的功能，日本将发挥文部科学省和经济产业省的政策资源优势，完善由多样化成员构成的实施推进体系。在创新创业教育实施过程中，从构建系统创业知识体系的角度出发，综合考虑构建一个由管理、经济、理工、文科、技术等相关专业背景教师组成的虚拟运营体系，通过运营体系开展形式比较灵活的创新创业教育。[①]

第二，提供多样化创新创业教育内容。学生创新创业教育目标追求的多样化需求及创业意识、创业能力、创业素质、创业动机、创业积累程度等不同，决定了创新创业教育必须提供多层次、多种类的课程，以适应不同学习者的需要。日本政府及高校将围绕创新创业型人才培养的核心，构建一套包括创业家专门教育、经营技能综合演习、创业技能副专业、企业家精神涵养等在内的创新创业教育课程体系，实现由扩大课程数量向提升教育质量的转变，培养学习者的创业能力和企业家精神。

第三，制定多元化评价方法。高校创新创业教育评价不能单纯以企业家诞生数量来衡量。未来日本创新创业教育评价将根据创新创业教育的意义和目的，从拓宽学生创业视野、提高学生创业能力等多方面指标检验创新创业教育的效果。

第四，构建创新创业交流与支援体系。为促进高校创新创业教育经验的分享与交流，日本政府委托民间机构成立了全国性创新创业教育推进网络，参观创新创业教育先进学校，评选创新创业教育最佳案例等活动，推广创新创业教育的先进经验。该推进网络还将通过逐步完善创新创业教师之间、学部之间、大学之间的各种形式的交流机制，探索新的创新创业教育教学方法，以提高创新创业教育的效果。为构筑持续连贯、纵横交叉的创新创业支援体系，提高支援的针对性，日本将通过联合多所大学共同建立创新创业支援组织、开设"创新创业支援科"设置"创新创业辅导中心"等措施加强创新创业支援体系建设。

---

① 李志永. 日本高校创业教育 [M]. 杭州：浙江教育出版社，2010：2.

第四节　国外发达国家创新创业教育评价的经验与启示

一、国外高校创新创业教育回溯

国外高校创新创业教育的发展历程可以追溯到 20 世纪后期。在起步阶段（20 世纪 70 年代至 80 年代），一些早期的创新创业教育项目在美国的大学校园中兴起。这些项目主要关注技术创新和企业家精神，并提供一些创业课程和资源。斯坦福大学的斯坦福技术公司（Stanford Technology Companies）和麻省理工学院的企业家中心（Entrepreneurship Center）等都是当时的先驱。在加强教育体系建设阶段（20 世纪 90 年代至 21 世纪初），国外许多高校开始意识到创新创业教育的重要性，并将其纳入其教育体系中。大学开始提供更多的创业课程和项目，建立创业中心和孵化器等创新创业支持机构。此时的创新创业教育更加关注实践和跨学科合作，培养学生的创业精神和技能。在蓬勃发展阶段（21 世纪 10 年代至今），创新创业教育进一步蓬勃发展，并扩展到全球范围。越来越多的高校将创新创业教育纳入其核心教育使命，并提供更多的资源和机会。创新创业中心、孵化器和加速器等机构在高校中得到普遍设立，并与行业、社区和投资者建立合作关系。同时，创新创业竞赛、创业峰会和创业讲座等活动也逐渐成为高校创新创业生态系统的一部分。

随着创新创业教育的不断发展，国外高校对创新创业教育的认识逐渐提高，并积极构建教育体系和支持机构来培养学生的创新创业能力。高校为学生提供了更多的创新创业课程、实践机会和资源，鼓励学生从创意到实践的全过程参与创新创业活动。此外，高校也与行业、社区和投资者等外部利益相关方建立了合作关系，促进创新创业项目的发展和转化。

需要注意的是，不同国家和地区的高校在创新创业教育的发展历程上存在一定的差异。美国的高校在这方面经验丰富，具有较长的历史和成熟的生态系统。其他国家和地区的高校也在近年来加强了创新创业教育的发展，借鉴了国外经验并结合本地的创新创业环境和需求，逐步建立起自己的创新创业教育体系。

回溯国外高校的创新创业教育历程，我们可以看到许多高校在这一领域取得了显著的成就。

斯坦福大学（Stanford University）：斯坦福大学位于美国加利福尼亚州，被公认为全球最具创新氛围和创业精神的高校之一。斯坦福大学的创新创业教育注重实践和跨学科合作，通过创新创业中心、科技转移办公室等机构，提供创业指导、投资支持和资源共享，帮助学生将创意转化为商业实践。

麻省理工学院（Massachusetts Institute of Technology，MIT）：麻省理工学院是美国著名的科技高校之一，也是全球创新创业教育的典范。该校设有创业中心和技术转移办公室，为学生提供创业培训、导师指导和创业资金等支持。麻省理工学院的学生和教师经常涌现出许多具有创新和创业成功的企业。

哈佛大学（Harvard University）：哈佛大学作为世界顶级的综合性大学之一，也在创新创业教育方面发挥着重要作用。哈佛大学设有创业中心和创业竞赛，提供创业培训、创业导师和资源支持，帮助学生实现创新创业的梦想。同时，哈佛大学还通过合作和创新实验室的设立，促进学术界和产业界之间的合作与创新。

斯洛伐克科技大学（Slovak University of Technology）：斯洛伐克科技大学在欧洲创新创业教育领域具有良好声誉。该校开展创新创业教育的举措包括设立创新创业中心、创业孵化器和创投基金，为学生提供创业培训、项目孵化和资金支持。斯洛伐克科技大学通过与企业界的紧密合作，培养学生的创新能力和创业精神。

这些国外高校在创新创业教育方面的成功经验包括提供创业培训和咨询、设立创业中心和孵化器、提供投资和资金支持、促进学术界和产业界的合作等。这些经验对其他高校在创新创业教育方面提供了借鉴和启示，有助于培养具备创新能力和创业素质的人才，推动创新创业的发展。

目前，几乎所有美国的高等院校都已经意识到创业教育的重要性，并纷纷开设了相关课程和项目。这种趋势的出现可以追溯到过去几十年，创新和创业在美国社会和经济中的重要地位不断提升。美国高等院校开设创业教育课程的目的是培养学生的创新思维、创业技能和企业家精神，以应对日益竞争激烈的全球商业环境。这些课程通常包括创业理论与实践、商业计划编写、市场营销、风险管理、融资策略等内容，旨在帮助学生了解创业过程、掌握创业技能，并为他们提供切实可行的商业计划和资源支持。除了开设创业课程，许多美国高等院校还设立了创业中心、创业孵化器和创业竞赛等创业支持平台。这些平台为学生提供了创业指导、项目孵化、导师资源、创业资金等各种支持，帮助他们将创意转化为商业实践。创业中心和孵化器通常与当地的企业和风险投资机构保持密切联系，为学生提供与实际商业环境相关的学习和实践机会。此外，一些美国高等院校还与当地社区和企业合作，组织创业项目和社会创新活动，推动创业精神在更广泛的范围内落地生根。这些活动不仅有助于学生将创新和创业理念应用于实际问题的解决，也促进了地方经济的发展和社会进步。

总的来说，美国高等院校广泛开设创业教育课程的举措反映了对创新创业的重视，并提供了学生全面培养创业能力的机会。这种创业教育的普及不仅为学生提供了创新创业的知识和技能，也为社会创造了更多的创业机会和经济增长。同时，美国的创业教育潮流迅速传播到其他国家。日本、加拿大、英国、法国等国家也迅速在高校中推广创新创业教育，全球范围内兴起了创业教育的热潮。这些国家的高校纷纷开设创业相关的课程和专业，并借鉴美国的经验和教学模式来培养创业型人才。这种全球范围内的创业教育热潮表明，创业教育已经成为高等教育中的重要组成部分，被广泛认可和重视。越来越多的学校将创新创业教育纳入自己的发展战略中，以培养具备创新思维和创业能力的学生，推动创业文化和创新创业生态系统的形成与发展。

二、国外高校创新创业教育评价的发展特点

经过近 50 年的发展，国外高校注重将创新创业教育与实践相结合。他们重视学生在真实商业环境中的实际体验，鼓励学生参与创业项目、实习、实训和企业合作等活动。通过实践，学生能够亲身体验创业过程中的挑战和机遇，并将理论知识应用于实际问题的解决。

（一）以提升创业能力和素质为导向的教育目标

教育的目标是激发学生的创新思维和创造力，培养他们能够独立思考、发现问题并提出创新解决方案的能力。这包括培养学生的观察力、批判性思维、问题解决能力和创意生成能力。国外高校倡导跨学科合作，将不同学科领域的知识和专长融合在创新创业教育中。他们鼓励工程师、设计师、商学院学生等不同专业背景的学生组成团队，共同解决实际问题和开发创新产品。这种跨学科合作培养了学生的综合能力和团队合作精神，有助于培养具备全面素养的创业者。同时，国外高校建立了完善的创业支持体系，包括创业中心、孵化器、加速器、创业竞赛等。这些机构为学生提供创业指导、商业计划培训、导师资源、创业资金等支持，帮助学生从创意到商业化的全过程。创业支持体系与当地的创业生态系统密切合作，与企业、投资者和创业社区建立联系，为学生提供更广阔的资源和机会。通过以提升创业能力和素质为导向的教育目标，学生可以获得全面的创业教育，为将来的创业实践奠定坚实基础。同时，这些目标也有助于培养学生的创新意识、适应变化的能力和全球竞争力，使他们能够在创业领域中取得成功。

这种创业教育目标的转变直接影响了高校创新创业教育的内容和课程设置。现在的创业教育更加注重培养学生的创新意识、创业思维和实践能力，使他们具备发现和抓住创业机会的能力，评估商业可行性，并具备创业家的心态和素质。创业教育课程和项目设计也更加贴近实际，注重学生实际参与创业实践、解决问题和面对挑战的能力培养。这样的创业教育目标转变反映了对创业能力和创新创业精神的日益重视，推动了创业教育领域的发展和变革。

（二）系统的教学计划和各具特色的课程设计

国外高校创新创业教育注重培养学生的国际化视野和全球竞争力。他们鼓励学生参与国际交流项目、创业竞赛和跨国合作，拓宽学生的国际交流平台和商业合作机会。国际化的创新创业教育不仅培养了学生的跨文化沟通能力和全球商业洞察力，也为他们在国际市场上创业和发展提供了更多机遇。他们鼓励学生关注社会问题和可持续发展，在创新创业中融入社会责任的观念。一些高校设立了社会创新中心，鼓励学生通过创新创业解决社会问题，推动社会公益和可持续发展。这些特点使国外高校创新创业教育成为全球的典范，吸引了大量有创业潜力的学生和创新创业者。

这样的教学计划和课程设计多样化，旨在满足不同学生群体的需求，并强调培养特定领域的创业能力和知识。通过这些课程的设计，学生可以系统地学习创业的核心概念、战略规划、商业机会识别、资源需求、商业计划编制、融资和企业成长等方面的知识和技能。同时，拓展课程的设置也使得学生能够在文化、历史、伦理、科学等领域获取更全面的教育，培养出更具综合素养和创新思维的创业者。这种多样化和差异化的创业教育课程设计，旨在根据不同学校的特点和定位，培养出适应不同领域和行业需求的创业人才，推动创新创业教育的发展与进步。

（三）正式教育与非正式教育有机结合

国外高校创新创业教育注重将正式教育和非正式教育有机结合起来，以提供全面的学习和培训机会。这种结合可以更好地满足学生的不同需求，并促使他们在理论知识和实践经验方面取得平衡发展。正式教育方面，高校提供创新创业相关的课程和学位项目。这些课程涵盖创新管理、市场营销、商业计划编写、风险管理等领域的知识和技能。学生可以通过参加这些课程，获得系统的理论知识和专业技能，了解创业的基本原理和实践方法。

与此同时，非正式教育在创新创业教育中也扮演着重要的角色。高校创新创业中心、孵化器和加速器等机构提供了丰富多样的非正式学习机会。这些机构举办创业讲座、工作坊、导师指导和团队合作等活动，鼓励学生通过实际项目和实践经验来培养创业能力。学生可以与导师和行业专家互动，参与创新创业竞赛和项目孵化，获得实践锻炼和反馈。正式教育和非正式教育的有机结合，使学生能够在课堂学习和实践活动中相互补充和增强。正式教育提供了理论框架和学科知识，帮助学生建立基本的思维模式和理解创业的概念。非正式教育则通过实践和实际经验，培养学生的创新思维、团队合作和解决问题的能力。

（四）全方位的高校创新创业教育支持体系

国外高校创新创业教育的蓬勃兴起得益于全方位的大力支持。许多大学都设立了创业中心或创新中心。它们在大学创新创业教育中扮演着重要角色，提供全方位的支持。通过资源支持、培训与指导、创新创业生态系统的构建以及活动与网络的搭建，它们为学生提供了丰富的学习和实践机会，帮助他们培养创业精神和创新能力，并促进创新创业项目的发展和成功。例如，美国康奈尔大学于 1992 年成立了"创业精神和个人创业项目"（EPE），旨在支持全校学生培养创业精神和提升个人创业技能。EPE 的管理委员会由 9 个学院的院长组成，统一协调和指导全校的创业教育活动。拉夫堡大学的创新中心是一个商业孵化器，专门支持创新知识或技术型新企业和成长企业。该中心向创业者开放学校的主要资源，例如图书馆，并提供办公场所、实验室设施以及各类咨询服务。杜伦大学的蒙特桥科技园区为创业者提供各种办公服务，并协助他们向当地政府申请相关资助。在英国，科学创业中心和全国高校创新创业委员会充当着连接大学与外界关系的桥梁，对于英国高校的创新创业教育起着重要作用。

此外，高校提供创业教育课程，涵盖创业理论、商业计划编写、市场营销、风险管理等相关知识领域。通过这样的全方位支持体系，高校创新创业教育能够提供学生所需的理论知识、实践机会和资源支持，帮助他们在创新创业领域取得成功。这种综合性的支持体系有助于培养学生的创新思维、创业能力和领导力，为他们的未来职业发展打下坚实基础。

全方位的创新创业教育支持体系可以为学生提供全面的创业支持和资源，

帮助他们在创业过程中克服困难、实现创业梦想。同时，这种体系也促进了学校与社会创新创业生态系统的紧密合作，推动了创新创业的发展和社会经济的繁荣。高校提供创业相关的培训和课程，包括创业理论、商业模式、商业计划编写、市场营销、财务管理等内容。这些课程旨在帮助学生掌握创业所需的知识和技能，了解创业过程中的挑战和机会。高校设立创业中心或创业指导机构，提供创业指导和咨询服务。这些机构配备专业的创业导师和顾问，为学生提供个性化的创业指导，包括商业计划辅导、市场调研、团队建设等方面的支持。高校孵化器和加速器为学生提供创业基础设施和资源支持。他们提供办公空间、设备设施、网络资源，帮助学生孵化和发展创业项目。此外，孵化器和加速器还提供导师资源、投资对接、市场推广等支持，帮助学生加速项目的发展。

高校创新创业支持体系通常提供创业资金和投资支持。这包括创业基金、风险投资、天使投资等形式的资金支持，帮助学生启动和发展创业项目。此外，高校还与投资者和企业建立联系，为学生提供投资对接的机会。高校定期组织创业竞赛和创业活动，为学生提供展示和交流的平台。这些竞赛和活动可以是商业计划比赛、创业项目展示、创业论坛等，旨在激发学生的创业热情，促进学生之间的交流和合作。高校鼓励跨学科合作和资源整合，为创新创业提供多领域的支持。学校内部不同学院和研究所之间的合作，以及与企业、政府和社会组织的合作，可以为创业项目提供丰富的资源和支持。高校创新创业支持体系也注重国际交流和合作。学生可以参与国际创业交流项目、国际创业竞赛、跨国合作等活动，拓宽国际视野，并与国际合作伙伴共同开展创业项目。

三、国外高校创新创业教育评价经验借鉴

美国、英国、日本等国家在创新创业教育方面积累了丰富的经验和做法。它们在制度建设、师资队伍、课程设置、教学方法等方面都有各自的特色和

优势。这些国家的高校注重创新创业教育的整体规划和组织，建立了完善的制度和政策支持体系。他们重视师资队伍的多元化，将学术教师和实践导向的教师结合起来，以提供全面而丰富的教学资源。此外，他们还注重课程设置的灵活性和实践性，通过项目教学、创业实践和实训等方式，使学生能够在实际操作中学习和应用创新创业知识和技能。可以借鉴这些国家的经验和做法，结合我国的国情和实际情况，积极推进创新创业教育的发展。

（一）美国高校"市场驱动式"创新创业教育模式

美国高校的创新创业教育始于 20 世纪中叶，是世界创新创业高等教育的起源地。美国高校的创新创业教育源于市场驱动下的务实传统，经历了从初期探索到快速发展再到成熟完善的三个阶段，形成了"内培养 + 外引进"的专兼结合式师资引培机制、以市场需求为导向的教育模式以及跨学科的综合课程设置等特色。

1."内培养 + 外引进"的专兼结合式师资引培机制

美国高校选拔创新创业教师主要有两个途径。一是"内培养"，即高校通过内部培养，从本校优秀的研究生、博士后、青年教师等人才中选拔和培养潜力较大的教师。这些教师通常已在该校有一定的学术基础和教学经验，在教学和科研方面表现出良好的潜力和发展前景。通过提供培训、指导、导师支持等措施，高校帮助他们提升教学水平和科研能力，逐步成长为优秀的教师。二是"外引进"，高校通过外部引进，招聘具有丰富教学和科研经验的优秀学者和专家。这些学者和专家通常在某个学科领域具有较高的声誉和研究成果，在国内外有一定的学术影响力。他们的加入可以为学校引进先进的学科理念、前沿的研究方向和国际化的教学方法，提升整体教学水平和科研水平。此外，该机制强调专职教师和兼职教师的结合。专职教师指高校常设编制的教师，负责教学、科研和教学管理等工作；兼职教师指来自外部的学者、专家或业界人士，以兼职身份参与高校的教学和科研活动。通过专兼结合，高校能够充分利用外部专家的资源和经验，同时保持稳定的教师队伍和连续性的教学工作。

以哈佛大学为例，其创新创业师资队伍建设呈现出"兼容并蓄"的特点，从国际化的角度出发，广泛招募投资者、风险投资家、商界领袖、杰出校友以及知名企业家担任兼职教授，为学生提供实践教学，并且要求专、兼教师之间必须定期交流想法与经验，帮助双方了解学科前沿知识和发展趋势。此外，哈佛大学将教师的创新成果与创业实践作为技能评估、职称评定、绩效考核和职级晋升的重要依据，这在很大程度上调动了教师参与创新创业活动的主动性与积极性。

2. 以市场需求为导向的教育模式

美国高校的创新创业教育模式是一种市场驱动的模式，通过政府、企业和高校之间的紧密合作，形成了"三螺旋模式"。这种模式以需求为导向，政府提供政策支持，企业提供实践基地，高校主导人才培养。这种互联互动的政产学研结构为高校创新创业教育的可持续发展提供了坚实的基础，培养了大量的创新人才，推动了科技创新和社会经济的发展。

首先，政府出台扶持政策是美国高校创新创业教育成功的重要保障。政府制定了一系列的法规和政策，鼓励和支持创新创业教育的发展。这些政策包括提供资金支持、设立创业孵化器、简化创业流程等，为学校和学生提供了更多的资源和机会。政府的扶持政策为高校创新创业教育提供了稳定的政策环境和经济支持。

其次，企业提供实践基地在创新创业教育中起到了至关重要的作用。美国高校与各类企业建立了紧密的合作关系，企业提供实践基地和资源支持，为学生提供实际的创新创业机会。学生可以在企业实践中学习创新思维、商业技能和团队合作，培养实际应用能力。同时，与企业的合作也促进了学校与产业界之间的技术转移和知识共享，推动了科学研究和技术创新的发展。

最后，高校在创新创业教育中发挥着主导作用。高校积极开展创新创业教育课程和项目，培养学生的创新精神和创业能力。高校为学生提供创新创业导师、创业资源、创业竞赛等支持，帮助学生从理论到实践，全面发展创新创业能力。高校还积极推动科学研究和技术转化，与产业界合作开展研发项目，促进学术成果的应用和商业化。

3. 跨学科的综合课程设置

为了培养具备跨学科思维和综合能力的创新创业人才，美国高校开始打破学科壁垒，通过开设综合性的跨学科课程来促进不同学科的相互渗透。这些课程从文科、理科、工科等多个学科领域吸纳知识和方法，帮助学生从多个角度思考问题，培养综合分析和综合解决问题的能力。此外，跨学科的创新创业课程还鼓励学生进行团队合作和实践项目。学生可以组成多学科的团队，共同解决实际问题或开展创业项目。通过与不同背景的同学合作，学生可以从彼此的专业知识和经验中互相学习与借鉴，培养团队合作和沟通协作的能力。

以斯坦福大学为例，其在创新创业课程中遵循"教研一体化、学科交叉化、文化教育与职业教育相结合"的基本原则，将教学和研究紧密结合，将创新创业基础理论课程纳入必修科目，为学生提供系统的创新创业知识。教师们不仅是教师，也是创新创业领域的研究者和实践者，通过将自己的研究和实践经验融入课程教学，使学生能够接触到最前沿的知识和发展趋势。

（二）英国高校"质量保证式"创新创业教育模式

英国高校的创新创业教育起步于20世纪末，是受到美国高校的影响和启发，以及为了应对国际竞争和经济转型的需要而发展起来的。英国高校的创新创业教育以质量保证为核心，注重建立完善的教育评估和监督机制，以及与国际标准和社会需求相一致的教育目标和内容，形成了"顶层设计＋底层实施"的统一规范与多样化实践相结合的教育模式。

1."顶层设计＋底层实施"的统一规范与多样化实践相结合的教育模式

英国高校的创新创业教育模式是一种典型的"质量保证式"，英国政府和高等教育机构在制定创新创业教育的政策、目标、内容、标准等方面发挥了重要作用，为高校提供了统一的指导和规范。同时，英国高校在具体实施创新创业教育时，根据自身的特色、优势、资源等因素，采取了多样化的方式和方法，体现了高度的灵活性和自主性。

以剑桥大学为例，其在遵循英国政府和高等教育机构制定的创新创业教育政策和标准的基础上，结合自身的历史传统、学术优势、地域特色等因素，开展了多元化的创新创业教育活动。剑桥大学设立了专门负责创新创业教育的机构——剑桥企业中心，该中心既是剑桥大学科技转移办公室的一部分，也是剑桥大学孵化器的运营者。剑桥企业中心通过提供咨询、培训、资金、网络等服务，为剑桥大学师生提供了全方位的创新创业支持。此外，剑桥大学还与当地政府、企业、社区等密切合作，打造了著名的"剑桥科技园区"，为剑桥大学师生提供了一个集科研、开发、生产、服务于一体的高科技产业集群。

2. 以质量评估为核心的教育监督机制

英国高校的创新创业教育监督机制是以质量评估为核心，由英国政府和高等教育机构共同参与，并采用内部自评和外部审查相结合的方式进行。英国政府通过设立专门机构如高等教育质量保障局等来制定并执行质量评估标准和程序，并对高校进行定期或不定期的检查和评估。同时，英国高校也通过建立内部质量保障委员会等机构来进行自我评估和改进，并向外部机构提交报告和反馈。

以牛津大学为例，其在创新创业教育方面的质量评估机制包括以下几个方面：一是牛津大学设立了教育委员会，负责制定和监督创新创业教育的政策、目标、内容、标准等，并定期向高等教育质量保障局等外部机构报告和反馈；二是牛津大学设立了创新与企业发展办公室，负责协调和管理创新创业教育的具体实施，包括课程设置、教师培训、学生支持、项目评估等；三是牛津大学设立了创新与企业发展委员会，负责审查和评估创新创业教育的效果和质量，并提出改进建议和措施。通过这样一个完善的质量评估机制，牛津大学保证了创新创业教育的高水平和高质量。

（三）日本高校"文化融合式"创新创业教育模式

日本高校的创新创业教育起步于 21 世纪初，是受到美国和欧洲高校的影响和启发，以及为了应对国内外的经济社会变革和挑战而发展起来的。日本高校的创新创业教育以文化融合为特色，注重将西方的创新创业理念和方法与日本传统的文化价值和社会习俗相结合，形成了"理念引进＋本土改造"的借鉴创新与本土化相结合的教育模式。

1."理念引进＋本土改造"的借鉴创新与本土化相结合的教育模式

日本高校的创新创业教育模式是一种典型的"文化融合式"，日本高校在借鉴美国和欧洲高校的创新创业教育理念和方法的同时，也充分考虑了日本自身的国情、文化、社会等因素，对引进的理念和方法进行了适当的改造和调整，使之更符合日本人的思维方式、行为习惯、价值观念等，从而提高了创新创业教育的效果和质量。

以东京大学为例，其在创新创业教育方面采取了"理念引进＋本土改造"的模式，即在借鉴美国斯坦福大学等高校的创新创业教育理念和方法的基础上，结合日本自身的特点和需求，进行了一系列的改革和创新。

例如，东京大学设立了专门负责创新创业教育的机构——东京大学企业家培训中心，该中心不仅提供了一系列的课程、讲座、研讨会、竞赛等活动，培养学生的创新意识和创业技能，还建立了一个包括政府、企业、金融机构、媒体、社团等在内的广泛的合作网络，为学生提供了丰富的资源和机会。此外，东京大学还注重培养学生的社会责任感和公益精神，鼓励学生将自己的创新创业项目与社会问题相结合，为社会贡献自己的力量。

2.将西方的创新创业理念和方法与日本传统的文化价值和社会习俗相结合

日本高校在进行创新创业教育时，并没有完全摒弃或否定自己原有的文化传统和社会习惯，而是将西方的创新创业理念和方法与之相融合，形成了一种独特的文化风格。

例如，日本高校在培养学生的个人能力和自主性的同时，也注重培养学生的团队精神和协作能力；在培养学生的竞争意识和风险承担能力的同时，也注重培养学生的谦虚态度和持续改进能力；在培养学生的开放思维和国际视野的同时，也注重培养学生的本土情感和社会责任感。这些文化特征不仅体现了日本高校对创新创业教育的理解和重视，也体现了日本高校对自身文化传统和社会价值的尊重与继承。

四、对我国教育的启示

通过对美国、英国、日本三国高校创新创业教育模式的比较研究，我们可以发现，这三种模式各有其优势和特色，也各有其局限和不足。美国高校的"市场驱动式"创新创业教育模式，强调与市场需求相一致，培养学生的创新精神和创业能力，促进科技成果的转化和产业的升级，但也存在过于注重利益导向、忽视社会责任等问题。英国高校的"质量保证式"创新创业教育模式，强调建立完善的教育评估和监督机制，保证教育的质量和水平，但也存在过于规范化、缺乏灵活性等问题。日本高校的"文化融合式"创新创业教育模式，强调将西方的创新创业理念和方法与日本传统的文化价值和社会习俗相结合，体现了文化的多样性和包容性，但也存在过于保守、缺乏开放性等问题。

对于我国高校来说，借鉴和学习这三种模式是必要的，但也不能盲目地照搬或拼凑，而要结合我国的国情、文化、社会等因素，进行有针对性和创造性的改革和创新。我国高校应该在以下几个方面加强创新创业教育的建设和发展。

1. 建立健全创新创业教育的制度框架和政策支持，明确创新创业教育的目标、内容、标准、评估等方面的规范和要求，为高校提供统一的指导和保障。制度框架应明确创新创业教育的目标。这包括培养学生创新思维、创业意识和创业能力，促进学生跨学科合作和实践能力的发展，以及培养具备市场敏感性和竞争力的创新创业人才。明确的目标有助于高校确定教育内容和方法，确保创新创业教育的针对性和有效性。

2. 建立多元化的创新创业教育的合作网络和资源平台，加强与政府、企业、社会等各方面的沟通和协作，为高校提供丰富的资源和机会。建立多元化的创新创业教育合作网络和资源平台需要各方的共同努力。政府可以制定相应的政策和措施，提供支持和保障；高校可以积极参与合作网络的建设，发挥自身优势；企业和社会组织可以积极参与高校的创新创业教育，提供资源和机会。通过多方合作，能够为高校创新创业教育提供更广泛、更丰富的资源和机会，培养更多具有创新创业能力的人才，促进社会经济的创新与发展。

3.建立灵活性和自主性的创新创业教育的实施方式和方法，根据不同学科、专业、层次、类型等因素，设计适合不同学生群体的课程、活动、项目等形式，为高校提供多样化的选择和空间。鼓励不同学科和专业之间的合作，推动创新创业教育的跨界融合。可以组织跨学科的创新创业团队，让学生从不同领域的专业知识中汲取灵感和启发。同时，可以整合校内外的创新创业资源，包括资金、设施、人才等，为学生提供更丰富的支持和创业条件。

4.建立开放性和包容性的创新创业教育的文化氛围和价值观念，尊重并借鉴国内外优秀的创新创业理念和实践，同时也体现我国自身的文化特色和社会需求，为高校提供有力的动力和引领。鼓励学生参与国际交流项目、创业竞赛和合作项目。这可以通过建立国际合作平台、推动学生出国交流和组织国际创新创业竞赛等方式实现。国际化的交流与合作能够拓宽学生的视野，增强他们的国际竞争力和全球合作能力。这样的文化氛围和价值观念能够培养学生的创新能力、国际竞争力和社会责任感，为他们未来的创业和社会发展打下坚实基础。

总之，我国高校应该在借鉴国外经验的基础上，进行本土化、个性化、多元化、开放化的创新与改革，打造符合我国特色和需求的创新创业教育模式。

第五章

利益相关视角下创新创业教育评价

第一节 利益相关者视角下创新创业教育评价理路

一、利益相关者理论

在"大众创业，万众创新"时代，创新创业教育已经成为国家实施创新驱动发展战略和提升高等教育质量的重要举措，它致力于培养学生的创新思维和创业能力。在这个时代，创新是推动社会进步和经济发展的关键驱动力。通过创新创业教育，学生可以学习到创新的方法和技巧，培养解决问题和创造新价值的能力。

（一）概念界定

利益相关者理论（Stakeholder Theory）是一种企业管理理论，起源于20世纪60年代，并被视为理解和管理现代企业的工具。根据弗里曼的观点，利益相关者是指能够影响组织目标实现或被组织目标实现过程影响的人。米切尔则通过合法性、权力性和紧急性等属性对利益相关者进行细分，以确定利益相关者的层次。

利益相关者理论是一种管理理论和分析框架，用于识别和分析组织或项目所涉及的各个利益相关者，以及他们对组织或项目的利益、权力和影响力的关系。该理论认为，利益相关者是那些通过组织或项目的决策和行动，可能受益或受损的个人、群体或组织。利益相关者理论的核心观点是，组织或项目的成功不仅仅取决于满足股东或所有者的利益，还需要考虑和平衡其他利益相关者的利益。利益相关者可以包括内部利益相关者（如员工、管理层、股东）和外部利益相关者（如客户、供应商、政府、社会组织等）。每个利益相关者都有不同的利益、权力和期望，因此对组织或项目的决策和行动可能产生积极或消极的影响。

利益相关者理论提出了一种管理方法，即通过识别和分析利益相关者，了解他们的利益和关切，并与他们进行有效的沟通和合作，以最大限度地满足各方的利益。这种方法可以帮助组织或项目管理者更全面地考虑各方利益，降低冲突和风险，并提高组织或项目的长期可持续发展能力。利益相关者理论在组织管理、项目管理、企业社会责任等领域得到广泛应用。通过运用该理论，组织和项目可以更好地理解和回应各利益相关者的需求和期望，建立良好的利益相关者关系，从而实现共赢的局面。

利益相关者理论已被引入高校教育管理领域，将高校视为利益相关者组织。利益相关者被广泛定义为那些能够对实现目标产生影响的人或组织。在创新创业教育领域，高校也可以被看作一个利益相关者组织。

创新创业教育的利益相关者包括学生、教师、高校管理层、企业、政府以及社会组织等。每个利益相关者都有各自的诉求和期望，因此，利益相关者理论可以应用于高校创新创业教育，以更好地满足各利益相关者的需求。

学生是创新创业教育的核心利益相关者，他们希望获得实用的创新创业知识和技能，以便将来成功创业或在创新型企业工作。教师在创新创业教育中起着关键的角色，他们需要提供有效的教学方法和资源，培养学生的创新思维和创业能力。高校管理层需要关注创新创业教育的发展策略和政策制定，为创新创业教育提供必要的支持和资源。企业作为潜在的雇主和合作伙伴，希望培养具有创新创业能力的毕业生，并与高校建立紧密的合作关系。政府在创新创业教育中扮演着重要的角色，他们可以提供政策支持、经济资源和创新创业生态系统的建设，以促进高校创新创业教育的发展。社会组织如非营利机构、创业孵化器等，也可以为高校提供支持和合作机会，推动创新创业教育的实践。

通过应用利益相关者理论，高校可以更好地理解和满足各利益相关者的需求，建立合作关系和伙伴关系，并制定更有效的创新创业教育策略。这有助于推动高校创新创业教育的发展，培养出更多具有创新创业能力的人才，促进社会经济的创新与发展。

（二）我国创新创业教育中利益相关者及其利益诉求

创新创业教育的贯彻始终是高校人才培养中的重要任务，这一点在《深化高等学校创新创业教育改革的实施意见》中得到了明确提出。根据这一文件，高校应将创新创业教育贯穿于人才培养的全过程，以培养具备创新精神和创业能力的高素质人才。创新创业教育的要求应该融入各个专业和课程中，使学生能够在学习中接触到创新思维和创业知识。高校可以开设创新创业导论课程、创新创业实践课程等，为学生提供相关的理论知识和实践机会。创新思维是创新创业的基础，高校可以通过启发式教学、问题导向学习等方式培养学生的创新思维能力。同时，高校还应提供创新创业实践的平台和资源，如创业孵化器、创新创业竞赛等，让学生能够在实践中锻炼创业能力。

在我国的创新创业教育中，涉及多个利益相关者，他们对于创新创业教育具有不同的利益诉求。

1. 学生

学生是创新创业教育的主要受益者，他们希望通过创新创业教育培养创新能力、创业意识和实践技能，为自己的职业发展和创业创新提供支持与机会。

2. 高校

高校作为教育机构，期望通过创新创业教育提升学校的教育质量和声誉，吸引优秀的学生和教师资源。同时，高校也希望通过培养创新创业人才，为社会和经济发展做出贡献。

3. 教师

教师是创新创业教育的重要组成部分，他们希望能够拥有适当的教学资源和支持，提升自己的教学水平和专业能力，同时也希望能够与学生进行有效的互动和合作，共同推动创新创业教育的发展。

4. 企业

企业是创新创业教育的重要合作伙伴，他们希望通过与高校合作，获取创新创业人才和项目资源，推动企业的创新发展和人才培养。

5. 政府

政府在创新创业教育中扮演着重要角色，他们希望通过政策支持和投入，推动创新创业教育的发展，培养创新创业人才，促进经济转型和可持续发展。

6. 社会组织

社会组织包括创新创业孵化器、创业导师团队、投资机构等，他们希望通过创新创业教育，发现和支持有潜力的创新创业项目，帮助创业者实现创业梦想，推动创新创业生态的繁荣发展。

以上只是一些主要的利益相关者及其利益诉求，实际上，创新创业教育还涉及更广泛的利益相关者，如家长、校友、社会公众等。在推进创新创业教育的过程中，需要综合考虑各方利益，并通过有效的合作和沟通机制，实现利益的最大化和协同发展。

（三）基于利益相关者视角的高校创新创业教育的各方博弈

1. 从创新创业教育的内部利益相关者来看

从创新创业教育的内部利益相关者的角度来看，可以涉及以下各方的博弈：对于学生来说，创新创业教育提供了机会去培养创造力、创新思维和实践能力。他们期望通过参与创新创业教育获得知识和技能，以便在未来的职业生涯中更好地适应市场需求并获得就业机会。然而，一些学生可能对创新创业教育的实际效果表示怀疑，认为它可能无法真正提高他们的就业竞争力或满足他们的职业需求。对于教师和教育机构来说，创新创业教育提供了一个展示他们专业知识和经验的平台。他们可以通过教授创新创业课程来提高自己的声誉和地位，并与行业专家、企业家和投资者建立联系。然而，教师和教育机构也可能面临一些挑战，例如需要不断更新自己的知识和教学方法，以适应不断变化的创新创业环境。

校园创业孵化器和科技园区是高校创新创业教育的重要组成部分。它们提供了创业资源、创业指导和办公场所等支持，帮助学生和教师将创新创业的想法转化为实际行动。对于这些创业孵化器和科技园区来说，他们希望通过吸引更多的创业团队和项目来提高自身的知名度和影响力，并与企业和投资者建立合作关系。然而，他们也需要面对资源分配的问题，例如如何公平地分配有限的资金和场地资源。高校管理层和教育政策制定者对创新创业教育的发展和成果负有责任。他们希望通过投资和支持创新创业教育来提升学校的声誉和排名，并为学生提供更好的教育体验。然而，他们也需要考虑到资源的分配和投入产出的平衡，以确保创新创业教育的可持续发展和有效性。

在这些内部利益相关者之间存在着博弈和平衡的关系。学生希望获得实用的创新创业教育，教师和教育机构希望提高自身的声誉和地位，创业孵化器和科技园区希望吸引更多的创业项目，高校管理层和教育政策制定者则需要平衡资源的投入和产出。在制定和实施创新创业教育政策时，需要考虑各方利益的平衡，建立有效的沟通和合作机制，以促进创新创业教育的全面发展。

2. 从创新创业教育的外部利益相关者来看

从创新创业教育的外部利益相关者的角度来看，可以涉及以下各方的博弈：企业和行业对高校创新创业教育持有重要利益。他们希望通过与高校建立合作关系，获得人才、技术和创新项目等方面的支持。企业可以从高校的创新创业教育中寻找潜在的合作伙伴、供应链伙伴或投资机会。然而，企业也会对高校的教育质量和毕业生的创新创业能力提出要求，以确保他们能够满足市场需求并为企业带来价值。政府对高校创新创业教育的发展有一定的影响力。政府可能通过政策和资金支持来鼓励高校开展创新创业教育，并促进高校与企业、科研机构等的合作。政府希望通过创新创业教育培养创新人才、推动经济发展和产业升级。然而，政府也需要关注教育资源的分配和投入的效益，以确保公共资源的合理利用。

社会和社会组织对高校创新创业教育的发展和成果也持有一定的关注和期待。他们希望高校创新创业教育能够培养出具有社会责任感和创新精神的人才，并为社会和经济发展做出贡献。社会和社会组织可能通过提供创业支持、投资和社会资源等方面的方式，支持高校的创新创业教育。然而，他们也会对高校的社会影响力、创新成果和社会责任等方面进行评估和监督。在这些外部利益相关者之间存在着博弈和平衡的关系。企业和行业希望从高校获得创新资源和人才支持，政府希望通过高校创新创业教育促进经济发展，社会和社会组织希望高校创新创业教育能够为社会带来积极影响。在制定和实施创新创业教育政策时，需要考虑各方利益的平衡，建立有效的合作机制和沟通渠道，以促进高校创新创业教育与外部利益相关者的良好互动和共赢。

（四）我国创新创业教育中利益相关者的困境剖析

创新创业教育是一个庞大而复杂的系统工程，涉及政府、高校、学生、企业等多个利益相关者，他们之间存在着相互博弈的过程。然而，由于各利益相关者的独立性和价值诉求的差异，这个过程中出现了许多困境，需要进行利益整合、平衡、分配和实现的动态调整。

1. 没有厘清创新创业教育的核心概念，在教育理念上缺乏共识

在教育理念上，创新创业教育强调学生的主动性和实践性。它鼓励学生积极参与实践、实验和创造性的活动，通过实际操作和实践经验来培养他们的创新创业能力。创新创业教育也强调跨学科的学习和综合能力的培养，鼓励学生在不同学科领域中进行交叉学习和思维的整合。尽管存在不同的解释和理解，但创新创业教育的核心目标是为学生的终身可持续发展提供支持。它旨在培养学生的创新创业能力，使他们能够在不同的领域中找到机会、应对挑战并实现个人和社会的价值。通过培养学生的创新创业意识和能力，创新创业教育对于提高个人就业竞争力、推动社会经济发展和促进创新创业生态系统的健康发展具有重要意义。

在这样的情况下，需要进行利益整合、平衡、分配和实现的动态调整。相关利益相关者需要进行深入的对话和合作，共同厘清创新创业教育的核心概念和目标，并找到各方共识。这可能包括制定共同的教育理念、明确创新创业教育的关键要素和指标，以及建立评估和监督机制，以确保创新创业教育的有效实施和持续发展。同时，政府、高校、学生和企业等利益相关者需要在资源分配、政策支持和合作机制等方面进行协调，以实现创新创业教育的整体优化和可持续发展。

2. 没有重视创新创业教育的整体性特点，在现实互动中缺少共情

创新创业教育是一个复杂而综合性的系统工程，涉及多个层面和环节，包括教育内容设计、师资培养、创新实践平台建设等。在这个过程中，各利益相关者之间的相互作用和互动至关重要。首先，创新创业教育需要跨学科、跨部门的合作。它不仅涉及教育机构，还需要与企业、政府、社会组织等多方合作。然而，在现实互动中，各利益相关者之间往往缺乏共情和理解。教育机构可能没有深入了解企业的需求，企业也可能没有充分了解教育机构的教学理念和方法。这导致了教育内容的脱节、培养目标的不匹配等问题。其次，创新创业教育需要关注学生的个体差异和多样性。每个学生都有不同的兴趣、能力和创业倾向。然而，在现实互动中，往往存在对学生的"一刀切"和标准化要求的情况。教育机构可能倾向于按照统一的模式培养学生，而忽视了个体的差异和发展需求。这可能导致一些学生在创新创业教育中失去兴趣和动力，无法发挥自己的潜力。

要解决这些问题，需要重视创新创业教育的整体性特点，并在现实互动中注重共情。各利益相关者需要建立良好的沟通和合作机制，进行深入的对话和理解。教育机构应该积极倾听企业和学生的声音，了解他们的需求和期望，并相应地调整教育内容和方法。企业和政府也应该理解教育机构的教学理念和方法，并提供支持和资源。同时，教师的培训和发展也应该得到重视，以提升他们在创新创业教育中的专业能力和素养。通过共情和合作，可以促进创新创业教育的整体优化和发展，实现各利益相关者的共同利益和目标。

3. 没有实现创新创业教育的深层次嵌入，在实践效能中无法实现共振

创新创业教育应该贯穿于教育体系的各个层面和环节，从课程设置到教学方法，从学生评价到师资培养，都应该与创新创业教育的目标和理念相一致。然而，在现实中，创新创业教育往往只停留在表面，没有得到深入的融入和实践。

首先，课程设置是创新创业教育深层次嵌入的关键。创新创业教育需要与学科教育相结合，形成有机的整体。然而，在实际操作中，创新创业教育往往只是作为一个独立的课程存在，与其他学科相割裂。这种局面导致了创新创业教育的孤立性和局限性，学生难以将所学知识与实际应用相结合。

其次，教学方法也需要与创新创业教育的理念相契合。创新创业教育强调学生的主体性和实践性，需要通过案例分析、团队合作、项目实践等方式培养学生的创新思维和实践能力。然而，在实际教学中，传统的讲授式教学仍然占主导地位，学生缺乏机会进行实际操作和创新实践，无法真正体验到创新创业的过程和挑战。

要解决这些问题，需要实现创新创业教育的深层次嵌入，并在实践效能中实现共振。教育机构应该对课程设置进行整合和优化，将创新创业元素融入各个学科中，形成有机的教育体系。教学方法应该以学生为中心，注重实践和团队合作，提供创新创业的真实体验。评价体系应该多元化，重视学生的创新能力和实践表现，为学生提供积极的激励和认可。

二、创新创业教育评价研究回顾与评析

（一）研究回顾

创新创业教育评价的理论框架与方法论是该领域研究的基础。在回顾相关文献时，我们发现理论框架通常致力于界定创新创业教育的概念边界、阐明评价目标和建立评价指标体系。这些框架试图通过系统化的理论构建，提供一个全面理解和评价创新创业教育成效的视角。然而，理论框架往往在实际应用中显得过于理想化，忽略了教育实践的复杂性和动态性。此外，方法论上多依赖定量研究，即使引入定性方法，也常常因为方法应用的局限性和数据收集的难度，难以全面捕捉创新创业教育的多维度和动态变化。对此，批判性思考呼吁研究者跳出固化的理论框架，探究适用于创新创业教育实践特点的新理论和方法。

而在研究成果的应用转化方面，创新创业教育评价研究所揭示的见解和推荐通常致力于教学实践的改善和政策制定。有效的研究成果能够为教育机构提供优化课程的策略、为教师提出更具启发性的教学方法以及为学生营造更有利于创新的学习环境。研究成果的成功应用转化，要求构建起学术界与实践领域之间的桥梁，既需要研究者深入理解教育实践的实际需求，也需要教育实践者对研究成果持开放态度，并有意识地将研究成果融入实践过程中。

（二）研究评析

高校创新创业教育评价体系设计中存在的两个问题。一是评价指标的客观性和准确性。在创新创业教育评价中，评价指标的选择和设计是关键。然而，目前存在一些评价指标充满主观性和模糊性，导致评价结果可能受到主观因素的影响，缺乏客观性和准确性。例如，创新能力和创业意识等主观性较强的指标难以量化和衡量。为解决这个问题，需要进一步研究和探索更加客观和准确的评价指标，结合定量和定性方法，提高评价的科学性和可信度。二是评价方法的多样性和一致性。创新创业教育评价方法的多样性是积极的，因为不同的评价方法可以提供多角度的评估。然而，评价方法的多样性也带

来了一致性的问题。不同教师和评估者可能使用不同的评价方法和标准，导致评价结果的差异性。这给评价结果的比较和综合带来了困难。因此，需要在评价体系设计中建立统一的评价标准和方法，确保评价的一致性和可比性。同时，也要鼓励创新和多样性，探索更加适应创新创业教育特点的评价方法。

为解决创新创业教育领域的问题，进一步的研究和实践是必要的。此外，加强评价指标的科学性和客观性，建立统一的评价标准和方法也是关键。评价体系应该更多关注创新创业教育对个人效能的影响，而不仅仅关注其经济财富创造方面的成果。创新创业教育的目标是培养学生的创新创业能力和意识，因此评价应该关注学生在这方面的发展和成长。学生是创新创业教育的主要受益者和未来重要人才，他们对创新创业教育的看法和建议对于改进和完善教育至关重要。评价过程应该积极收集学生的反馈和意见，以便更好地了解他们的学习体验和需求。

评价应该涵盖多个维度，包括学生的知识掌握程度、行为改变程度和效益提高程度等。当前的评价主要关注结果类指标，而对学生在创新创业知识和技能方面的学习、掌握和应用程度的关注较少。因此，评价体系应该更加全面地考虑学生在不同层面的发展。基于柯氏四级评估模型构建客观、科学、全面的创新创业教育评价体系，以更好地衡量创新创业教育的目标达成度。这样的评价体系应该具备科学的测量工具和方法，并结合定量和定性数据进行综合评估。通过采用这些改进方法，可以提高创新创业教育评价的有效性和可信度，进一步推动创新创业教育的发展和提升。然而，这需要不断的研究和实践，并与各利益相关者密切合作，以确保评价体系的适用性和广泛认可。

三、理论适用性与设计思路

（一）消费者导向评价模式理论

消费者导向评价模式理论，也称为以需要为基础的评价或以顾客为基础的评价，是在 20 世纪 60 年代美国的课程改革运动中产生和发展起来的。消费者导向评价模式理论是一种关于服务质量评价的理论框架，旨在通过消费者的角度来评估和改进服务提供者的服务质量。该理论认为，消费者是最终服务质量的评判者，他们的满意度和需求是评价服务质量的核心。

消费者导向评价模式理论对于服务行业特别重要，因为服务行业的成功与否很大程度上取决于消费者的满意度和忠诚度。通过将消费者放在评价服务质量的中心，服务提供者可以更好地了解消费者的需求和期望，提供更优质的服务体验，增强消费者的满意度和忠诚度。这对于服务行业的竞争力和业务增长至关重要。

（二）柯氏评估模型

柯氏评估模型，也称为 Kirkpatrick 评估模型，是一种用于评估培训和教育活动效果的模型。该模型由美国教育心理学家唐纳德·柯氏（Donald Kirkpatrick）于 1959 年提出，并在后续发展中逐渐完善。柯氏评估模型包含四个层次，每个层次代表了不同的评估维度和结果，如表 5-1 所示。

表 5-1　柯氏评估模型四个层次

评估层次	评估核心	评估目的	评估方法
反应层	学习满意程度	考察受训学员对培训的反应	访谈法、调查问卷法
学习层	知识掌握程度	考察受训学员的学习效果	案例分析法、笔试测试法
行为层	本领运用程度	考察培训前后学员的行为变化	访谈法、观察法
结果层	效益提高程度	衡量受训后组织的业绩变化	成本—效益分析法、市场调查法

1.反应层次（Reaction）：这一层次评估学员对培训活动的反应和满意度。通过问卷调查、讨论和观察等方式，了解学员对培训内容、教学方法、教师和学习环境等方面的反应和评价。

2.学习层次（Learning）：这一层次评估学员在培训过程中所学到的知识、技能和态度的变化。通过测试、考试、观察和评估等方式，检测学员在培训结束后的学习成果。

3.行为层次（Behavior）：这一层次评估学员在工作实践中是否将培训所学应用到实际工作中。通过观察、调查、绩效评估等方式，了解学员是否应用了培训所学，以及对工作表现的改变程度。

4.结果层次（Results）：这一层次评估培训对组织绩效和业务目标的影响。通过定量和定性的方法，评估培训对组织业绩、员工满意度、成本效益等方面的影响。

柯氏评估模型提供了一个系统和层次化的评估框架，帮助评估人员和培训设计师了解培训效果，并提供改进和优化的方向。该模型强调从学员的反应和满意度开始，逐步深入评估学习成果、应用效果和业务影响，使评估更加全面和有效。

（三）设计思路

从消费者导向评价模式理论的视角来构建高校创新创业教育评价体系，可以通过以下方式实现。

1.调研和需求分析

首先，进行调研和需求分析，了解学生和其他利益相关者对高校创新创业教育的期望和需求。通过问卷调查、访谈和焦点小组讨论等方式，收集他们对于创新创业教育的意见、建议和期望。

2.设计客观指标

基于调研和需求分析的结果，设计客观的评价指标来衡量创新创业教育的质量和效果。这些指标可以包括学生的创新能力、创业意识、团队合作能力、实践经验等方面的表现。指标的设计要具备可量化性和可观察性，以便进行客观的评估。

3. 结合定量和定性方法

在评价体系中结合定量和定性方法，以全面评估创新创业教育的效果。定量方法可以通过问卷调查、测试和考核等手段收集数据，以量化学生的表现。定性方法可以通过观察、学生作品和实践报告等方式，收集学生的实际行为和成果，以获得更详细的评估信息。

4. 强调学生反馈和满意度

在评价体系中强调学生的反馈和满意度，作为评估的重要指标之一。通过定期的学生调查、讨论和反馈机制，了解学生对创新创业教育的体验和满意度，以及对改进的建议。这有助于及时调整教学和培训方案，提高学生参与和满意度。

5. 多维度评估

建立一个多维度的评估体系，综合考虑学生的学习成果、实践经验、创新能力和创业意识等方面的表现。这可以通过设置不同的评估层次和评价维度来实现，例如学习成果的测试和考核、实践项目的评估、学生的创新和创业成果的评价等。

6. 持续改进和反馈循环

评价体系应该具备持续改进和反馈循环的机制。通过定期的评估和反馈，及时发现问题和改进的空间，并进行相应的调整和优化，以提高创新创业教育的质量和效果。

从消费者导向评价模式理论的视角来构建高校创新创业教育评价体系，可以通过调研和需求分析、设计客观指标、结合定量和定性方法、强调学生反馈和满意度、多维度评估，以及持续改进和反馈循环等方式实现。在运用模型进行评价的过程中，应配合以上评价思路进一步明确数据测量的具体方法和要求，根据实际情况使用模型，以获取真实客观的评价结果，如表5-2所示。这样的评价体系将更加贴近学生需求，提供更准确和全面的评估，为高校创新创业教育的改进和提升提供有力支持。

表 5-2　基于柯氏模型的高校创新创业教育评价体系

一级指标	二级指标	三级指标
反应层	课程体系	课程内容设置
		课程结构安排
	师资队伍	教师教学能力
		教师队伍构成
	环境建设	基础设施
		经费支持
		文化氛围
	学生自身	创业自我效能
学习层	创新能力	创新思维能力
		创新学习能力
	创业能力	创业综合能力
		创业专业能力
行为层	理论运用	学术论文撰写
		发明专利申请
行为层	实践运用	活动竞赛参与
		企业实习
		社会实践
结果层	组织成果	竞赛获奖次数
		论文发表数量
		专利授权数量
		创业率
		创业增长率

第二节　创新创业教育评价核心范畴与关键要素

一、"扎根理论"及其运用

（一）什么是扎根理论

扎根理论是指在经验资料的基础上建立理论，研究者在研究开始之前一般没有理论假设，直接从实际观察入手，从原始资料中归纳出经验概括，然后上升到理论。扎根理论（Grounded Theory）是一种用于生成理论的研究方法和分析方法。该理论由社会学家巴尼·格拉瑟（Barney Glaser）和安塔尔·斯特劳斯（Anselm Strauss）于 1967 年提出，并在社会科学领域得到广泛应用。扎根理论的核心思想是从数据出发，通过系统的数据收集、分析和解释，逐步生成一个基于数据的理论。与传统的假设驱动型研究不同，扎根理论强调对数据的开放性和灵活性，以充分理解问题背后的实际情况和概念。

扎根理论的主要特点包括以下几点。

理论生成。扎根理论的目标是生成理论，而不是验证现有理论。通过对数据进行不断的比较、分析和归纳，研究者可以从数据中提取出概念、范畴和关联关系，逐步形成一个新的理论框架。

数据驱动。扎根理论的研究过程始终以数据为中心。研究者通过采访、观察、文件分析等方式收集大量的原始数据，然后对数据进行系统的编码、分类和分析，从中提取出概念和模式。

开放性和灵活性。扎根理论强调对数据的开放性和灵活性，研究者不预设假设或理论，而是通过逐步分析数据，逐渐发展和修订理论。这使得研究者能够更好地理解研究现象，并充分考虑数据中的新颖和复杂因素。

迭代循环。扎根理论采用迭代的研究过程，研究者通过不断的数据收集、编码和分析，逐渐深入理解研究问题，并逐步完善和发展理论。这种迭代循环的过程使研究者能够充分探索数据中的多样性和复杂性。

扎根理论在社会科学领域的研究中被广泛应用，尤其适用于探索新领域、未知现象或复杂问题的研究。它提供了一种灵活而系统的方法，帮助研究者从数据出发，生成理论，深入理解社会现象和人类行为。

（二）"扎根理论"的基本思路

扎根理论的基本思路是从数据出发，通过系统的数据收集、分析和解释，逐步生成一个基于数据的理论。其基本思路可以概括为以下几个步骤。

数据收集。研究者通过采访、观察、文件分析等方式收集大量的原始数据。数据来源可以是实地调查、访谈记录、文献资料等。

数据编码。研究者对收集到的数据进行编码，即将数据进行标记和分类，将相似的数据归为一类。编码可以基于事实性描述、观察到的行为、情感和态度等方面。

比较分析。研究者通过比较编码后的数据，寻找其中的相似性和差异性。这可以通过将数据进行对比、综合和归类等方式实现。通过比较分析，研究者可以发现数据中的模式和关联。

概念开发。在比较分析的基础上，研究者开始提取和发展概念。概念是对数据中共同特征的抽象表达，可以用来描述、解释和理解研究现象。概念的发展是一个逐步的过程，通过不断的比较和反思，不断深化和精练概念。

理论生成。在概念的基础上，研究者逐步生成理论。理论是对数据中模式和关联的解释和解释框架。在理论生成的过程中，研究者需要通过不断的反思、修正和扩展，逐步完善和发展理论。

反馈和验证。在理论生成的过程中，研究者需要将生成的理论与实际数据进行反馈和验证。这可以通过重新回到数据、与其他研究者进行讨论和对比等方式实现。反馈和验证过程有助于验证理论的有效性和适用性。

迭代循环。扎根理论是一个迭代的研究过程。研究者通过不断的数据收集、编码、分析和理论生成，逐步深入理解研究问题，并逐步完善和发展理论。这种迭代循环的过程使研究者能够充分探索数据中的多样性和复杂性。

扎根理论的基本思路是通过数据驱动的方式，从收集原始数据开始，通过编码、比较、分析和概念开发，逐步生成理论。这种理论生成的过程是开放和灵活的，允许研究者在数据中探索和发现新的模式与关联，提供深入理解和解释社会现象的可能性。

二、运用"扎根理论"捕捉创新创业教育评价核心范畴

运用扎根理论的目的是"从经验资料的基础上建立理论"，其本身是一个概念不断抽象化、命题不断范畴化的运作流程，主要存在以下三个环节。首先，是选择"扎根"，即研究者本人必须亲临教育教学现场进行实地的访谈、观察与情境分析，以获取第一手的经验性资料，注重对经验性资料的系统收集、整理与分析，清晰阐述理论的生成过程。其次，是进行"编码"，即"通过将事件与事件、事件与概念、概念与概念之间进行连续比较，对资料进行概念化，以形成类属及其属性"。根据格拉斯（Barney Glaser）与施特劳斯（Anselm Strauss）对扎根理论编码范式的整合，可划分为三级编码，即开放式编码（一级编码）、主轴式编码（二级编码）和选择式编码（三级编码）。最后，是建构"理论模型"，即通过对非结构化访谈资料的归纳与整合过程，探寻不同编码之间的类属与关联，在确立核心范畴的基础上，提炼与建构不同类属内部以及不同类属之间的逻辑关系，以此形成解释研究主题的"理论模型"。

本节以评价内容和评价取向为依据，将创新创业教育的评价范式分为价值评价、过程评价和结果评价三类，并与主轴编码和开放式编码发现的各个范畴建立起整体联系，形成创新创业教育评价的价值、过程、结果（Value、Process、Result，VPR）三级评价指标（见表5-3）。

表5-3　创新创业教育评价体系的三级评价指标

	核心编码 （一级指标）	主轴编码 （二级指标）	开放性编码 （三级指标）
评价体系	价值评价	精神价值	个体精神价值；社会精神价值
		现实价值	经济绩效；解决实际问题；解决市场痛点
	过程评价	政策投入	政策支持；政策效果
		教育投入	课程与活动；教育配套投入；教师工作承诺
		学生发展	知识和能力提升；学会探索实践；创新意识发展
		企业发展	企业存活期；创新示范作用；发展潜能
	结果评价	创业者绩效	竞赛获奖；创业率；带动就业率；创业维持率；杰出校友
		产品与成果	项目孵化；项目落地；创办企业；企业规模；科技成果转化；科研立项与获奖；著作论文发表；专利发明

（一）开放式编码

开放式编码主要是对访谈资料中的现象与概念进行指认与限定，用概念和范畴来正确凝练访谈资料的内容，通过不断地对资料与概念进行比较，将那些属性相同、意思相似的概念放在一起，逐渐归纳为一定的范畴，其实质是一个聚敛问题的过程。在开放式编码过程中，研究者对文本数据和一对一深度访谈资料持开放式的态度，以整合后（录音转录并添加备忘录）的访谈资料为编码对象，遵循"原始资料—贴标签—概念化—范畴化"的基本流程，借助 MAXQDA12 质性分析软件对文本资料中的语句进行逐句检查、分解，并对原始资料中的事件或行动"贴标签"，赋予这些原始资料概念，并类属化为范畴。

在本书中，开放式编码是将所有资料按其本身所呈现的状态进行登录。这是一个将收集的资料打散，赋予概念，然后再以新的方式重新组合起来的操作化过程。[①] 登录的目的是从资料中发现概念类属，进行命名和类属化。本章在开放性编码阶段提炼出创新创业教育评价的 29 个范畴，如表 5-4 所示。

表 5-4　创新创业教育评价体系开放式编码示例（部分）

资料记载	定义现象	概念化	范畴化
创业教育评价要突出创新的精神、个体的坚持度、对失败的态度创造价值的能力，这是因为评价应该更侧重对教育方面的培养	对人的创新精神、创新态度追求的作用	人的创新精神、创新态度、创新观念	个体精神价值
创新创业教育也跟社会观念有关联，对社会创新观念、意识的引领，是不是使创新成为社会存在观念和发展方式，一种生活方式	社会创新观念、意识的引领	社会创新理念	社会精神价值
政府可能考虑更多的是税收和给地方带来的 GDP，产生的实际社会效益和经济效益	创新创业产生的经济效益	经济效益	经济绩效
创新创业就要解决现实的一些问题，有没有帮企业解决问题，有没有改进它的生产线，带动了多少就业	创新创业教育解决社会问题，解决社会生活中的现实问题	解决现实问题	解决实际问题
个体去参加比赛的时候，讲的不是怎么把那个产品做好去解决市场的这个痛点，而是讲的我怎么把它推销出去	解决市场中起决定性作用的难题	解决难点问题	解决市场痛点
对学生自身的评价，侧重于测量学生的成长，比如知识的、能力的成长，这个可以通过一些心理学的问卷来完成	学生获得知识、能力等方面的成效	获得知识和能力	知识和能力提升

---

① 陈向明. 扎根理论的思路和方法 [J]. 教育研究与实验，1999（4）：58-64.

续表

资料记载	定义现象	概念化	范畴化
课程的成果导向不是说你要写一份创业计划书。我让他们去做一些工作，每个小组去做的事情是什么呢？会不会自己去进行问题探索，寻找一个有意义的事情	学习自己进行问题探索，实践操作	学习自己进行问题探究	学会实践探索
不能单去评价获得了什么奖，还是应该着重所有学生的意识的培养，每个人在自己的岗位上有创意、有创造	所有学生的创新创业意识	创新创业意识	创新意识发展
看个体创造的企业有多少家成活率超过了平均值	企业成功落地后能生存多久	企业存活时间	企业存活期
小黄车（ofo）这家公司不一定会成功，但共享单车这个事情确实是简便了我们的出行。它倒闭了，但它启发的这个事情是对的	创业失败了，但对后来者有所启发	创新示范作用	创新示范
追求的不是短时间的创业率多么高，而是要看创业成果在未来释放出来的企业的能量	创业成果的未来发展潜力	未来发展潜力	发展潜能
教育厅评价侧重你的课时和选修的学生数、举办讲座沙龙的数量和参与学生的数量，还有课程开设、师资培训等情况	评价课程开设、举办讲座、师资培训情况，及其学生的相应参与情况	课程、课时、师资培训、受益学生数	课程与活动
有些教师认为创新创业不是高校分内之事，态度不支持、不积极。教师指导学生创新创业大赛，要从校赛到国赛拿好成绩，其实要花很多时间与精力，但是学校没有相应的评价配套制度	教师工作态度、积极性，教师工作投入	教师工作投入	教师工作承诺

续表

资料记载	定义现象	概念化	范畴化
如果仅仅从成果的角度来进行评价并不科学，不同地区之间的经济和文化差异显著，没法评出好坏，只能评这个学校有没有健全制度体系、有没有这样的平台、有没有开展这样的活动、有没有给学生提供创新创业的机会。政府对学校评价里面，还有双师型队伍的建设考核	学校有没有提供制度保障、提供机会和平台，是否建成双师型队伍等	制度健全机构健全、提供机会、搭建平台、教师队伍	教育配套投入
政府主要是政策引导，有没有颁布扶持政策，有没有给予学生自主创业的优惠政策支持	政府有没有颁布相应的优惠政策	优惠政策	政策支持
政策有没有效果，效果是否明显	政策的执行情况和带来的效果	政策执行和效果	政策效果
各类创新创业大赛已成为评价学校领导政绩的重要指标	在创新创业比赛中获奖的情况	创新创业比赛获奖	竞赛获奖
就业数据里面有一个创业学生数，创业的学生数量、毕业生创业数量、入驻基地的创业团队数量等	在读学生创业数、毕业生创业数、学生毕业后创业数	创业的学生数量	创业率
创业的过程当中能不能带来一些新的就业增长点？考察解决就业的数量	创业带动了多大就业	创业带动的就业率	带动就业率
可以评价个体有没有真正地去创业，有多少人坚持了创业	创办了企业并始终坚持创业的个体数量	坚持创业率	创业维持率
根据针对毕业生系统等一系列的评定指标进行评价，如相关毕业生去世界五百强工作的比例、薪酬等	高校毕业生毕业后的发展情况	毕业后绩效	杰出校友
示范基地每个季度、每个月报送的入驻基地团队数量、孵化的创业项目数量	形成创业计划或项目，项目得到孵化支持	形成创业项目，得到孵化器支持	项目孵化

续表

资料记载	定义现象	概念化	范畴化
个体做一个创新项目，把这个东西做出来了吗？有没有实物	创业项目从纸上的计划到实际的创建中的转化，是否进入市场	创业项目落地	项目落地
创新创业大赛只能做一个短期评价，应该以长期的，比如说五年之内诞生的企业数量来评估创新创业教育	成功创业，建立企业	注册企业	创办企业
要看创新创业教育项目创造了多少优质企业，比如上市公司有多少家、规模以上企业有多少盈利	优质企业数量，规模企业的盈利额	企业总值	企业规模
我们在评审的过程中发现，很多项目并没有很高的收益和税收，但是可以被成功转化	学生团队把他们的科研成果逐渐转化为一个相应落地的成果	科研成果产业化、产品化	科技成果转化
教师和学生的创新创业教育研究的国家、省部级项目立项和创新创业教育研究成果获奖也是评价高校创新创业教育成果的一个指标	创新创业的科研项目立项，研究成果获奖	研究项目立项、获奖	科研立项与获奖
国际上对很多高校教育评价是由相关机构对其比如说论文发表的数量进行打分，根据这些分数来进行评定	教师/学生发表的论文数目	著作、论文数目	著作论文发表
创新得拿出你的专利权，拿出发明证书，拿出你的作品	创新创业的成果，发明的专利	创新发明的专利	专利发明

（二）主轴式编码

主轴式编码主要是在开放式编码的基础上，根据概念之间的关系（如相关关系、语义关系、情境关系、结构关系、过程关系、因果关系、功能关系等）对二级类属编码概念进行归类，旨在建立范畴之间的联系。本章对在开放式编码中得到的 29 个创新创业教育评价范畴继续进行归类，建立各个范畴之间的联系和类属关系，确定了 8 个创新创业教育评价主范畴，如表 5-5 所示。

表 5-5　主轴编码形成的创新创业教育评价主范畴

主范畴	副范畴
精神价值	个体精神价值；社会精神价值
现实价值	经济绩效；解决实际问题；解决市场痛点
政策投入	政策支持；政策效果
教育投入	课程与活动；教育配套投入；教师工作承诺
学生发展	知识和能力提升；学会探索实践；创新意识发展
企业发展	企业存活期；创新示范；发展潜能
创业者绩效	竞赛获奖；创业率；带动就业率；创业维持率；杰出校友
产品与成果	项目孵化；项目落地；创办企业；企业规模；科技成果转化；科研立项与获奖；著作论文发表；专利发明

（三）核心编码

在创新创业教育中，核心编码或选择式编码的概念也可以得到应用。创新创业教育的评价方向和关注点对于评价内容和方式产生了显著影响，进而形成了不同的评价取向或评价范式。一种评价取向是强调学生的创新能力和创业素养。在这种评价范式下，核心编码可以选择创新和创业作为核心范畴，将其他相关范畴和关系整合到这一框架中。评价的重点将放在学生的创新思维能力、创意产生和创业实践等方面，包括他们解决问题的能力、寻找机会的能力、创新产品或服务的能力以及市场营销和商业化的能力等。另一种评价取向可以侧重于创新创业教育的教学效果和学习成果。在这种情况下，核心编码可能是教学效果或学习成果，将其他与之相关的范畴和关系整合到这一框架中。评价的重点将放在学生在创新创业教育中所取得的实际成果，包括创意项目、商业计划书、创业实践报告等方面。评价标准可以包括项目的创新性、商业可行性、实施计划的完整性和质量等。

此外，评价取向还可以考虑到创新创业教育的综合发展。核心编码可以是综合发展，将其他与之相关的范畴和关系整合到这一框架中。评价的重点将放在学生在创新创业教育过程中的全面发展，包括知识与技能的掌握、创新思维的培养、团队合作与沟通能力的发展以及创业精神的培养等方面。评价标准可以包括学生的综合素质、综合能力和综合表现等。创新创业教育的评价取向和范式可以基于核心编码或选择式编码的概念进行构建。不同的评价取向将导致评价内容和方式的差异，这有助于形成更全面、准确和有针对性的评价体系，促进创新创业教育的有效实施和提高。

（四）论饱检验

扎根理论认为，停止搜集数据的标准是理论"饱和"，即当搜集新鲜数据不再能产生新的理论，也不能提示新的概念范畴时，理论就"饱和"。本章采取两阶段编码的方法，考察理论的饱和度。第一阶段编码48人，第二阶段编码6人（政府、高校、企业人员各2人）。本章第一阶段编码完成后基本不再产生新的概念范畴和关系；再将第二阶段的6个访谈资料进行编码分析之后，并没有出现新的概念、范畴及关系，说明本章构建的模型具有较好的理论饱和度。

这种采用两阶段编码方法进行理论饱和度考察的研究设计，为确认理论的饱和程度提供了一种可靠的方法。在第一阶段编码的过程中，涵盖了48位不同角色的人员，这样的广泛采集确保了初始数据的多样性和全面性。经过第一阶段编码后，研究者发现已经基本没有新的概念范畴和关系出现，这表明理论的饱和程度已经初步达到了一个较高的水平。

为了进一步确认理论的饱和度，研究者进行了第二阶段编码，选择了6位具有不同背景的访谈对象（包括政府、高校和企业人员各2人），对他们的访谈资料进行编码分析。然而，即使在这个较小的样本中，研究者并没有发现新的概念、范畴或关系的出现。这一结果表明，在第一阶段编码的基础上，通过增加样本数量和多样性的补充，理论的饱和度进一步得到了验证，构建的模型具有较好的理论饱和度。

该研究设计的主要优点在于，通过两阶段编码的方式，充分利用了样本的多样性并进行了深入的理论分析。此外，通过对不同背景的访谈对象的纵向观察，可以进一步验证理论的适用性和普遍性，增强了研究结果的可靠性和可推广性。然而，需要注意的是，理论饱和度并不意味着理论的绝对完备性，而是指在当前研究范围内已经达到了没有新的概念和范畴产生的状态。未来的研究仍然可以通过扩大样本规模、纵向跟踪观察等方式来进一步验证和丰富该理论模型。

三、运用"扎根理论"捕捉创新创业教育评价体系的关键要素

本节从价值评价、过程评价和结果评价三个评价取向构建创新创业教育VPR 三级指标体系。评价指标体系结构合理、指标明晰、可操作性强，不仅可以丰富现有创新创业教育评价的理论基础，也能为创新创业教育评价的实践提供理论框架和指导。

（一）创新创业教育评价指标体系的特征

VPR 三级指标体系具有以下四个特征。

1. 创新创业教育评价模型的多层多元性

创新创业教育是一个复杂系统，因此单一的评价范式或维度难以满足评价的需要。VPR（价值—过程—结果）三级指标体系是一个多层多元的评价模型，适用于评估创新创业教育的综合效果。该模型综合考虑了教育的价值、过程和结果，以全面了解创新创业教育的质量和效果。首先，价值层面关注的是创新创业教育的内在价值和目标。这包括课程设置的合理性、教学内容的创新性和实用性，以及培养学生的创新思维、创业精神和团队合作能力等方面。在评估价值层面时，可以考察教学计划的设计、教师的能力和教学方法的创新性，以及学生对创新创业教育的认知和态度等。其次，过程层

面关注的是创新创业教育的实施过程和方法。这包括教学组织与管理、教师与学生的互动、教学资源的利用等方面。在评估过程层面时，可以考察教学活动的多样性和互动性、实践与理论相结合的程度，以及学生参与创新创业实践的机会和支持等。最后，结果层面关注的是创新创业教育的实际效果和学生的综合能力提升。这包括学生的创新创业成果、就业竞争力的提升以及对社会的贡献等方面。在评估结果层面时，可以考察学生的创新创业项目成果、就业率和创业率的提高，以及学生的创新创业能力和综合素质的发展等。

2. 发展性评价和绩效性评价相结合

在 VPR（价值—过程—结果）研究评价体系中，过程性评价在评估创新创业教育中起着重要的作用。过程性评价是一种形成性评价和发展性评价的方法，其主要目的是了解学习者在学习过程中的现状、评估其成长，并促进其继续发展。

过程性评价强调对学习者在创新创业教育过程中的学习、实践和反思进行持续观察和记录。通过观察和记录学习者的行为、参与度、合作能力、问题解决能力等方面的表现，教育者可以及时了解学习者的学习进展和困难，并为其提供个性化的支持和指导。

结果性评价具有全面性，既包含以人为单位进行的指标量化评估的人数、比例评估的创业者绩效维度，也包含以物为单位进行的指标量化评估的产品与成果维度。

在 VPR 评价体系中，企业发展维度下的企业存活期、创新示范作用和发展潜能评估都体现创新创业教育长效评价机制。结果评价既是一种绩效的、总结性的评价，也是一种长期评价和短期评价相结合的评价方式。

3. 重视学生的创业表现和创业实践评价

创新创业教育的效果评价不能仅停留于知识和能力层面的心理测评，最终要落实到实践层面学生的行为表现和创业成果。因此，创新创业教育评价需要重视实践指标，避免纸上谈兵。在 VPR 评价体系中，对学生发展维度的评价既需要进行知识能力提升、创新创业意识发展的心理测评，也要进行学会实践探索的"做了什么"的表现性评价。现实价值、企业发展、创业者绩效、产品与成果维度的评价则属于创新创业教育实践层面的评价。

4. 重视展望性评价与回顾性评价，体现长效评价机制

短期评价作为 VPR（价值—过程—结果）研究评价体系中的一部分，是对创新创业教育当前状况和特征的即时评估。它的目的是通过收集和分析实时数据，揭示创新创业教育在短期内的效果和影响，为教育实践提供及时的反馈和改进方向。短期评价在 VPR 研究评价体系中是一个重要的组成部分，它通过即时收集数据和反馈信息，帮助教育者了解创新创业教育的当前状况和特征，以便及时调整和改进教育实践。尽管短期评价在创业教育中具有重要的作用，但要全面评价创业教育的效果和影响，还需要考虑中期评价和长期评价。这样的评价体系可以更好地反映创业教育的常态化过程和教育效果的滞后性特点，帮助教育者更准确地了解学生的成长和发展，以及创业教育对社会和经济的长期影响。

（二）创新创业教育评价指标体系的操作原则

1. 把握正确评价导向

对于创新创业教育的评价，确实需要遵循正确的目标导向，以引导创新创业教育活动，提升学生的创业素质，并推动社会的创新创业发展。在评价过程中，以下三个基本要求应该得到重视。一是把握正确的政治方向。评价指标和标准应符合相关政策的要求。创新创业教育是受政策引导和支持的重要领域，评价指标和标准应与政策目标相一致，确保评价结果对政策制定和实施具有指导性和参考价值。二是具有先进性和超前性。评价体系应具备先进性，能够准确把握创新创业教育的趋势和需求。它应该能够引导创新创业教育与时俱进，满足不断变化的社会需求，为大学生创业发展提供先进的指导和支持。三是以学生全面发展为中心。评价体系应以学生的全面发展为核心，关注学生的创业心理与行为的和谐发展。评价指标和标准应该包括学生的知识、技能、态度和价值观等多个方面，以全面评估学生在创新创业教育中的成长和发展。

2. 明晰多层评价要求和具体指标

创新创业教育评价需要包含多层次、多维度的评价内容，以全面了解教育效果和影响。尽管 VPR 评价体系提供了一个基本框架，但在实际评价实施过程中，需要进一步明晰相关指标和要求，以确保评价的准确性和可操作性。在 VPR 评价体系中，每个层次都有相应的评价指标。

价值层次（Value Level）：评价创新创业教育的目标、意义和社会价值。在这一层次，评价指标可以包括学生创新创业意识的培养程度、对创新创业文化的理解和认同、创新创业教育对个人发展的影响等。

过程层次（Process Level）：评价创新创业教育的实施过程和教学方法。在这一层次，评价指标可以包括教学设计的质量、教师的教学能力和创新能力、学生参与创新创业活动的程度和质量等。

结果层次（Result Level）：评价创新创业教育的成果和效果。在这一层次，评价指标可以包括学生创新创业能力的提升情况、创新项目的实施和成果、创新创业教育对就业和创业的影响等。

然而，在具体的评价实施过程中，需要进一步明晰这些指标和要求。这可以通过以下方式实现。

细化评价指标：将每个层次的评价指标进一步分解和明确，确保每个指标具有可测量性和可操作性。例如，对于价值层次的评价，可以细化为具体的问卷调查或面试问题，以了解学生对创新创业教育的认知和态度。

制定评价标准：为每个评价指标设定明确的评价标准和等级划分，以便对教育效果进行客观评估。这可以通过专家共识、文献研究和实证研究等方式来确定。

选择合适的评价方法：根据评价指标的性质和要求，选择适当的评价方法和工具。例如，可以使用问卷调查、观察、访谈、学生作品评估等多种方法进行数据收集和分析。

定期评价和反馈：建立定期的评价机制，以便收集连续的数据和反馈信息。这样可以及时发现问题、调整教学策略，并向教育者和学生提供有效的反馈。

明晰相关指标和要求是创新创业教育评价的重要步骤。通过细化评价指标、制定评价标准、选择合适的评价方法，并建立定期的评价机制，可以确保评价的准确性和有效性，进一步提升创新创业教育的质量和效果。

3. 坚持多元多方法评价

创新创业教育的评价应该是一个多样化、多维度的评估体系，以全面了解学生的发展和创业教育的效果。坚持多元多方法的评价可以更准确地捕捉到创新创业教育的各个方面和层次。在实施创新创业教育评价时，需要特别注意以下三个方面的问题。

首先，创新创业教育可以以测评评价为基础，通过标准化的测评工具对学生的创新创业能力进行评估。这可以包括考试、问卷调查或在线测评等形式。通过这种方法，可以客观地衡量学生在创新创业领域的知识掌握程度、创新思维能力以及商业实践技能等方面的发展情况。测评评价提供了一种标准化的衡量方式，可以帮助学校和教育机构进行横向和纵向的比较，评估教育质量的优劣和改进方向。然而，仅仅依靠测评评价是不够的，因为创新创业教育的核心是实践导向。因此，重视实践结果评价是至关重要的。实践结果评价关注学生在实际创业项目中的表现和成果，从而更准确地反映他们的创新创业能力和实践经验。这可以包括学生完成的创业项目、创新产品或服务的市场表现、商业模式的可行性等方面的评估。实践结果评价强调学生在真实场景中的应用能力和创业实践的效果，能够更直接地了解他们在创新创业领域的实际能力和成长。

其次，多种评价方式相结合。在评价过程中要注意过程评价和结果评价相结合。通过过程评价，考察日常课堂教学、学习路演和展示训练、情景规划训练社会实践活动等教学训练活动；通过结果评价考察创新创业教育的实践结果。在评价过程中要注意短期评价与长期评价相结合。创新创业教育评价既要关注自主创业大学生的数量、大学生选择自主创业的意愿等短期指标，也要重视职业生涯发展、创新型人才培养等人才成长的长期性指标，考虑创新创业教育的持续性、整体性效果。在评价过程中还要注意即时评价、展望性评价和回顾性评价相结合。

最后，我们还应该重视创新创业教学反馈的双向评价。这意味着评价不仅仅是对学生的评估，也包括学生对教学过程和教师的评价。通过学生的反馈，我们可以了解他们对创新创业教学的感受、体验和需求，从而及时进行调整和改进。学生的反馈可以通过多种方式收集，包括匿名问卷调查、小组讨论、个别面谈等。这样的反馈机制可以帮助教师了解学生对教学内容、教学方法和教学资源的满意度，以及他们对创新创业教育的期望和建议。同时，学生的反馈也可以为教师提供重要的指导和反思，帮助他们改进教学策略，提高教学效果。双向评价还可以促进学生的参与和主动性。通过学生的评价，他们可以更好地参与教学过程，分享自己的意见和经验，与教师共同探讨和改进创新创业教学。这样的互动和合作可以激发学生的创新潜力，培养他们的团队合作和沟通能力，为他们的创新创业之路提供更广阔的空间和机会。

第三节 利益相关者视角下创新创业教育 评价指标体系建设

一、以学校为主体的创新创业教育评价指标体系

（一）我国高校创新创业教育质量评价体系构建

在《中国教育现代化 2035》中提出了构建教育质量评估监测机制的要求，旨在建立全过程、全方位的人才培养质量反馈监控体系，并完善相应的落实机制。对于高校创新创业教育来说，评价和监管教育质量是其改革和发展的核心。因此，全面深化高校创新创业教育改革必须加强对教育质量的全面监

管。为此，提出了创新创业教育质量 SPR（Self-assessment, Process evaluation, Result evaluation）概念模型。在监测过程中，需要特别关注当前我国创新创业教育质量发展中出现的一些重点问题，包括师资问题、创业政策问题、创新创业课程类型、创新创业课程和专业融合性问题，以及创新创业竞赛落地问题等。

（二）完善高校创新创业教育质量评价指标体系的对策建议

创新创业教育的质量评价是一个多层次的过程，不同层次有不同的战略目标。可以从全球、国家、各省市以及各高校学院等不同维度进行横向或纵向的评价比较。此外，创新创业教育质量评价还涉及多个主体，包括政府、社会、高校、学生和教师等利益相关者。根据需要，可以选择不同的评价主体，以满足多主体的不同价值诉求。在坚定落实立德树人的根本任务前提下，各高校可以根据自身培养目标的导向，科学设置评价指标的权重，并对评价目标、评价对象、评价主体、评价指标、评价标准和评价方法等要素进行系统科学的设计。

二、以政府为主体的创新创业教育评价指标体系

国务院办公厅发布了《关于进一步支持大学生创新创业的指导意见》。该指导意见从多个方面提出了对大学生创新创业的支持要求，包括提升创新创业能力、优化创业环境、加强创新创业服务平台建设、推动财税扶持政策和加强金融政策支持等。

指导意见强调要将创新创业教育贯穿人才培养全过程，并深化高校创新创业教育改革。这包括在教育体系、人才培养模式和课程方面进行改革，并提升教师的创新创业教育教学能力。此外，还提倡打造一批高校创新创业培训活动品牌，开展高质量、有针对性的创新创业培训，以提高大学生的创新创业能力。

在优化创业环境方面，指导意见提出降低大学生创新创业"门槛"，鼓励

各类孵化器为大学生创新创业团队提供免费孵化空间，并将开放情况纳入国家级科技企业孵化器的考核评价体系中。此外，还鼓励地方建立大学生创业风险救助机制，为大学生创新创业提供便利化服务和保障政策。

在创新创业服务平台建设方面，指导意见提倡充分发挥校内创新创业实践平台的作用，如大学科技园、大学生创业园和大学生创客空间，为在校大学生提供免费的专业化孵化服务。同时，还推动企业示范基地和高校示范基地结对共建，建立稳定的合作关系。

在财税扶持政策方面，指导意见鼓励加大对大学生创新创业的资金支持力度，包括加大教育部中央彩票公益金和中央高校教育教学改革专项资金的支持。此外，还提倡金融机构按照市场化、商业可持续原则为大学生创业项目提供金融服务，引导社会资本支持大学生创新创业。

总之，国务院办公厅发布的《关于进一步支持大学生创新创业的指导意见》提出了一系列措施和要求，旨在提升大学生的创新创业能力，优化创业环境，加强创新创业服务平台建设，以及推动财税和金融政策的支持。这些举措将为大学生创新创业提供更好的支持和发展机遇。

三、以企业为主体的创新创业教育评价指标体系

高企认定的四项评价指标是指知识产权、科技成果转化能力、研究开发组织管理水平、企业成长性四项指标，用于评价企业利用科技资源进行科技创新、经营创新和取得创新成果等方面的情况。

该四项指标采取加权计分方式，必须达到70分以上（不含70分）。四项指标权重结构如下。

1. 核心自主知识产权（30分）

企业拥有的专利、软件著作权、集成电路布图设计专有权、植物新品种等核心自主知识产权的数量（不含商标）。

（1）技术的先进程度：A. 高（7~8分）；B. 较高（5~6分）；C. 一般（3~4

分）；D. 较低（1~2 分）；E. 无（0 分）。

（2）对主要产品（服务）在技术上发挥核心支持作用：A. 强（7~8 分）；B. 较强（5~6 分）；C. 一般（3~4 分）；D. 较弱（1~2 分）；E. 无（0 分）。

（3）知识产权数量：A.1 项及以上（Ⅰ类）(7~8 分)；B.5 项及以上（Ⅱ类）(5~6 分）；C.3~4 项（Ⅱ类）(3~4 分)；D.1~2 项（Ⅱ类）(1~2 分)；E.0 项（0 分）。

（4）知识产权获得方式：A. 有自主研发（1~6 分）；B. 仅有受让、受赠和并购等（1~3 分）。

（5）企业参与编制国家标准、行业标准、检测方法、技术规范的情况（此项为加分项，加分后"知识产权"总分不超过 30 分）。相关标准、方法和规范须经国家有关部门认证认可：A. 是（1~2 分）；B. 否（0 分）。

证明材料：知识产权授权证书或授权通知书及缴费收据；国家知识产权局等官方网站上公布的摘要，通过转让、受赠、并购取得的知识产权需提供相关主管机关出具的变更证明等材料；知识产权有多个权属人时，应提交只有一个权属人在申请时使用的承诺书。

注：如果要拿到 30 分，必须要有 7 个软件著作权登记证书，或者 6~7 个外观设计专利，或者 1~2 个发明专利，或者 6~7 个以上实用新型专利。

2. 科技成果转化能力（30 分）

科技成果是指通过科学研究与技术开发所产生的具有实用价值的成果（专利、版权、集成电路布图设计等）。而科技成果转化是指为提高生产力水平而对科技成果进行的后续试验、开发、应用、推广直至形成新产品、新工艺、新材料，发展新产业等活动。

科技成果转化形式包括：自行投资实施转化；向他人转让该技术成果；许可他人使用该科技成果；以该科技成果作为合作条件，与他人共同实施转化；以该科技成果作价投资、折算股份或者出资比例；以及其他协商确定的方式。

注：成果来源可从专利、技术诀窍、项目立项证明等方面提供证明材料；转化结果可从生产批文、新产品或新技术推广应用证明、产品质量检验报告

等方面提供材料。

由技术专家根据企业科技成果转化总体情况和近3年内科技成果转化的年平均数进行综合评价。同一科技成果分别在国内外转化的，或转化为多个产品、服务、工艺、样品、样机等的，只计为一项。

A. 转化能力强，≥5项（25~30分）；

B. 转化能力较强，≥4项（19~24分）；

C. 转化能力一般，≥3项（13~18分）；

D. 转化能力较弱，≥2项（7~12分）；

E. 转化能力弱，≥1项（1~6分）；

F. 转化能力无，0项（0分）。

注：如果要拿到30分，必须要有15个技术开发合同，或者15个技术服务合同，或者15个销售合同（分别针对不同产品），最好是15件以上知识产权证书。

3. 研究开发的组织管理水平（20分）

由技术专家根据企业研究开发与技术创新组织管理的总体情况，结合以下几项评价，进行综合打分。

（1）制定了企业研究开发的组织管理制度，建立了研发投入核算体系，编制了研发费用辅助账（≤6分）；

（2）设立了内部科学技术研究开发机构并具备相应的科研条件，与国内外研究开发机构开展多种形式产学研合作（≤6分）；

（3）建立了科技成果转化的组织实施与激励奖励制度，建立开放式的创新创业平台（≤4分）；

（4）建立了科技人员的培养进修、职工技能培训、优秀人才引进，以及人才绩效评价奖励制度（≤4分）。

注：以上4个小项全部齐全后，才能拿到20分。

4. 成长性指标（20分）

此项指标是对反映企业经营绩效的净资产增长率、销售收入增长率指标进行评价，具体计算方法如下：

净资产增长率 =1/2（第二年末净资产 ÷ 第一年末净资产 + 第三年末净资产 ÷ 第二年末净资产）－ 1

（净资产 = 资产总额 － 负债总额）

资产总额、负债总额应以具有资质的中介机构鉴证的企业会计报表期末数为准。

销售增长率 =1/2（第二年销售额 ÷ 第一年销售额 + 第三年销售额 ÷ 第二年销售额）－ 1

企业净资产增长率或销售收入增长率为负的，按 0 分计算。第一年末净资产或销售收入为 0 的，按后两年计算；第二年末净资产或销售收入为 0 的，按 0 分计算。

以上两个指标分别对照评价档次（ABCDEF）得出分值，两项得分相加计算出企业成长性指标综合得分。

四、建立由学校、政府、企业构成的创新创业教育评价体系

创新创业作为当前高校教学的一部分，其效果需要通过评价体系来进行验证。评价体系涉及所有评价相关的要素，而科学构建评价体系可以显著提升创新创业教学的实效性。由于创新创业教育涉及多个学科和环节，因此科学建立创新创业教育的评价指标至关重要。

（一）科学建立创新创业教育的评价指标

1. 目标明确

评价指标应明确创新创业教育的目标和愿景。这包括培养学生的创新能力、创业意识、团队合作能力等方面。评价指标应与这些目标相一致，以确保评价的有效性。

2. 多维度考量

创新创业教育的评价指标应该涵盖多个维度，包括知识与理论的掌握、

实践能力的培养、创新思维的发展等。这样可以全面评估学生在创新创业方面的综合能力。

3. 权衡平衡

评价指标应该综合考虑不同要素的重要性和权重，并在评价过程中做到平衡。例如，在知识与实践之间、个人能力与团队合作之间，需要权衡不同因素的重要性，以确保评价的公正性。

4. 可操作性

评价指标应具备可操作性，即能够被具体的评价方法和工具所支持。评价指标应该能够被转化为可测量的指标，并能够通过有效的评估方法进行量化或定性的评价。

科学建立创新创业教育的评价指标可以帮助评估创新创业教育的实施效果，并为教育者提供改进和优化教学的指导。这样可以提高创新创业教育的质量和效果，更好地培养学生的创新创业能力。

（二）创新创业教育评价指标体系涉及的层面

1. 高校层面

首先是办学理念。高校需要制定一系列制度和措施，以促进创新创业教育的发展。这包括为学生提供资金支持、制度支持以及组织创业比赛等。高校可以设立专门的创新创业基金，为有前景的创业项目提供启动资金和孵化服务。此外，高校还可以建立创新创业教育的教学团队，组织相关的培训和指导，为学生提供创新创业知识和技能的培养。其次是管理制度。高校需要不断完善和更新管理制度，为学生的创新创业提供制度保障。这包括建立健全的创新创业项目申报和评审机制，确保项目的公正、公平评价。高校可以设立创新创业导师制度，为学生提供专业指导和支持。此外，高校还可以与企业、科研机构等建立合作关系，为学生提供更多的创新创业资源和机会。

2. 教师层面

首先是师资力量。教师的素质和水平对于高校的创新创业教育至关重要。

高校可以建立专门的创新创业教育部门，以吸引和引进优秀的创新创业教师。这些教师应具备丰富的实践经验和专业知识，能够为学生提供有价值的指导和支持。同时，高校也应该提供相关的培训和发展机会，帮助现有教师不断提升自己的能力和水平，以适应创新创业教育的需求。其次是课程设置。高校教师应该根据学生的需求和实际情况，合理设置创新创业相关的课程。这些课程应当涵盖创新创业的基础知识和实践技能，能够激发学生的创新思维和创业意愿。同时，教师还应该灵活运用教学方法和教学资源，培养学生的实践能力和团队合作精神。课程设置应该与时俱进，紧密关注创新创业领域的最新发展，以确保学生能够紧跟时代的步伐。

3. 学生层面

大学生是创新创业教育的主体，他们的学习表现可以体现创新创业教育的成果。高校在创新创业教育中应该培养学生正确的创新创业观念，使他们在步入社会后能够抓住机遇，实现自身的全面发展。首先，当今社会人才的竞争不仅仅是知识能力的竞争，还包括人文素养的比拼。因此，高校需要培养学生的人文素质。这包括提高学生的文化修养、道德素养和社会责任感等。高校可以通过开设人文社会科学课程、组织社会实践活动以及推动学生参与公益事业等方式，培养学生的综合素质和社会意识，使他们具备更全面的创新创业能力。其次，学生需要提高自己的实践能力。许多学生在动手能力方面存在一定的欠缺。因此，在实践中，学生需要不断总结经验，提高学习能力和实践能力。高校可以通过开设创新创业实践课程、提供实践机会和资源，以及组织创新创业实践活动等方式，培养学生的实践能力和团队合作精神。通过实践活动，学生可以将理论知识应用到实际情境中，提升解决问题的能力和创新思维。

4. 教育环境与形式层面

为了更好地开展创新创业教育，高校需要有适当的硬件设施来提供支持。从这个角度来看，可以从实施方案和资源配置两个方面评价创新创业教育。首先是实施方案。高校可以制订创新创业教育的具体实施方案，明确目标、内容和方法。这包括设计和开设相关的创新创业课程，使学生能够全面了解创新创业的知识和技能，并培养创新创业的思维和意识。此外，高校还可以组织创新创业竞赛、讲座和研讨会等活动，提供学生与实践领域专业人士交流的机会，激发他们的创新创业潜能。其次是资源配置。高校可以为学生提供必要的创新创业资源。这包括提供创业场地和设施，创业指导和咨询服务，以及与企业和创业者的合作机会等。通过为学生提供实际的创业环境和资源支持，高校可以促使学生将理论知识与实践相结合，培养创新创业的实际能力。

（三）政府"大众创业，万众创新"层面的创新创业教育评价体系设计

近年来，为深入贯彻落实国家关于"大众创业，万众创新"各项方针政策，持续促进就业创业的顺利实施，各级各部门坚持全面落实党中央、国务院关于稳就业决策部署，不断提高思想认识，高层次设计政策措施和工作内容，高标准、制度化推进各项工作。在创新驱动发展战略的背景下，"大众创业，万众创新"被视为激发创新创业活力的重要举措，也是解决就业难题和推动新旧动能转换的重要途径。这一战略旨在推动广大民众参与创新创业，促进创新与经济社会发展的深度融合，为经济结构升级、就业增长、民生改善等方面发挥重要作用。

近年来，我国持续推进"大众创业，万众创新"，不断扩大其范围、层次和深度。创新创业与经济社会发展相互促进，为推动新旧动能转换和经济结构升级提供了动力。同时，它也为扩大就业和改善民生作出了积极贡献。2022年，党中央和国务院根据经济发展形势出台了新的组合式税费支持政策。税务总局在此基础上进一步梳理和归并了与创新创业相关的税费优惠政策措施，总计达到120项。这些措施覆盖了企业整个生命周期的各个主要环节和关键领域，为创新创业提供了更加全面的税费优惠支持。

1. 评价体系构建的总体思路

国家创新能力评价指标体系是我国在创新驱动发展战略和创新型国家建设的要求下提出的。它主要用于衡量不同国家和地区的综合创新能力，以反映我国与国际科技发达国家之间的差距。"大众创业，万众创新"是通过创新

激发创业，创业支持创新形成良性循环的机制。在评估创新和创业时，通常会考虑创新投入和创新产出的绩效，包括政策、人力、资金、物力等方面的投入，以及专利、新产品产值、技术贸易等方面的产出。同时，一些指标体系也会考虑产业、经济和社会发展水平等客观因素。

在当前的经济发展新常态下，大众创业和万众创新已经成为一种趋势。为了推动大众创业和万众创新，我们需要加快完善创业服务体系，解决金融支持问题，建立更多的创业创新平台。同时，解决当前的创业难题还需要全社会消除对大众创业和万众创新的某些认识误区。各个社会部门都应该支持创业和创新，为创业者创造良好的创业环境和氛围。只有这样，我们才能在根本上促进大众创业和万众创新的发展。

2. 推进"大众创业，万众创新"的重要性

一是推进"大众创业，万众创新"，是培育和催生经济社会发展新动力的必然选择。随着我国资源环境约束日益强化，要素的规模驱动力逐步减弱，传统的高投入、高消耗、粗放式发展方式难以维续，经济发展进入新常态，需要从要素驱动、投资驱动转向创新驱动。推进"大众创业，万众创新"，就是要通过结构性改革、体制机制创新、消除不利于创业创新发展的各种制度约束和桎梏，支持各类市场主体不断开办新企业、开发新产品、开拓新市场，培育新兴产业，形成小企业"铺天盖地"、大企业"顶天盖地"、大企业顶天立地的发展格局，实现创新驱动发展，打造新引擎，形成新动力。

二是推进"大众创业，万众创新"，是扩大就业、实现富民之道的根本举措。我国有 13 亿多人口、9 亿多劳动力，每年高校毕业生、农村转移劳动力、城镇困难人员、退役军人数量较大，人力资源转化为人力资本的潜力巨大，但就业总量压力较大、结构性矛盾凸显。"大众创业，万众创新"就是要通过转变政府职能、建设服务型政府、营造公平竞争的创业环境。有梦想、有意愿、有能力的科技人员、高校毕业生、农民工、退役军人、失业人员等各类市场创业主体"如鱼得水"，能够通过创业增加收入，让更多的人富起来，促进收入分配结构调整，实现创新支持创业、创业带动就业的良性互动发展。

三是推进"大众创业，万众创新"，是激发社会创新潜能和创业活力的有效途径。目前，我国创业创新理念还没有深入人心，创业教育培训体系还不健全，善于创造、勇于创业的能力不足，鼓励创新、宽容 失败的良好环境未形成。推进"大众创业，万众创新"，就是要弘扬敢为人先、追求创新、百折不挠的创业精神，厚植创新文化，不断增强创业创新意识，让创业创新成为社会共同的价值追求和行为习惯。

3. 推进"大众创业，万众创新"的对策建议

一是健全创业创新公共服务体系。从某种程度上来说，健全创业创新公共服务体系对解决创业难题具有决定性意义，所以，政府可以制定创新工厂、车库咖啡和新型企业孵化器的优惠政策，例如减免租金、税收优惠、提供充足的公共设施和公共档案空间等。此外，政府还可以设立专门的创业创新基金，向有潜力和创新性的企业提供资金支持。建立完善的数据统计和评估机制，收集创业创新活动的相关数据，包括创业企业数量、就业增长、创新成果转化等指标，以便对创业创新公共服务体系的效果进行评估和调整。

二是培育多样化的创业创新平台。鼓励建立试验基地、企业培养中心等形式的创业加速平台。大企业可以通过创新手段，改变传统的层级管理模式，打造开放式创业平台，让员工参与创新活动，发挥他们的智慧和能力，从而实现企业管理模式和创新方式的重大转变。同时，地方政府可以通过购买公共服务等方式，鼓励社会举办公共平台，为缺乏经验的企业家或小微企业提供市场分析信息和财务规划等支持。此外，这些平台还可以提供法律服务，帮助企业解决创新研发过程中可能遇到的法律问题。通过这种方式，逐渐形成以市场为导向的创业型生态系统。

三是完善金融支持。目前，我们需要加强资本市场对技术创新的支持，并拓宽技术创新企业的融资渠道。除了现有的主板、创业板和新三板，还应建立区域股权交易市场，以激发创新创业企业的资本潜力。此外，我们应优先支持中小银行为创新型企业提供贷款等金融服务。同时，我们可以探索允许创新创业企业将他们研发的新科技、注册商标和企业专利作为贷款抵押物的方式，开启银行行业的金融服务新模式。

四是完善政策支持。政府必须要立足于大学生的实际状况来出台相关的创新创业政策，真正得让政策为大学生群体服务。首先，政府应当做好调查统计工作，通过专业化的数据，对大学生创新创业的方向进行研究，并且做出科学合理的预测，让大学生抓住机会，避免大学生由于信息不全导致创业失败。其次，政府可以促进地方企业与高校得联合，通过校企合作学校可以为企业提供技术支持，而企业则可以为学校提供资金支持，并且鼓励学生到企业之中实习，提升大学生的创新创业素养。

（四）企业层面的创新创业教育评价体系设计

"创新、协调、绿色、开放、共享"五大发展理念是在深入总结国内外发展经验和教训，并对国内外发展趋势进行分析的基础上形成的。这些理念是针对我国发展中的突出矛盾和问题提出的，集中体现了我国的发展思路、方向和着力点。

坚持创新发展意味着将创新置于国家发展全局的核心位置，解决发展动力问题。历史经验表明，一旦国家的后发优势和比较优势逐渐消失，进入更加成熟的发展阶段，创新能力不强将成为制约经济增长的瓶颈。经济学家约瑟夫·熊彼特提出的创新理论表明，技术的不断创新和产业的不断变迁，以及所谓的"创造性破坏"是现代经济增长的核心。因此，将创新置于如此重要的位置，必然会引发利益关系的调整和体制机制的变革。中国经济发展进入新常态，迫切需要一次深刻的思想和模式变革。同时，理论、制度和文化创新也将引发一场建立"中国叙事"的变革。

目前来看，我国社会各界对企业的创新能力还存在一定的认知局限。缺乏对不同地区、不同行业企业创新能力的统一比较分析。因此，要推动企业创新发展，提升我国整体创新能力，需要全面了解全国和各地区企业在创新方面的表现，对企业的创新能力进行准确评估和定位。

1. 企业创新能力评价指标的设计原则

关于企业创新能力如何进行评价，目前有不少研究机构及和市场服务机构在企业创新能力评价方面进行了一定层次的研究。总体而言,不管采用何种方法及标准对企业创新能力进行评价,评价指标的设计都需要遵循以下几个原则。

科学性原则。在设计指标时,需要充分考虑科技型企业的独特性和创新活动的本质。指标应涵盖创新的多个方面,包括技术研发投入、研发成果转化、知识产权保护、创新团队建设等。这些指标应具备科学性,即基于客观的数据和指标体系,能够准确地反映企业的创新能力水平。

重点性原则。通过选择关键重点要素指标,可以更加精准地评价企业的创新能力,突出影响创新绩效的关键环节和要素。这样的评价能够更好地指导企业在技术创新方面的发展,促进其创新能力的提升。

可行性原则。指标数据必须有可靠的资料来源。这意味着指标所依据的数据应当来自可靠、权威的数据源或者经过严格的数据采集和验证过程。这可以包括政府统计数据、行业报告、企业内部数据等。确保数据来源的可靠性可以提高指标的准确性和可信度,为评价创新能力提供可靠的依据。

可比性原则。可比性是指标在不同企业之间具有可比较性,能够进行横向比较。为实现可比性,可以采用统一的计量单位和数据标准,确保不同企业的指标数据在同一基准下进行比较。此外,指标的定义和计算方法应尽量明确和清晰,以减少解释和理解上的歧义。通过可比性的指标,可以对不同企业的创新能力进行比较和排名,从而更好地了解企业在创新方面的相对优劣。

简明性原则。构建指标体系时需要考虑多角度的覆盖,以全面评价企业的创新能力。同时,指标的含义应当简明精练、准确实用,以便于数据采集和分析,并为管理决策提供有用的信息。这样的指标体系能够更好地支持企业创新能力的评价和提升。

2. 企业创新能力评价体系认证

为增强社会各界对企业创新能力的认知,更好地服务于与创新相关的政策制定,从而有效落实创新驱动发展战略,帮助各大中小企业更好地谋求创新发展。中政国誉技术专家团队参照相关国家标准《创新方法应用能力等级规范》GB/T31769-2015、《企业创新方法工作规范》GB/T37097-2018等认证标准研发了企业创新能力评价体系认证，为全社会提供针对企业创新能力且具有国家权威性的客观评价依据。

该认证是对企业创新方法和能力的基础支持以及资源保障、创新性文档管理、创新机制运行管理与实施过程管控、人员创新方法应用能力、持续改进思维和机制等进行评价，针对企业相关项的管理特性和服务特性给予综合评定。

获得认证可以证明企业创新能力符合相关的国家标准要求，在行业内具有服务领先性。一方面，在一定程度上弥补了我国当前各地区、各行业关于企业创新能力评价标准不统一的短板，为各行业、各地区提供了直观的企业创新能力评价采信依据；另一方面，企业创新能力评价体系认证，通过第三方权威认证机构的系统调研、充分论证，遵循科学性、先进性、完整性原则，帮助申请的企业构建一套完善的企业创新能力指标体系。证书分5A级、4A级、3A级，可以在政府采购、部队采购、企业采购的招投标活动中用作"客观量化的评审因素"对企业进行综合评价，帮助业主选择"优质的提供方"，同时增强企业在采购活动中的竞争力。

3. 企业创新创业评价体系的建设

通常来讲，基础研究阶段更多考虑科学价值，应用研究更多考虑技术价值，技术生命周期维度更多考虑经济价值，面向国家、区域更多考虑社会价值，企业内部也要注重文化价值，因此科技成果评价要准确衡量价值问题。

一是科研效益的滞后性需要后评估机制帮助准确评估创新价值。以华为为例，鉴于技术探索的长期性、不确定性等特点，华为建立了当期激励和回溯激励相结合的机制，以更好牵引团队从事技术探索，使个人直面挑战、坚韧不拔、持续贡献。回溯时段的个人绩效结果可以修改并作为该时段的最终绩效，结合历史激励状况，可以对回溯团队和个人给予一次性奖金补偿，奖金原则上以及时激励（TIA）方式发放，由公司战略奖金支付。从整个过程来看，以上做法即通过建立后评估机制，优化科研项目的管理机制，同时实现创新知识沉淀，提升创新激励的精准性。其中关键点在于确定评估的对象、确定评估的指标体系、形成评估结果应用。在评估指标体系的过程中，要重点关注立项目标的达成情况、项目运行机制、项目团队能力成长、技术的先进性和可靠性以及效益与影响。

二是畅通机制，加速科技创新成果落地。科技成果转化是科技创新的最后一公里，科技成果管理机制、面向系统内/外部单位的转化机制以及相配套的成果转化激励机制，均是推动科技成果转化的重要机制。在科技成果落地过程中，科技成果管理有三种机制：第一是成果分类管理，根据项目运作方式、实施管理周期、成果应用领域等维度对科技成果进行分类管理；第二是成果评估管理，根据科学价值、技术价值、经济价值、社会价值等维度对成果进行价值评价；第三是成果存储管理，对已转化、待转化、服务化的成果进行分类存储。这个过程中，引入专业服务机构对遴选出的科技成果做专业化评估以及优化转化方案、扩大转化范围和方式，从而将科技创新成果转化价值最大化。

成果转化通常分为两种模式：其一是面向系统内单位的成果批量转化模式，在集团双创平台上持续发布和推广科技成果，与系统内单位进行交流，促进成果转化。其二是针对具有重大市场潜力成果的作价出资等模式，以成果出资的方式，与一些合资公司合作，通过运营资本的杠杆放大规模和收益。面向成功转化的成果，公司根据激励政策，开展成功转化成果的收益分红，让不同的科技创新人才享受创新成果。

三是盘点创新激励工具，打造覆盖创新全过程的激励体系。企业要重视以研发项目激励、成果激励等过程型激励效果，同时通过将企业与科研人员利益相绑定，有效激发科技成果转化动力。通过盘点创新激励工具，要打造覆盖创新全过程的激励体系，一方面是从研发项目到成果激励再到资源获取的过程激励；另一方面是参与创新成果转化的激励。从这两个方面，我们可以从不同的角度配置不同的激励体系。

四是合理使用长效激励机制，有效提升科技成果转化动力。科技成果的不同发展阶段，适合采用不同的激励工具激发创新活力，国有企业可以在政策指引下，建立更加有效的科技成果收益分享机制。从创新的整个过程来看，我们可以根据不同的阶段，选择不同的激励工具来激发创新活力：科技成果转化前，可以采取虚拟股权增值权模式，科研人员可自愿购买或由企业授予一定数量的项目虚拟股权，并在一定期限内获得分红或增值收益；科技成果转化中，可以采取作价入股方式，以该科技成果作价投资，折算股份或者出资比例给予参与科研团队/人员使其享有相关权益；科技成果转化后，可从项目收益分红，项目跟投，股权奖励/股权出售，虚拟股权增值权/分红权等不同角度，并根据企业性质，选择不同的激励工具激发创新活力。

五、创新创业教育评价体系的构建

基于柯氏评估模型的高校创新创业教育评价体系可以嵌入22项评价指标。柯氏评估模型包含四个层级，每个层级都有其独特的内涵和特点。通过将这些评价指标嵌入模型中，可以得出一个全面的高校创新创业教育评价体系。该模型利用层次分析法，通过对调查数据的处理，确定哪些指标对于创新创业教育的开展产生影响。

（一）反应层的指标体系

反应层主要关注学生对创新创业教育的感知和态度，以及他们对教育活动的满意程度。这一层次的指标可以提供对教育活动的质量和学生反应的初步评估。基于柯氏评估模型的高校创新创业教育评价体系的反应层可以嵌入以下指标。

"课程内容设置"指标评估学生对创新创业教育的学习环境、氛围和支持程度的评价。

"课程结构安排"指标评估学生对创新创业教育所提供资源的评价，如实验室设施、导师支持等。

由于这两个指标都涉及对创新创业课程的满意度评估，可以将它们归纳为二级指标"课程体系"。

"教师队伍构成"指标可以测量学生对创新创业教师队伍的人员安排的满意程度。

"教师教学能力"指标可以衡量学生对创新创业教育活动的满意程度。

由于这两个指标都涉及对创新创业教师的满意度评估，可以将它们归纳为二级指标"师资队伍"。

"经费支持"指标可以评估学生对创新创业教育活动对其个人能力和素养提升的感知。

"基础设施"指标可以测量学生对高校提供的创新创业教育所需基础设施场所的满意程度。

"文化氛围"指标可以衡量学生参与创新创业教育活动的程度和频率。

"基础设施"和"经费支持"都属于高校创新创业教育的硬件环境，而"文化氛围"属于软件环境，因此可以将它们归纳为二级指标"环境建设"。

以上指标可以通过问卷调查、访谈和焦点小组讨论等方法收集相关数据。学生的反馈和意见对于评估创新创业教育的效果和改进非常重要，可以提供有关教育活动的质量和学生体验的信息。

需要注意的是，这些指标只是反应层的示例，实际应用中可以根据具体情况和研究目的选择适当的指标进行评价。通过分析和解释反应层的指标，评价者可以初步了解学生对创新创业教育的感知和态度，为后续学习层、行为层和结果层的评价提供基础与参考。

（二）学习层的指标体系

学习层主要关注学生在创新创业教育过程中的知识和技能的掌握程度，以及他们在课程中的学习成果。学习层的评价对象是学生个体，可以结合指标词典中有关知识和技能的评价指标进行设计。

"创新思维能力"指标评估学生在创新创业领域的意识、价值观和职业道德等方面的素养。

"创新学习能力"指标评估学生在实际创新创业项目中应用所学知识和技

能的能力和表现。

由于这两个指标都涉及对学生创新能力的测量，可以将它们归纳为二级指标"创新能力"。

"创业综合能力"指标评估学生在团队合作中的能力和表现，包括沟通、协作和领导等方面的能力。

"创业专业能力"指标可以测量学生是否掌握与创业相关的专业能力，例如财务分析能力和业务经营能力等。

由于这两个指标都涉及对学生创业能力的测量，可以将它们归纳为二级指标"创业能力"。

这些指标可以通过课程成绩、项目报告、实践经验记录和学生自我评估等方式进行评价和收集相关数据。需要注意的是，上述指标仅是学习层指标的示例。实际应用中，可以根据具体情况和研究目的选择适合的指标进行评价。学习层的指标可以帮助评价者了解学生在创新创业教育中所学知识和技能的掌握程度，从而为后续行为层和结果层的评价提供基础与参考。

（三）行为层的指标体系

行为层的指标体系是评估学生在创新创业教育中的行为表现和实际参与程度的一组指标。以下是一些可能的行为层指标示例。

"学术论文撰写"指标用于评估学术论文的质量和学术水平。评估可以通过同行评审、导师评价、学术期刊的审稿过程或评估委员会的评审等方式进行。此外，还可以根据具体需求和研究目的，对指标进行定制和调整，以适应特定的学术领域和研究要求。

"发明专利申请"指标评估发明专利申请的质量和可行性。评估可以通过专利审查机构、专利代理机构或专利评估机构进行，他们将根据专利法律法规和专利审查准则对申请进行审查和评估。请注意，发明专利申请的具体指标和评估标准可能因不同国家和地区的专利法律法规而有所差异。

由于这两个指标都从理论层面评估学生能力的应用程度，可以将它们归纳为二级指标"理论运用"。

"活动竞赛参与"指标衡量学生在创新创业活动中的积极参与程度，包括参加创业竞赛、创新项目、创业讲座等的频率和质量。

"企业实习"指标评估学生参与实际创新创业项目的程度，如创业实践课程、企业合作项目等，包括参与的时间、角色和贡献等。

"社会实践"指标评估学生参与创新创业社团、组织或俱乐部的程度，包括担任职务、参与活动和组织活动等。

由于这三个指标都从实践层面评估学生能力的应用程度，可以将它们归纳为二级指标"实践运用"。

这些指标的具体定义和测量方式可以根据实际情况和研究目的进行定制。收集相关数据的方法可以包括问卷调查、学生档案记录、导师评估、项目报告等。

需要注意的是，行为层的指标应当与学习层和结果层的指标相互关联，共同构成完整的评价体系。通过评估学生在行为层的行为表现和实际参与程度，可以更全面地了解其在创新创业教育中的行动和行为效果，为后续的评价和改进提供有价值的信息。

（四）结果层的指标体系

基于柯氏评估模型的高校创新创业教育评价体系中，结果层的指标体系是用于评估高校创新创业教育的成果和效果的一组指标。以下是对结果层指标体系的阐释，包括 22 项评价指标。

结果层的评价对象是整个学生群体，可以结合指标词典中与学生总体评价相关的指标进行设计。

"竞赛获奖次数"指标评估学生参与创新创业项目并获得奖项的情况，反映高校创新创业教育对学生实际成果的影响。

"论文发表数量"指标评估高校创新创业教育在学术界和社会中的影响力，包括学术论文发表、媒体报道和社会认可度等方面。

"专利授权数量"指标评估高校创新创业教育的质量认证情况，包括国家级、行业级或专业认证的取得情况。

"创业率"指标评估高校毕业生在创业方面的比例或比率。它反映了高校创新创业教育对学生创业能力培养的效果和学生创业意愿的程度。

"创业增长率"指标可以测量一年内高校创业率相对于上一年的增长程度。创业增长率是创业生态系统中重要的指标之一，可以帮助创业者、投资者和政策制定者了解创业企业的发展情况，并为决策提供参考。

由于上述五个指标都从组织层面评估学生整体在创新创业方面的成果，可以将它们归纳为二级指标"组织成果"。

这些指标综合考量了高校创新创业教育的多个方面，可用于评估高校创新创业教育的整体水平和效果，并为高校改进和提升创新创业教育提供参考依据。具体的评价体系和指标权重可能因不同的柯氏评估模型版本和实际应用而有所差异。

柯氏评估模型提供了一个灵活可定制的评价体系，可以根据实际情况和需求进行调整和应用。进一步的研究可以关注指标的具体测量方法和应用，以及使用多种决策方法来构建评价模型，从而更好地支持创新创业教育的发展和决策，见表5-6。

表5-6　基于柯氏模型的高校创新创业教育评价体系

一级指标	二级指标	三级指标
反应层	课程体系	课程内容设置
		课程结构安排
	师资队伍	教师教学能力
		教师队伍构成
	环境建设	基础设施
		经费支持
		文化氛围
	学生自身	创业自我效能

一级指标	二级指标	三级指标
学习层	创新能力	创新思维能力
		创新学习能力
	创业能力	创业综合能力
		创业专业能力
行为层	理论运用	学术论文撰写
		发明专利申请
	实践运用	活动竞赛参与
		企业实习
		社会实践
结果层	组织成果	竞赛获奖次数
		论文发表数量
		专利授权数量
		创业率
		创业增长率

第六章

高校创新创业教育质量影响因素分析及体系设计

第一节　高校创新创业教育质量影响因素分析

一、创新创业教育政策不够完善

我国高校创新创业教育政策主要包括对高校创新创业教育进行指导的政策和推进高校创新创业教育开展的辅助性政策。具体来说，现有政策存在以下方面的不足。

（一）现有高校创新创业教育指导性政策缺乏具体操作措施

现有高校创新创业教育指导性政策缺乏具体操作措施可能表现在以下方面。

一是政策未具体说明应包含哪些创新创业教育内容，缺乏具体的课程设置、教材选用等指导，导致教育内容的安排与实施缺乏统一性和针对性。二是政策未明确指导教师如何通过创新的教学方法来培养学生的创新创业能力。缺乏具体的教学方法或案例来引导教师开展创新创业教育，使教师在实际教学中缺乏可操作性和指导性。三是政策未明确提供资源支持，如创新创业实践基地建设、创业资金、导师资源等方面的具体安排。缺乏明确的资源支持措施可能使高校在创新创业教育过程中面临资源不足的问题。四是政策缺乏明确的评估标准和评估方法，无法对创新创业教育的效果进行科学评估。缺乏评估标准可能导致对学生的创新创业能力无法进行有效评价，也无法对教学过程中的问题进行及时纠正和改进。五是政策在执行层面缺乏监督和评估机制，导致政策的具体操作措施无法得到有效的推行和落实。缺乏监督机制可能使政策只停留在口头上，无法真正推动高校创新创业教育的发展。为了推动创新创业教育的有效实施，需要进一步完善这些具体操作措施，提供清晰的指导和支持。

（二）相关配套政策影响和限制了高校创新创业教育的有效开展

如果相关配套政策缺乏明确的目标和指导，高校在实施创新创业教育时可能面临方向不清、目标不明确的问题。缺乏明确的政策目标和指导可能导致高校在创新创业教育中盲目行动或缺乏系统性的规划。创新创业教育需要充足的人力、物力和财力支持，但如果相关配套政策未能提供足够的资源，高校在开展创新创业教育时可能面临资源不足的问题。此外，如果资源分配不合理，也可能导致资源的浪费或无法满足实际需求。一些相关配套政策可能存在制度性障碍和限制，如行政审批程序烦琐、创业项目的知识产权归属问题等。这些制度性障碍和限制可能给高校创新创业教育的开展带来不必要的困难和阻碍。

如果相关配套政策缺乏有效的评估和监督机制，高校在创新创业教育中可能缺乏对教学质量和学生能力的科学评估和监测。缺乏评估和监督机制可能导致教育质量无法得到有效提升，也无法及时发现和纠正存在的问题。创新创业教育应与实际产业和市场需求密切对接，提供实践机会和资源支持。如果相关配套政策缺乏与产业对接的机制和实践环节，高校创新创业教育可能无法真正培养学生的实际创业能力和创新意识。为了促进高校创新创业教育的有效开展，需要相关政策在上述方面进行改进和优化。

（三）创新创业教育目标的功利性过强

创新创业教育的目标确实需要综合考虑不同因素，而过强的功利性可能会对其效果和价值产生一些负面影响。一是重视结果而忽视过程。功利性导向的创新创业教育容易过分强调学生的创业成功或产业价值，而忽视了学生在创新创业过程中的成长、学习和经验积累。这样可能导致学生过度追求结果，而忽略了创新思维、团队合作、问题解决和持续学习等重要能力的培养。二是忽视非商业领域的创新价值。功利性过强的创新创业教育可能过度关注商业创新和盈利能力，而忽视了其他领域的创新价值，如社会创新、文化创新和科学研究等。这样可能导致学生对于非商业领域的创新机会和价值缺乏认知和关注。三是压力过大和风险规避。功利性过强的创新创业教育可能给学生带来过大的压力和风险规避的心态。学生可能会过分关注创业成功的压力，而不敢尝试和接受失败和风险，从而限制了创新创业的探索和实践。四是狭窄的评价标准。功利性过强的创新创业教育可能会以经济利益和市场竞争为唯一的评价标准，忽视了学生的个人价值、社会责任和创造性表达等方面的发展。这样可能使学生在追求利益最大化的同时忽略了更广泛的社会影响和价值。

为了避免功利性过强对创新创业教育的负面影响，需要在教育目标的制定和实施过程中，平衡考虑经济效益与学生个人成长、社会价值和创新能力的培养。创新创业教育应注重学生的全面发展，培养创新思维、创造力、团队协作和社会责任感等综合能力，同时也要重视创新创业的过程和实践经验，鼓励学生勇于尝试、接受失败，并从中学习和成长。

二、高校自身的主动动力不足

在一些高校中，创新创业教育被视为人才培养的附属品，未能充分认识到创新创业教育的重要意义，并在推进创新创业教育过程中缺乏主动动力。这主要是由于相关体制机制尚不成熟，导致权责不明确的情况较为普遍。同时，高校也受到现实利益的限制，导致在创新创业教育目的、创新创业教育师资队伍建设、创新创业教育配套场地等方面存在明显的主动动力不足。

（一）创新创业教育目的不明确

由于当前严峻的就业形势，一些高等院校存在片面地认为创新创业教育仅仅是告知学生如何创建企业的观念。因此，它们过于关注讲解创业理论和培养创业技能，而忽略了创新创业实践需要学生具备强大的创造性质。实际上，创新创业教育应该致力于尽可能地刺激学生的创新意识和激发学生的创业意识。

创新创业教育的目标是培养学生的创新思维、创造能力和创业精神，使他们具备在不同领域中创新和创业的能力。高等院校应该意识到创新创业教育的重要性，并努力在教育过程中激发学生的创新意识和创业意识。通过强调创新教育的核心、提供多元化的实践机会、建立创新创业导向的评估体系、导师和行业合作支持，以及培养创新创业文化，可以帮助学生全面发展创新创业能力。这样的教育模式将使学生不仅具备创业技能，还能培养他们的创新思维、创造力和适应变化的能力，从而更好地应对未来的就业挑战和社会需求。

同时，高等院校还需要与企业、政府和社会各界密切合作，共同推动创新创业教育的发展。企业可以提供实践机会、导师支持和资源共享，政府可以提供政策支持和投资引导，社会各界可以提供创新创业的经验分享和合作机会。通过建立良好的合作平台和生态系统，高等院校能够更好地满足学生的创新创业需求，推动创新创业教育的深入发展。

最后，高等院校应该不断反思和改进创新创业教育的方式与方法。随着社会的发展和变化，创新创业教育也需要与时俱进，关注新兴领域和技术趋势，培养学生具备未来社会需求的创新创业能力。通过持续的改革和创新，高等院校可以更好地发挥创新创业教育的作用，为学生的个人发展和社会进步做出积极贡献。

（二）配套场地和资源不足

在当前高校以科研成果为聘岗、晋级和考核依据的政策导向下，确实存在一定的挑战和限制，阻碍了高校愿意投入有限资源来扶持创新创业教育师资队伍的意愿。在高校之间和高校教师内部日益激烈的竞争中，逐利性也在一定程度上影响了高校对创新创业教育的关注度和支持力度。然而，我们应该认识到，创新创业教育不仅对学生的个人发展至关重要，也对社会的创新能力和经济发展具有重要影响。因此，高校作为教育机构和社会责任的承担者，应该认识到创新创业教育的价值，并积极采取措施来扶持创新创业教育师资队伍。

首先，高校可以通过制定更加全面和多元化的评价体系，将创新创业教育的贡献纳入考核指标。除了科研成果，还可以考虑教学质量、学生创新创业成果、社会影响等因素，综合评价教师的综合能力和贡献。这样可以鼓励教师在创新创业教育方面投入更多的时间和精力，提升创新创业教育的地位和重要性。

其次，高校可以通过建立创新创业教育的专门岗位或职务，为从事创新创业教育的教师提供更好的职业发展和晋升机会。这些岗位或职务可以专门负责创新创业教育的规划、组织和管理工作，吸引更多的教师参与到创新创业教育中来。同时，高校还可以通过设立创新创业教育的专项资金，用于支持教师参与创新创业教育的培训、研究和实践活动。

再次，高校可以积极推动与企业、政府和社会机构的合作，共同支持创新创业教育师资队伍的培养和发展。通过与企业合作开展创新创业项目、提供实践机会和导师支持，教师可以获得更多实践经验和创新资源。政府和社会机构可以提供资金支持、政策引导和专业培训等方面的帮助，共同推动创新创业教育的发展。

最后，高校内部应该加强对创新创业教育的理念宣传和意识培养。通过组织创新创业教育的培训、讲座和研讨会，教师可以深入了解创新创业教育的重要性和价值，增强他们对创新创业教育的认同感和支持度。高校可以建立创新创业教育的交流平台，促进教师之间的合作和经验分享，提升整体的创新创业教育水平。

尽管在当前政策导向和竞争环境下，高校可能面临一些限制和挑战，但通过采取上述措施，高校可以积极扶持创新创业教育师资队伍，促进创新创业教育的发展。这不仅有助于培养具有创新创业精神和能力的学生，也有助于提升高校在创新创业领域的影响力和竞争力，为社会的可持续发展作出积极贡献。

三、大学生自身创业素养有待提升

（一）大学生缺乏创新创业意识

大学生缺乏创新创业意识的问题确实存在，并且这是一个全球范围内的普遍现象。传统的教育体系通常注重理论知识和考试成绩，而缺乏实践和创新的培养。这使得学生更倾向于追求稳定的就业而非创新创业。创新创业涉及风险和不确定性，而许多大学生更倾向于选择相对稳定和安全的职业道路，而非冒险尝试创新创业。大学生可能缺乏成功创业者的榜样和获得支持的机会，这使得他们对创新创业的认识和兴趣有所限制。

（二）大学生缺乏创新创业能力

创新思维是创新创业的基础。大学生可以通过参加创新课程、阅读相关书籍和参与创新活动来培养创新思维。这包括培养观察力、提高问题解决能力、鼓励不断探索和尝试新想法的勇气。创新常常发生在不同领域的交叉点上。大学生可以选择跨学科的课程或领域，以拓宽他们的知识和视野。这有助于培养跨界思维和发现新的创新机会。大学生可以积极参与实践项目、实习和创业活动，通过实际操作来锻炼创新创业能力。这些经验将帮助他们了解创业过程、解决问题的能力以及市场需求的认知。创新创业能力是可以培养和发展的。通过学习创新思维、跨领域学习、实践经验、寻找导师、培养团队合作能力以及学习市场和商业知识，大学生可以逐渐提升他们的创新创业能力。同时，鼓励他们培养坚韧和冒险精神，愿意尝试和面对挑战，也是至关重要的。

第二节　基于高校视角的创新创业教育评价体系设计

一、我国高校创新创业教育质量评价体系构建

我国创新创业教育经过 20 多年的发展如今正处于从规模增长逐渐转向质量提升阶段。不同类型高校的学者们提出了各具特色的创新创业教育质量评价模型，我们总结我国高校创新创业教育质量发展典型问题，寻找创新创业教育质量评价体系的关键指标。然后，进一步提出如何构建和完善我国高校创新创业教育质量评价体系与监测体系的对策建议。

（一）当前我国高校创新创业教育质量发展典型问题

1. 创新创业教育师资短缺仍是主要短板

深化高校创新创业教育改革是推进高等教育综合改革的重要内容。高等教育质量建设要注重建设创新体制机制与培育质量文化，其中创新创业人才的培养质量主要取决于学生学习、教师素质、大学质量文化等因素。然而当前从事创业教育的教师数量不足及能力不胜任是高校开展创业教育的主要短板。样本显示我国创新创业教育教师在性别上比例分布为男教师 43.6%，女教师 56.4%；年龄上以"30 周岁及以下"（39.1%）、"31~35 周岁"（23.4%）的青年教师为主体；学位上以硕士学位（54.0%）为主体，博士学位的教师只有 14.6%；在从事创新创业教育工作年限上，39.5% 的教师是"2 年及以内"，26.2% 的教师是"3~5 年"，两者累计 65.7%，说明大部分创新创业教育教师还是新手；在"您属于创新创业课教师中的哪种类型"选项中，辅导员等学生工作的教师占比 35.3%，其他依次是非创业领域的专业教师（24.0%）、创业领域的专业教师（16.0%）。受访教师对所在学校的创新创业教育现状评价均值较低的选项为师资的数量、专兼结合、教学的绩效考核、职称评聘机制。

总的来说，我国创新创业教育教师中专任教师太少，偏年轻，理工科和经

管学科教师为主，对兼任教师的培养和重视程度又不够，专业性太弱亟待改善。

2. 创业政策极大提升了学生创业意愿，但社会、家庭、学校对学生创业的协同指导作用有待加强

双创教育作为学生实现职业界定和职业规划的一种途径，它的目的是为实现学生更好的发展，使学生对自身未来有更好的认识、计划和执行。其本意并非为学校留下什么，而是为学生留下一种带来改变、经久不衰、良好适应的生存素养。

习近平总书记在全国教育大会上指出："办好教育事业，家庭、学校政府、社会都有责任。"高校创新创业教育质量也要综合考虑家庭、社会、学校等多个维度，前教育部陈宝生部长提出："健全学校家庭社会协同的育人体系，提升汇聚全社会合力的广度。"高校在进行创新创业教育活动时，不要忽视家庭的宝贵资源，探索形成有效的家校互动机制，不断提升学生创业素养。同时，各高校的校友是创业教育的宝贵财富，芝加哥大学作为美国创业生态系统的典型大学，强大的优势是发展了校友关系，为即将成为创业公司创始人的学生们提供了丰富的选择、资产和各种各样的人脉，营造了良好的创业氛围。

3. 创新创业课程类型有待丰富，与专业融合不够紧密

"专创融合"课程建设是高校创新创业教育深化改革的方向，是高校培养创新人才、服务国家发展战略的重要途径。如何才能通过课程改革提高人才培养质量？如何才能通过课程教学培养学生的创新能力和综合素质？这些问题就成为高校教师面对课堂必须考虑的首要问题。调研发现学生对高校创新创业教育各题项均值介于3.32~3.62之间。最高题项为"创业实践有校内外指导教师"，最低题项为"创新创业课程内容与自身专业知识结合紧密"说明我国高校创新创业课程在数量上、多样性上以及专业融合性上都有待重视。

4. 创新创业竞赛是促进学生全面发展的重大制度创新，但师生共创率与项目落地率都有待提高

正如教育部高教司吴岩司长介绍，"创业竞赛"不仅是一项活动，更是一种制度创新。各地各高校以大赛为抓手，推动创新创业教育改革不断深化，使改革触角延伸到课程、教法、师资、实践等各个环节，孵化平台、创业基金等支持体系不断完善，大学生的创业胜任力持续提升。创新创业竞赛开展既是检验创新创业教育成果的一种重要方式，又是创新创业教育自身的重要组成部分，良好的创新创业教育实践和创新创业竞赛，不仅可以使学生将掌握的创新创业知识融入创新创业实践中，又可以通过创新创业的实践活动和竞赛提高理论学习中难以培养的人际沟通能力、创新能力和团队合作能力等。调查也显示学生对创新创业竞赛提升其团队合作能力（3.77）、人际关系网络（3.68）、真实创业帮助（3.66）、提升创业自信心（3.62）、提升创业能力（3.59）评价均较高。但在"参加的创新创业竞赛项目较容易落地（3.35）"师生共创的各类选项上评价还有待提高。

（二）中国高校创新创业教育质量评价指标体系构建

本节通过因子、方差、回归分析、专家德尔菲法等构建了具体的评价指标框架，并在教育部高教司和教育部高等学校创新创业教育指导委员会的指导下不断完善，结果如表6–1所示。

办好人民满意的教育，是落实立德树人这个根本任务，培养德智体美劳全面发展的社会主义建设者和接班人，深化高等教育改革创新的鲜明导向。对师生创新创业教育质量满意度调查是其质量评价改进的重要手段和工具。我们通过师生满意度进行了各维度的实证分析，作为中国高校创新创业教育质量评价指标体系的重要补充，我们围绕满意度的各个方面制定了全国高等学校创新创业教育质量评价指标调查问卷表，见表6–2。

由于创新创业教育评价与监测主要的实施对象是高等院校，不同类型高校差异较大，在本书的第八章中我们从不同视野对高校创新创业教育质量评价进行了多维比较研究，也发现不同类型高校对教师和学生的创新创业教育质量结果均显著影响，"双一流"建设高校教师比高职院校教师对创新创业教育的质量结果评价要好（$\beta = 0.036$，$p = 0000$）；"双一流"建设高校的学生比其他几类高校的学生对创新创业教育的质量结果评价均要好。因此不同类型高校的差异评价主要可通过表6–1中的特色指标来体现，即不同类型高校侧重点应有所不同。

表6-1　全国高等学校创新创业教育质量评价指标

评价维度	一级指标	二级指标	三级指标	分类评价说明
一、基础（10分）	1.投入保障（10分）	受益面	①接受创新创业教育学生比率（受益面）（4分）	
		经费投入	②创新创业教育经费总投入（3分）	分4类高校评价
		场地投入	③创新创业教育场地投入及使用情况（3分）	分4类高校评价
二、过程（50分）	2.组织规划（17分）	组织领导	①访谈校长或书记（5分）	
			②学校成立由校长担任组长的创新创业教育工作领导小组（2分）	
		发展规划	③创新创业教育规划纳入学校"十三五"总体规划（1分）	
			④学校有系统科学的创新创业教育发展专项规划（1分）	
		组织管理	⑤成立处级建制的实体的创新创业管理部门（如创业学院、创业中心等）或由学校教务部门负责牵头组织管理（2分）	
			⑥配有学校专兼职处级干部（如院长副主任等）（2分）	
			⑦除处级干部外，配有专职的创新创业管理人员（2分）	
			⑧建立教务、人事、学工、团委科研、研究生院等多部门协作管理机制及实施情况（1分）	
			⑨将创新创业教育纳入学校对二级学院的年度工作考核（1分）	

续表

评价维度	一级指标	二级指标	三级指标	分类评价说明
二、过程 (50分)	3.机制保障 (8分)	学生层面	①建立创新创业学分互认机制、弹性学制和保留学籍休学创业等管理制度(2分)	
			②配有支持创新创业学生创新创业奖学金等激励政策(1分)	分4类高校评价
			③举办大学生创新创业宣传活动，成立学生的创业社团等组织机构(1分)	
			④建立创新创业教育专职师资聘任管理机制(1分)	
		教师层面	⑤建立校外创新创业兼职师资聘任管理机制(1分)	
			⑥将创新创业教育业绩纳入教师职称评定机制(1分)	
			⑦将创新创业教育业绩纳入教师职务聘任机制(1分)	
	4.师资建设 (7分)	师资聘任	①聘任创新创业教育专职师资(3分)	分4类高校评价
			②聘任校内外创新创业兼职师资(1分)	分4类高校评价
		师资培训	③组织创业教师参加省级及以上创新创业类培训(不含会议)或国外访学(2分)	分4类高校评价
			④组织教师到行业企业实践(挂职)锻炼(1分)	
	5.创业课程 (6分)	必修课程	①单独开设2个学分的《创业基础》等创新创业类必修课(2分)	

评价维度	一级指标	二级指标	三级指标	分类评价说明
二、过程（50分）	5. 创业课程（6分）	课程群	②学校有创新创业教育课程群（2分）	分4类高校评价
		精品课	③有创新创业类国家级、省级精品课程（1分）	
		创业班级	④开设创新创业辅修班级（如创业精英班之类）（1分）	
	6. 创业实践（6分）	实践平台	①建立为在校生提供创新创业实践锻炼的大学生创业园或科技园等（2分）	分4类高校评价
			②有先进的支撑创新创业教育的开放实验室、实训中心、平台等载体（1分）	
	7. 专创融合（6分）	专创融合	①制订创新创业教育与专业教育深度融合的人才培养改革试点方案及实施情况（2分）	
			②确立创新创业元素融入专业课程（必修、选修实验等）教学改革办法及实施情况（1分）	
		师生共创	③鼓励专业教师带领学生参与科研项目的科学实验和创新创业实践的政策及实施情况（2分）	
			④创新创业类师生共创获得的专利、研发的产品、创业公司等（1分）	
三、结果（30分）	8. 工作成效（9分）	师生满意度	①在校生对学校创新创业教育的总体满意度（3分）	
			②近5年毕业生对学校创新创业教育的总体满意度（2分）	

续表

评价维度	一级指标	二级指标	三级指标	分类评价说明
三、结果（30分）	8.工作成效（9分）	师生满意度	③教师对学校创新创业教育的总体满意度（2分）	
			④地方政府、社会及用人单位对人才培养的满意度（2分）	
	9.社会影响（9分）	经验推广	①国家级省级媒体报道（1分）	
			②在国际性/全国性、全省的会议上推广创新创业经验（2分）	
			③举办国际性/全国性、全省的创新创业教育会议，论坛及活动（2分）	
		资政表彰	④创新创业教育成果获国家级/部委、省级部门采纳或领导批示（2分）	
			⑤创新创业教育工作受到国家级/部委、省级部门奖励或表彰（2分）	
	10.实践成效（5分）	创业竞赛	①教育部"互联网＋"大学生创新创业比赛获奖情况（3分）	
			②挑战杯、创青春大学生创新创业比赛获奖情况（2分）	分4类高校评价
	11.教研成效（7分）	教学改革	①创新创业教育教学改革成果奖（1分）	
			②创新创业教育教改项目（1分）	
		教师科研	③创新创业科研项目（1分）	分4类高校评价
			④创新创业科研成果奖（1分）	分4类高校评价
			⑤创新创业论文和著作（1分）	分4类高校评价

续表

评价维度	一级指标	二级指标	三级指标	分类评价说明
三、结果 （30分）	11. 教研成效（7分）	学生科研	⑥大学生创新创业项目（1分）	分4类高校评价
			⑦大学生创新创业论文（1分）	分4类高校评价
四、特色 （10分）	12. 特色项目（10分）	特色项目	学校在创新创业教育实施中取得最为突出的业绩或重大改革创新，形成具有学校特色的典型经验和模式，具有可复制，可推广价值的提炼出特色项目材料（10分）	由学校提炼出最具特色的2点举措约800字左右材料，由评估专家根据材料给分

注：①评价目的：以评促进，以评促改，评建结合，加快引领高校创新创业教育快速发展，打造创新创业教育升级版，形成高等教育人才培养新的质量观。②评价准则：坚持创新创业教育要落实立德树人的根本任务，否则一票否决。③本评价指标中同项目就高计算一次，不重复计分；④考虑量化的可操作性和公正性，个别难以量化的指标暂不设立；⑤分4类高校评价"双一流"建设高校普通本科院校民办高校和独立学院高职高专院校；⑥本评价指标中需要通过当场调查了解的问题另提供调查问卷量表（见表6-2）。

表6-2 全国高等学校创新创业教育质量评价指标调查问卷量表

1. 您的身份（请在相应的选项上打"√"）：
①教职工；②在校本科生；③在校专科生；④毕业生。
2. 您对贵校的创新创业教育总体以及各方面满意度如何，请在相应的分值上打"√"。

序号	题目	非常满意	比较满意	一般	比较不满意	非常不满意
1	学校的创新创业教育总体满意度	5	4	3	2	1
2	学校的创新创业投入保障满意度	5	4	3	2	1

续表

序号	题目	非常满意	比较满意	一般	比较不满意	非常不满意
3	学校的创新创业组织规划满意度	5	4	3	2	1
4	学校的创新创业机制保障满意度	5	4	3	2	1
5	学校的创新创业师资建设满意度	5	4	3	2	1
6	学校的创新创业课程满意度	5	4	3	2	1
7	学校的创新创业实践满意度	5	4	3	2	1
8	学校的创新创业与专业融合满意度	5	4	3	2	1
9	学校的师生共创满意度	5	4	3	2	1
10	学校的创新创业国际化满意度	5	4	3	2	1

二、中国创新创业教育质量监测体系规划与建设

（一）创新创业教育质量监测体系规划

我国高校更多地将创新创业教育理解成一项具体工作，创新创业教育在客观上存在着零敲碎打的情况，系统性、整体性和协调性还有待进一步加强创新创业教育质量监测体系的构建，将在国家层面形成驱动高校创新创业教育系统化，持久性发展的重要力量，从而引领各大高校开始建立创新创业教育的系统性发展规划和质量保障机制，最终提升我国高校创新创业教育的整体质量。我国高校对创新创业教育质量的评估长期以来存在着认知上的偏差，往往将自主创业学生比例、大学生创业项目数量、大学生科技创新获奖数量及层次等作为评价创新创业工作的重要指标。但是创新创业教育的质量好坏不仅取决于数量上的多少，更多的是体现在对大学生创新创业意识、创新创

业能力的培养和提升。因此，我国既急需建立起多样化、多维度、旨在提升人才培养质量为主的高校创新创业教育质量评估体系（见表6-3），也需要在其基础上制定一套简化的、能实时、科学有效的监测体系，以更加全面和开阔的视角促进创新创业教育的发展。

表6-3　全国高等学校创新创业教育质量监测指标

监测维度	监测指标
坚持立德树人（一票否决）	
一、现状指标	1. 基本投入（人、财、物）
二、过程指标	2. 组织规划
	3. 机制保障
	4. 师资建设
	5. 创新创业课程
	6. 创业实践
	7. 创新创业教育与专业教育融合
三、结果指标	8. 工作成效
	9. 社会影响
	10. 自主创业
	11. 创新创业教育教学研究

因此，本节一方面运用专家德尔菲法对监测指标进行排序打分；另一方面通过大规模问卷实证研究分析结果，最后经综合分析得出了四大创新创业教育质量的监测指标。

1. 是否落实立德树人根本任务

监测高校的创新创业教育"是否广泛地培养和激发大学生的创新创业意

愿""是否融合性地传授大学生创新创业的知识与技能""是否有效地提升了大学生创新创业的实践能力"。为一票否决制。

2. 是否有强有力的组织规划

监测学校是否成立由校长担任组长的创新创业教育工作领导小组;学校是否有系统科学的创新创业教育发展专项规划;学校是否成立处级建制的实体的创新创业管理部门(如创业学院、创业中心等)。

3. 是否有充足的基本投入保障

受益面、生均经费、生均场地情况。

4. 是否有丰富多彩的创业实践

监测是否为在校生建立提供创新创业实践锻炼的大学生创业园或科技园等;是否建立满足大学生创新创业需求的校外实践教学基地;是否有先进的支撑创新创业教育的开放实验室、实训中心平台等载体;教育部"互联网+"大学生创新创业比赛获奖情况;挑战杯、创青春大学生创新创业比赛获奖情况。

(二)创新创业教育监测数据库建设

创新创业教育监测数据的收集和积累是本书当下以及未来的重要研究内容。在本书调研的开展过程中,本节调研组收集了183360份包含1321所高校的创新创业教育评价与监测的问卷数据和50万余字的访谈记录,并实现了电子化存储。未来我们将应用大数据思想、互联网思维和互联网信息系统技术,完成创新创业教育监督数据库的建设和开发,并对创新创业教育监测点进行以2年为一个周期的监测数据收集和监测报告撰写工作,从而实现对创新创业教育的持续评价与动态监测。

1. 数据库概念模型的设计

本书调研组目前已经初步完成了创新创业教育监测数据库的概念结构设计工作,并通过结构化的设计方式,以分类、聚集和概括理念,建立了抽象的概念数据模型,初步形成了包括信息形式、信息结构、各需求主体对信息储存、查询和加工的权限分析、子数据库架构分析("双一流"建设高校数据库民办高校、独立学院数据库、普通本科院校高校数据库以及高职院校数据库等）应用开发软件选择等设计构思。未来 1 年内，我们将引入 JAVA 编程语言，着手进行数据库的物理设计，建立数据库，并编制与调试数据库的 Web 端应用程序，组织部分数据入库，并进行试运行。

2. 创新创业教育监测数据库的更新与维护

在初始数据库建设完成后，对高校创新创业教育质量进行持续监测和数据库的动态更新，是本节调研后续的重要工作之一，未来我们将继续通过调查问卷的方式，以 2 年为一个周期，面向全国高校的教师和学生，实施高校创新创业教育的调研工作，从而实现对创新创业教育数据的定期更新与维护。此外，数据库拟免费对政府政策制定部门、参与调研的会员高校以及创新创业教育研究者开放，从而提高监测数据的利用效率，切实为推动国内创新创业教育质量的发展，作出相应的贡献。

3. 创新创业教育监测年度报告开发

在创新创业教育监测数据库更新的基础上，我们将使用统计分析方法对取得的监测数据进行分析，从横向数据对比角度，以高校分类为基础，分类评价各类高校的创新创业教育质量。从纵向角度，通过对同一类型高校不同年度的纵向数据分析，得到该类型高校创新创业教育发展的一般过程和路径，编撰并公开出版年度发展报告，为创新创业教育监测提供有价值的信息。此外在年度报告开发的基础上，未来将针对不同类型的高校，以数据分析为底，辅之以专家咨询方式，形成针对不同对象的资政报告和咨询报告，从而实现对我国创新创业教育的持续监测。

三、完善高校创新创业教育质量评价指标体系的对策建议

创新创业教育质量具有多层次性，每层次有不同的战略目标，从全球、国家、各省份城市乃至各高校学院均可进行横向或纵向不同维度的评价比较。创新创业教育质量评价还具有多主体性，政府、社会、高校、学生和教师等

均是利益相关者，可根据需要选取不同的评价主体，满足多主体不同的价值诉求在坚定落实立德树人根本任务前提下，各高校根据自身培养的目标导向，科学设置指标权重，并对评价目标、评价对象、评价主体、评价指标、评价标准、评价方法等要素上进行系统科学的设计。

（一）不同类型高校创新创业教育质量评价目标导向

1."双一流"高校创新创业教育质量评价目标导向

根据评价结果，在创新创业教育质量方面，"双一流"建设高校在最终结果、课程体系、组织领导、教学管理和机制保障等方面表现最佳，但在师资建设方面得分最低，需要改进。从学生的观点来看，他们认为"双一流"建设高校在最终结果和创业实践方面表现最好，应继续保持，但在创新创业课程以及创新创业教育与专业融合方面有待改进。

在"双一流"建设高校的创新创业教育质量评价上，我们建议应重点考察：能考虑以培养强基础研究和科技创新的拔尖人才为目标，能够与学科发展进行有机融合，既能注重高、精、尖的理论知识和科技创新能力培养，又能注重宽范围、多维度的通识教育，能构建先进的知识体系，能充分发动学生的创造能力，具备知识再造和引领能力的创新创业师资、学习方式，具备创新性和更大的自由空间等。

2.普通本科院校创新创业教育质量评价目标导向

本节统计发现教师视野中普通本科院校的创新创业教育质量问题较严重：在最终结果维度，实施过程中的课程体系、组织领导、教学管理维度上得分均较低；没有得分最优。学生视野中普通本科院校的创新创业教育在创新创业课程、创新创业教育与专业融合上得分最低，在创业实践上得分居中，在质量的结果维度排第三，说明各个维度的问题依然很严峻。结合教师卷的结果我们可以发现：普通本科院校的创新创业教育质量问题最多，形势非常严峻任重而道远。

在普通本科院校的创新创业教育质量评价上，我们建议应重点考察：创新创业教育是否能够和专业教育进行深度融合，创新创业课程内容是否立足于区域支柱产业新兴产业的发展需要，创新创业教育成果是否能形成真正研发成果并应用于行业的技术革新需要，能否切实发挥教师和学生共同参与研发和成果转化作用与机制。

3.民办高校和独立学院创新创业教育质量评价目标导向

本节统计发现教师视野中民办高校和独立学院的创新创业教育质量情况评价得分也居中。独立学院在教学管理和机制保障方面得分最低，重点要加强科学系统的创新创业教育教学管理和保障机制。民办高校的课程体系、师资建设和组织领导仅次于"双一流"建设高校表现尚可，在教学管理方面要重点加强。学生视野中民办高校和独立学院的评价得分也居中，其中独立学院在创业实践上得分最低，应重点加强。民办高校的创业实践排在第二名，创新创业课程排在倒数第二，在创新创业教育与专业融合上排在第三，但在创新创业教育质量的结果维度排到了最后一位。说明在学生的满意度、结果成效方面有待加强，而实施过程中的创业实践、创新创业课程和创新创业教育与专业的融合方面也有待提升。

有关创新创业教育的评价，我们建议应重点考察：创新创业教育能否和学校优势专业教育进行深度融合，通过创业实践、创业班级、产学合作、师生工作等指标能否确保应用技术人才的培养质量。

4.高职高专院校创新创业教育质量评价目标导向

本节统计发现教师视野中高职高专院校的创新创业教育质量评价得分情况居中：表现最优的维度是实施过程中的师资建设，表现最差的是实施过程中的机制保障，其他维度均居中。学生视野中高职高专院校的创新创业教育质量在最终结果上居中，在创新创业课程以及创新创业教育与专业符合的两个维度上得分最高，要继续保持。在创业实践上得分最低，因此应加强改进。

在高职高专院校的创新创业教育质量评价上，我们建议高职高专院校创新创业教育的评价更多的是考察其与专业的契合程度，能够使学生具备更好的就业能力和职业技能，重点应该放在创新创业教育启发学生创业意识方面与专业课融合方面以及学生对于职业技能变革的适应能力方面，这些方面反映在评价体系里主要是看师资构成、企业参与创新创业教育深度、学生创新创业竞赛项目和地方产业关联程度等指标。

（二）提升高校创新创业教育质量评价关键指标的建议

创新创业教育质量评价受到多种因素的影响，本书认为在支持高校创新创业教育追求结果的同时，应监测高校兼顾创新创业教育的过程，并通过相互间因果关系，使得高校把结果和结果的驱动因素串联起来，以期达到高校创新创业教育短期与长期的目标之间、落后（时滞）与领先评价指标之间以及高校外部与内部质量之间的平衡。即上述提到的 SPR 模型。

不同的高校关键指标侧重也有所不同，感兴趣的读者可以在本书的前面几章中找到您想要的答案。在此我们无法面面俱到，仅针对中国高校比较普遍存在的课程、师资和创业教育组织运作三大指标问题提如下几点建议。

1. 打造学生满意的创新创业教育金课

（1）结合不同学生需求构建分层分类创新创业教育课程体系。

要充分重视课堂教学这一主阵地。千篇一律的课堂难以满足学生的不同需求。调研结果显示，高校在创新创业课程实施过程中，应当根据学校文化底蕴，结合自身的优势，开展具有高校特色的创新创业教育课程。对于不同专业类别的学生，应实施专业课程与创新创业课程相融合，让"想创业的学生"懂创业"也"能创业"。而对于不同年级的学生，应根据不同阶段的创业需求，施以不同方面的创新创业教育，课程上从培养创业意识到提高创业能力，从重视理论课程到积极鼓励进行创业实践。只有结合学生的需求，量身定做分层分类的创新创业教育课程，才能打造令学生满意的"金课"。

（2）充分结合创业实践基地开展创新创业教育课程教学。

调查数据显示，54%的学生认为创业实践对于创业能力的提升最大，但仅有18.7%的在校生有过创业实践。在对学生的创新创业教育方面不仅要重视理论课堂，更要建立创业实践协同育人机制，即充分利用好课堂这一"金课"的主阵地，亦要充分发挥社会实践"金课"在创新创业教育课程中的优势，重视学生对创新创业实践的需求，建立创业实践基地，让更多的学生体验创新创业模拟活动。重视社会需求与创新创业教育之间的协同，推进高校与政府高校与社会之间的合作，为有意愿、有能力的学生搭建创业实践平台、创造创新创业机会。

（3）设置引导学生创业意识的创新创业教育课程。

目前，我国高校创新创业教育正在如火如荼地进行，高校创新创业教育课程也汗牛充栋，但是调查数据显示，拥有创业意愿的大学生在高校学生中所占比例仅有 11.7%，部分学生甚至对创新创业课程产生厌烦情绪。针对这一情况，高校在创新创业教育课程体系构建和实施过程中，应该有意识地将培养学生创新创业意识贯穿其中，打破学生认为"创业就等同于开公司的刻板印象"，通过创业案例分享、创业榜样塑造、创业模拟体验等方式，营造良好的创新创业氛围，将创业意识植入学生心中，鼓励学生结合自己的专业优势，投身于创业实践中。

（4）完善对创新创业教育课程主讲教师的聘任与奖励机制。

教师是创新创业教育课堂教学的重要组成部分，打造创新创业教育"金课"必须发挥主讲教师的能动作用。一方面，高校应该完善创新创业教育课程主讲教师的聘任机制，引入企业家、企业高级管理人才、投资专家或相关政府工作人员等具有丰富实战经验的一线精英为兼职教授，为学生提供讲授行业背景、业内实务等创新创业课程的支持；另一方面，通过对教师在创业指导工作方面的认定，调动专业教师的积极性，鼓励有创业实践经验的教师辅助学生运营创业项目。培育和建设一支"双导师制"的创新创业教育师资团队，为学生提供充足的、高质量的创新创业师资力量，为构建高校创新创业教育"金课"保驾护航。

2.鼓励师生共创助推创新创业教育升级版

（1）明确师生共创导向和内涵，引导学生积极参与教师科研项目。

为了明确教师在师生共创中的主导地位，并提高创新创业教育的效果和转化程度，一是确保专业教师积极参与科研项目，并将科研成果有效转化为课堂教学成果。教师可以通过科研项目的开展，让学生掌握专业知识和所需技能，深入了解学科前沿知识的发展趋势以及当前新技术在实际产业和行业中的应用情况。二是学校可以邀请毕业生回校进行讲座或担任兼职导师，通过他们的实践经验和成功案例，加强在校生对师生共创的认知和重视程度。三是通过教师研究团队的公开招募形式，吸引学生积极参与到科研项目中，建立学科交叉知识融通的师生共创团队。

（2）打造特色化师生共创项目，引导分层分类培养创新人才。

一是根据不同类型高校的人才培养目标实施师生共创计划，引导教师根据高校类型申报相应的科研项目，加强各级各类项目类型的针对性，缓解教师科研与学生培养"两张皮"的情况；二是根据专业特色发挥优势，形成专业知识和应用能力的有效匹配，以"新工科"培养模式和体系为导向，形成"新农科""新医科""新文科"特色化的师生共创模式；三是构建科学的专业课与创新创业教育融合发展的课程体系，根据专业特点形成课堂教学与实践教学、公共课与专业通识课、专业基础课与专业核心课的科学、合理比例安排，避免由于课程太多导致学生精力不足的情况发生（34.4% 的学生认为该原因妨碍其参与教师科研项目）。

（3）强化激励机制和政策体系构建，引导师生共创健康发展。

一是加强科研服务机构建设，出台相应支持科研成果产出的政策，增强校企合作及产教融合平台建设，加大校企、校产、校行科技园、孵化器建设，为科研产出提供相应的服务、政策和平台支持（30.9% 的教师认为师生共创的最大障碍在于科研成果产出和转化成效低）；二是明晰师生共创过程中利益分配机制以及相应的成果归属，尤其是在与企业合作以及高新技术研发、基础研究等方面，依据国家相关法律和政策，根据学校类型和专业特色制定相关明确利研副产品、专利、成果归属的政策和条例；三是完善教师参与企业技术开发、基于创新的创业或者高新技术的创业以及企业锻炼制度，建立健全专业教师与行业教师互聘、互认制度，对于实施师生共创项目的教师则给予职称评聘方面的倾斜。

3. 促进高校创新创业教育组织的有效运作

近年来，在高校自身求变以及中央、地方政府的推动下，创新创业教育组织（如创业学院、创业中心等）如雨后春笋般涌现。然而，我国创新创业教育起步较晚，创新创业教育组织更是处于探索期，面临着诸多困难与挑战。

在上述分析基础上，调研组还在美国各州选取 42 所大学创业中心负责人进行深度访谈后，认为美国高校创新创业教育组织有独立于大学的创业办公室、创业学院、创业中心等，其中创业中心居多。21 世纪前十年是该国创业中心增长最快的阶段，它的快速增长趋势响应了美国对创新创业教育的价值诉求。调研组在深入访谈和分析的基础上，总结其成功经验，提出了如下政策建议。

（1）设立"创业型"人才培养组织定位。

所考察的 42 个创新创业教育组织（中心）其人才培养目标不局限于注重创新创业教育教学和实践。"创业"本身具备更加包容的含义，除了打造商业创业人才之外，在社会问题日益复杂、学生多样化需求高涨的背景下，对于鼓励参与社会服务学习与公益活动的社会创新创业教育或者致力于关注弱势群体的创新创业教育等也应予以足够重视。为此，建议高校抛开"创业"局限，在明确并强化"创业型"人才培养目标的同时，设置更加包容性的创新创业教育目标。这样做，不仅有助于从学理上契合"大众创业，万众创新"的理念，即着重培养和关注学生的创新思维和创新精神，在实践中也能吸引更多学生参与到创新创业教育活动中来。

（2）健全创新创业教育组织运作的理事会组织治理机制。

组织治理机制是创新创业教育组织运作的直接保障机制，涉及组织资金管理、资源分配、师资聘用、课程评价等内外部治理问题，对其进行调适与再造有助于激发利益相关者开展创新创业教育的活力。例如，美国高校几乎所有创业中心都成立了咨询委员会，主要包括外部咨询委员会和内部咨询委员会。外部咨询委员会主要包括兼有校友身份的成功企业家、投资者，人数范围在12~16人；内部咨询委员会则由校内各个学科的关键人物或各学院院长组成。这同我国部分高校创新创业教育组织采用的理事会领导下的治理机制类似，但我国更多的还是由校内人员负责具体运作。建议各组织明确内外协作的理事会治理机制，真正采纳或吸引校外更多的相关利益群体参与，并明晰其相应的职责。

（3）构建基于高校层面的创新创业教育组织运行结构。

基于高校层面的创新创业教育组织主要是指其在运行上独立于任何学院，由高校领导层另拨专项资金，并选拔专门人才担任管理人员，其负责人将是组织发展愿景的制定者与推动实施者，是具有创业精神的开拓者，是创新创业教育方面的专家，是善于筹措资源的社会活动家，也是组织行政事务的决策者。从美国经验来看，基于高校层面的创新创业教育组织的先天性定位就决定了它在服务范围上的广泛性和辐射群体的普遍性，彰显了创新创业教育"有教无类"的原则。区别于组织依托或挂靠，基于高校层面的创新创业教育组织有助于避免各组织间趋同，还能形成分层多样的课程体系，满足不同专业背景学生群体的现实诉求。

（4）加强创新创业教育组织保障建设。

创新创业教育组织运行要依托真正的学科建设要求来发展，需要从多方面落实保障。建议有六：其一，创新创业教育组织需要专业化的管理人才，如美国创新创业教育组织里管理人员都是专业人员，有着丰富的管理经验或创业经验，但我国高校却是团委或各学院的科员或辅导员校内调动而来，不够专业；其二，政府出面出台创新创业教育课程国家标准和科学评价体系，制定具体的教育指导，比如统一的大纲、规划、教材、评价等；其三，创新创业教育师资队伍建设，打造一批具有创新创业能力、广博深厚的知识体系，创新创业教育素养并能将创新创业与自己所从事的专业紧密结合的师资队伍；其四，在教材体系方面，要开发专门创新创业教育教材，不同的学生群体应有不同的教材；其五，在实践体系方面，要鼓励创造更多机会让学生通过"基于行动""体验""实训""探究"等途径进行实践训练；其六，在评价体系方面，要建立科学合理、多样化多维度、基于专业能力的高校创新创业教育质量评估体系。

第三节 构建面向 2050 年的新时代创新创业教育体系

随着《中共中央 国务院关于深化体制机制改革加快实施创新驱动发展战略的若干意见》《国务院办公厅关于深化高等学校创新创业教育改革的实施意见》《国务院关于推动创新创业高质量发展打造"双创"升级版的意见》等政策的实施，地方政府和高校热情高涨，相继出台深化高等学校创新创业教育改革实施方案。在各级政府的政策扶持和积极引导下，我国高校创新创业教育发展取得了明显成效。

中国特色社会主义进入新时代，迫切需要高素质创新创业人才。2018 年 9 月，习近平在全国教育大会上指出："提升教育服务经济社会发展的能力……着重培养创新型、复合型，应用型人才。"[①] 面向 2050 年，我国必须进行全面谋划，构建能有力支撑经济转型升级的创新创业教育生态体系，培养一大批既能立足中国大地、自主解决中国发展问题，又能走向世界、参与人类命运共同体建设的高素质创新创业人才。

一、新时代创新创业教育发展的理论构想

创新创业教育发展的思想基础是创新创业实践的理论依据与行动指针。迈向 2050 年，我国创新创业教育发展必须明确总体目标、核心理念、主要矛

---

① 习近平谈治国理政（第 3 卷）[M]. 北京：外文出版社，2020：350.

盾、发展路径等主要理论问题。根据中华民族伟大复兴的历史使命，本着促进经济社会发展与人的全面发展需求，本书提出了创新创业教育发展概念图（见图6-1）。

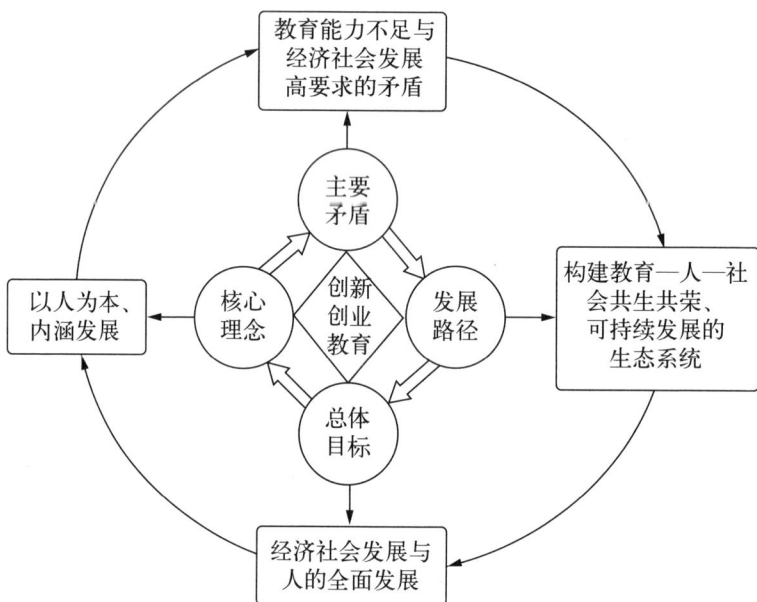

图6-1　我国创新创业教育发展概念图

（一）创新创业教育的总体目标

我国创新创业教育的总体目标是促进经济社会发展与人的全面发展。创新创业教育工作者必须牢记社会责任，履行促进经济社会发展的使命。

党的十九大报告提出："以供给侧结构性改革为主线，推动经济发展质量变革、效率变革、动力变革，提高全要素生产率。"[①] 全要素生产率的核心在于创新。创新不仅决定了经济体系是否能够实现更高质量、更高效率、更加公平和可持续的发展，还对我国建设现代化经济体系的成效产生影响。因此，

---

① 习近平谈治国理政（第3卷）[M]. 北京：外文出版社，2020：23-24.

创新驱动型创业将成为我国经济转型的动力源泉，通过过程创新提升全要素生产率。在经济转型升级的过程中，高等教育机构需要具备前瞻性，为经济发展提供高素质的创新创业人才。这要求高等教育机构与产业界密切合作，了解市场需求和趋势，并相应调整人才培养方向和内容。重点培养学生的创新思维、实践能力和创业精神，以满足经济发展对于创新创业人才的需求。通过与产业界的紧密合作，高等教育机构可以更好地了解市场需求，并根据需求调整课程设置，提供实践和创新的机会，培养学生具备创新能力和创业胆识的人才。这样的努力可以为经济转型提供有力支持，推动经济实现更高质量和可持续发展。

创新创业教育的终极目标之一是促进人的全面发展，为人的终身发展奠定基础。未来全球劳动力市场将出现颠覆性变革。变幻莫测的创业就业环境将重塑劳动力市场，大学生在将来有可能从事全新的、目前尚不存在的工作。高等院校必须适应全球化时代与中华民族伟大复兴需求，在培养创新创业人才方面再建新功。

（二）创新创业教育的核心理念

创新创业教育的核心理念是以人为本、内涵发展。创新创业教育必须以提升人的素质为宗旨，不能误入拜金主义歧途。

创新创业教育要以内涵发展为核心，着力优化结构、增进效益、提高质量创业的本质属性决定着创业教育不能沦为孤岛，创新创业教育发展必须摆脱学校或孤军作战或后续乏力的困局。在创新创业教育的各种复杂要素中，教育体系要激活关键要素、优化结构要素，促进校内外互动，推进学校与社会、专业与行业、理论与实践等协调发展，在专业融合、行业支撑、实践驱动等教育教学过程中构建高品质创业教育生态系统，探索多元化创业教育组织模式。创新创业教育发展要增进效益，避免资源重复投入、低端投入、低效投入，发挥人才培养、技术创新、知识转化等整体效能。创新创业教育要在增加数量的基础上，大力提高创新创业教育质量，促进经济社会发展，造就高素质的创新创业人才，为实现中华民族伟大复兴奠定基础。

（三）创新创业教育的主要矛盾

当前，创新创业教育的主要矛盾是教育能力不足与经济社会发展高要求的矛盾，我国创新创业教育存在数量与质量"双不足"的情况。高等院校既难以满足 4002 万名在校生创新创业教育的基本需求[①]，又难以满足高质量的科技创新人才、行业专门人才、区域特需人才等培养需求，也不能适应经济社会发展对创新创业教育发展的现实需求。在这个变革过程中，高等教育机构需要充分发挥创新的动力泵和人才源的作用，同时解决观念、制度、人才等方面的一系列难题。这包括调整教育理念，推动跨学科的融合与创新，培养具备工程技术、科学研究、创新思维和实践能力的复合型人才。高等教育机构还需要与企业和产业界紧密合作，加强校企合作，以更好地满足工业 4.0 时代对于创新人才的需求。通过这样的努力，高等教育可以适应工业 4.0 时代的要求，为社会经济发展提供有力支持，并培养出适应未来需求的创新人才。

（四）创新创业教育的发展路径

创新创业教育的发展需要构建一个教育—人—社会共生共荣、可持续发展的生态系统。为了促进创业教育朝着健康、可持续的发展轨道迈进，我们需要进行创业教育理论研究和实践探索，面向 2050 年构建创新创业教育生态体系，这是推动创新创业教育内涵式发展的重要途径，也是创新创业教育可持续发展的必然要求。如前所述，创新创业教育涉及范围广泛，要素众多。在我国，创新创业教育生态体系建设应该树立以全球、全民和终身为外部驱动力，以互补性、整体性和可持续性为内部动力的创新创业教育生态发展观。我们需要解决学校创新创业教育在生态系统中的角色缺失、政策因素缺失以及创新创业教育生态系统运行基础薄弱等难题，努力构建世界一流、教育—人—社会共生共荣、可持续发展的创新创业教育生态系统。通过构建这样的生态系统，我们可以实现创新创业教育的可持续发展，为每个个体提供平等的机会，促进社会经济的繁荣和进步。

---

① 2019 年全国教育事业发展统计公报 [EB/OL].http://wwwmoe.gov.en/jyb_sjzl/sjzl_fztjgb/202005/t20200520 456751.html,2020-05-20.

二、创新创业教育系统的理论建构

创新创业教育要走高质量、深融合、可持续的发展道路，必须构建适应经济社会发展、符合创新创业规律、促进人的全面发展的创新创业教育生态系统。根据经济社会转型需求，高校创新创业教育生态系统建设要着力优化政府政策、科学管理、激励机制、教育教学、多方协同等发展要素，推进创新创业教育健康、科学、高效发展。

（一）优化要素结构，完善高校创新创业教育管理体制

1. 优化创新创业教育组织架构和管理要素配置

创新创业教育是一项系统工程，贯穿于高校教育、教学和管理的全过程。为了有效推动创新创业教育，需要相关职能部门相互协调、共同参与。优化创新创业教育的组织架构和管理要素配置需要综合考虑各个方面的因素，包括机构设置、团队合作、角色和责任明确、师资培训和评估机制等。通过合理配置资源和优化管理，可以提高创新创业教育的质量和效果，培养更多具有创新创业能力和素质的人才。目前，我国高校创新创业教育的组织架构一般由领导机构、协调机构和实施机构三级构成。领导机构通常是高校内的一个中央管理机构，如创新创业教育领导小组、创新创业教育委员会等。协调机构一般是一个中层机构，如创新创业教育中心、创新创业学院等。实施机构是创新创业教育的基层执行机构，一般在各个学院或专业内设置，如创新创业教育研究中心、创新创业实践基地等。这种三级组织架构的设立有助于各个层级之间的有效沟通与协作，使创新创业教育能够有系统地进行。领导机构提供整体战略和政策指导，协调机构负责协调与推进，实施机构负责具体的教学和项目实施。这样的架构有助于高校创新创业教育的整体规划与有序推进。

为了保障创新创业教育体系的有效运转，需要合理的组织架构和良性的运行机制。可以建立明确的创新创业教育组织架构，包括各级管理机构的设立和职责划分。确保各级机构之间的协调与沟通，形成组织协同效应。灵活的管理机制可以更好地应对学生的创新需求、市场的变化以及新兴技术和趋

势的发展。教师和学生是创新创业教育的主要参与者和推动者。建立鼓励教师和学生积极参与创新创业教育的机制，为他们提供充分的发展空间和支持，激发他们的创新创业潜能。合理的组织架构和良性的运行机制是保障创新创业教育体系有效运转的重要保障。通过明确职责、促进协同合作、灵活管理、主体作用发挥、持续评估和多元化支持等措施，可以推动创新创业教育体系的健康发展。

2. 发挥创新创业学院的平台性整合功能

自2015年以来，作为一种新的教育机构，创新创业学院在高校迅速发展。创新创业学院可以大致分为实体性和非实体性两类。实体性创新创业学院相当于学校独立的二级职能部门，主要负责开展各种形式的创新创业骨干人才培养，例如"2+1""3+1""4+2"等项目。非实体性创新创业学院大多设在学工部门，负责协调学校的创新创业教育工作，承担着协调学校的创新创业教育工作的职责。这种模式下，创新创业学院可能不具备独立的行政职能和实体空间，而是依托学校的现有资源和机构进行运作。非实体性创新创业学院负责参与制定学校的创新创业教育规划和政策，提供专业意见和建议。他们与学工部门密切合作，确保创新创业教育与学校整体发展目标相一致。非实体性创新创业学院以协调、支持和推动学校的创新创业教育工作为主要职责。他们依托学工部门的机制和资源，与各相关方合作，推动高校创新创业教育的发展，培养学生的创新创业能力和精神。

创新创业教育的激励对象主要是学生和教师。对于学生的激励，可以从政策激励、资源激励、环境激励和成长需求满足等方面进行考虑。政策激励包括奖学金、创业资金和创业支持政策等，为学生提供外部的激励措施。资源激励涉及提供创新创业实践场所、设备设施、导师指导等资源支持。环境激励指的是创新创业教育所处的良好环境，包括鼓励创新创业的文化氛围、创新创业团队和社群的建设等。成长需求满足涉及满足学生创新创业成长的需求，例如提供培训课程、实践机会和项目孵化等。对于教师的激励，主要包括制度保障和发展保障。制度保障包括教师的薪酬待遇、职称评定、晋升机制等，为教师提供外部的激励措施。发展保障涉及提供教师专业发展的机会和平台，例如培训机会、研究项目支持和学术交流等，以满足教师的内部激励需求。

（二）以质量为导向，探索多元化创新创业教育模式

1. 抓住两个环节，创新人才培养模式

要创新人才培养模式，可以从培养目标和培养方法两个环节入手。从培养目标来看，在教育过程中，要引导学生认识到创新创业的重要性，通过培养学生的批判性思维、问题解决能力和创造力，激发他们的创新潜能。同时，提供创业教育课程和实践机会，让学生了解创业过程、培养创业技能，并鼓励他们勇于创业和承担风险。从培养方面来说，要让创新创业教育贯穿于各个学科和课程中，使学生能够在不同领域和专业中培养创新能力。同时，提供机会让学生参与实际创新项目和创业实践，如创业竞赛、创业实习等，以锻炼他们的实际操作能力和创新能力。在培养方法方面，应该推动从传统的被动知识传授转变为积极主动的学习方式。学生需要通过项目驱动学习、团队合作和实践活动等方式，培养解决问题、创新思维和创业能力。此外，应加强创新创业通识教育，确保所有学生都接受到创新创业教育的基础知识和核心理念，培养其创新创业意识。

2. 关注三大内容，创新学术体系

创新创业教育学术体系的创新包括学科创新、课程创新和教学创新三个方面。正如您所提到的，创新创业教育学术体系的创新主要包括学科创新、课程创新和教学创新三个方面。一是学科创新。创新创业教育需要建立一套完整的学科体系，以支撑创新创业教育的内容和方法。这包括创新创业学科的构建和发展，建立相关学科的专业课程体系和研究方向。创新创业学科应该涵盖多个学科领域，如创业管理、创新与设计思维、市场营销、商业模式创新等，以培养学生全面的创新创业能力。此外，学科创新还需要与实践密切结合，引入行业专家、企业家和创业者等实践经验，不断更新学科知识和理论。二是课程创新。创新创业教育需要设计和开发符合现代创新创业需求

的课程。课程创新应该注重培养学生的实践能力和创新思维，通过项目教学、案例分析、团队合作等方式，让学生能够在真实的创新创业环境中学习和实践。课程还可以注重培养学生的创新创业素养，包括市场洞察力、商业规划、风险管理、资源整合等方面的知识和技能。此外，课程创新还应该鼓励学生的自主学习和创新实践，为学生提供多样化的学习资源和平台，激发他们的创新潜能。三是教学创新。创新创业教育需要采用灵活多样的教学方法和手段，以适应学生的个性化需求和学习方式。教学创新可以采用案例教学、问题导向、团队合作、实践项目等方式，帮助学生主动参与、深入思考和实践创新创业的内容。同时，教师在创新创业教育中应扮演导师和指导者的角色，引导学生的学习和创新过程。教学创新还可以借助现代技术手段，如在线教育平台、虚拟实验室、创新创业工具等，提供更加丰富和便捷的学习资源与教学环境。

3. 加强队伍建设，优化师资结构

我国创新创业教育在可持续发展过程中一直面临师资短缺的问题。长期以来，创新创业教育在高校教育体系中的地位相对较低，相关专业和学科的师资培养相对不足。创新创业教育需要具备创新创业实践经验和专业知识的教师，但这样的教师供给相对不足，导致师资短缺。创新创业教育的特点要求教师具备跨学科知识和技能，能够教授创新创业相关的内容和方法。然而，目前缺乏系统完善的师资培训机制，无法满足教师专业化培训的需求，导致教师在创新创业教育领域的能力和水平有待提高。创新创业教育需要教师具备一定的实践经验和创新能力。当前的教育体制和激励机制往往偏重于学术研究和论文发表，对于创新创业教育教师的实践成果和教学质量评价体系不够完善，导致教师对于从事创新创业教育的积极性和投入度不高。

为解决师资短缺问题，可以采取以下措施：一是建立针对创新创业教育的师资培训机制，提供系统的培训课程和实践机会，提高教师的创新创业能力和教学水平；二是鼓励优秀的创新创业教师从事教育教学工作，建立并完善与创新创业教育相关的教师职称评审和晋升机制，吸引更多优秀人才从事创新创业教育；三是建立与创新创业教育教师的实践成果和教学质量相关的激励机制，充分肯定和激励教师在创新创业教育领域的贡献，提高教师从事创新创业教育的积极性；四是鼓励不同学科领域的教师进行合作，促进创新创业教育与各学科的融合，提高师资的综合能力和跨学科思维能力。

（三）完善大学生激励制度，满足大学生创新创业发展需求

创新创业教育激励制度应该切实解决大学生创新创业的后顾之忧，并进一步细化创业政策，强化创业政策的可操作性。

1. 评估政策适用性，平衡创业与学业的关系

随着参与创业实践大学生人数的增多，创业与学业之间的矛盾越来越尖锐。2015 年国务院办公厅印发的《关于深化高等学校创新创业教育改革的实施意见》明确提出："实施弹性学制，允许保留学籍休学创新创业。"[1] 教育部2017 年颁布的《普通高等学校学生管理规定》也明确提出："对休学创业的学生，可以单独规定最长学习年限，并简化休学批准程序。"[2] 在各省（自治区、直辖市）陆续出台的高校创新创业教育改革方案中，深化学分制改革和休学创业保留学籍成为激励创新创业的重要制度。这些改革方案进一步明确了大学生休学创业保留学籍的具体时间，最短 2 年，最长 8 年。[3] 这些激励制度对营造宽松的创新创业氛围、提高学生创业积极性起到了比较好的导向作用，为真正想创业、有能力创业的学生提供了灵活的政策，尤其适用于发展目标明确、自我调节能力较强的学生。但是，也会有部分并不符合创业条件的学生借政策之名行拖延之实，盲目跟风创业，导致学业荒废。因此，在各项激励政策的执行过程中，学校和教师需要评估政策对学生的适用性，不宜盲目简单使用和执行政策。学校对不符合创业条件的学生要进行说服劝诫，敦促学生关注学业；对符合创业条件的学生，也要指导学生慎重考虑，认真进行

---

①　国务院办公厅关于深化高等学校创新创业教育改革的实施意见 [EB/OL]. http://www.gov.cnzhengce/content/2015-05/13/content_9740.htm,2015-05-13.

②　普通高等学校学生管理规定 [EB/OL]. http://wwwmoegov.cn/sresite/A02/s5911/moe621/201702t20170216_296385.htm,2017-02-04.

③　曾骊，张中秋，刘燕楠高校创新创业教育服务"双创"战略需要协同发展 [J]. 教育研究，2017（1）：70−76+105.

创业与学业的发展判断，平衡创业和学业的关系，做出最优化选择。

2. 细化规则，提高政策的可操作性

需要通过调查分析各项政策、制度对学生激励的有效性，考查学生创新创业的真正需求。在此基础上，完善各项激励措施，细化各项规则，提高政策和制度的可操作性。例如，学分互认制度被认为符合当前我国高校创新创业教育的实际需要，对大学生有实质性的帮助，互认涵盖了参加创新创业类实践活动、参与慕课相关课程学习并拿到证书、创新创业计划大赛获奖等。但是，还有很多高校没有出台学分互认的相关细则。例如，互认的课程性质是选修课通识课还是专业课？最大的互认学分是多少？这些都需要进一步加以细化解决。

（四）明晰教师激励制度，提高教师创新创业教育热情

师资短缺一直是困扰创新创业教育可持续发展的短板。但是，前一轮的创新创业教育改革，无论国家层面还是学校层面，政策的重心主要在学生，包括对创业课程、学生激励制度、提供小额贷款、创业实践平台、学分互认与休学创业等的建设。针对教师的激励制度仍旧不明确，或者说尚未真正提上日程，这就导致当前创新创业教育师资短缺及专业教师对开展创新创业教育认同感低的问题。

1. 加强创新创业师资制度建设，保证创新创业教育发展需要

创新创业师资短缺主要体现在两个方面：一是创新创业教育师资的"相对短缺"，即全体教师是否具备了一定的创新创业素质，其授课课程能否将科技发展的前沿、研究的前沿、企业追踪的最新问题，以及产业正在面临的挑战等渗透到教学内容中，采用适切的教学方法，培养学生的整合能力、解决问题的能力、想象力和思考力；二是创新创业教育师资的"绝对短缺"，即专门的创新创业教育课程的师资不能满足现实的需要，尤其是要将创新创业教育通识课程面向全校学生开设，创业教育与专业教育相结合之后的专门化师资，以及在涉及大学生创新创业实践过程中导师的指导等。

创新创业教育师资"绝对短缺"，主要是由于许多高校创新创业教育教师属于"半路出家",也从来没有创过业,仅仅依靠这些教师指导学生的创新创业难以满足教育需求。目前,在国外高校的聘任体系中,谙熟产业前沿动态、拥有丰富创业实践经验的实践型教授(Professor of Practice)成为教师队伍的重要组成部分。例如,2008—2018 年,在 MIT 的人力资源构成中,占比最高、增速最快的是实践型教授,以学术研究为主要职责的专职教师、专职科研人员等基本保持稳定或增长缓慢。美国很多高校创业教师本身就是创业者,教师带着学生创业,开展面向解决社会问题的研究。这些教师知道市场的机会在哪里,以及产品的痛点在哪里,可以有针对性地指导学生进行研发与创业。

目前,我国高校缺乏谙熟产业运行规律和前沿动态的创新创业教育教师。为应对这一问题,许多高校聘请一批企业家作为创业导师,各级政府也建立了各类创业导师库。但是,由于创业导师队伍缺乏长期的规划或制度的支持,创业后导师主要是提供一些讲座或者担任创新创业大赛评委,并未参与创新创业人才培养的核心环节。也有一些创业导师参与母校创新创业教育工作是出于对母校的热爱,觉得指导教师曾经对自己有帮助,不能不帮。虽然学校要发挥这批导师的作用、但缺乏制度支撑的师资队伍往往只且有短期效应,难以实现可持续发展。

2. 满足创新创业教师内外部需求,提高教师对创新创业教育的认同感

教师职业认同感是教师工作取得成效的重要影响因素之一。当前,与高校其他专业课教师相比,创新创业教育教师的职业认同感普遍较低,主要原因一是学科依托和创新创业教育"合法性"不足;二是缺乏足够的制度激励。例如,教师指导学生创新创业大赛,从校赛走到国赛,拿到很好的成绩,需要花很多时间与精力。然而,学校没有相应的配套奖励制度。有的受访者指出,很多高校制定了名目众多的科研奖励制度,老师发表一篇科学引文索引(SCI、社会科学引文索引 SSCI)文章,甚至可以获得几万元的奖励。然而,教师指导一个学生创业团队的时间成本高,相比较而言,学校的激励力度不够。许多教师参与创新创业教育,仅是作为一个业余爱好或出于奉献精神,其工作与教师的专业、职称评定等不相关，职业发展通道不畅。因此，要更加深层次地解决创新创业教育师资"相对短缺"的问题，除了需要教师不断更新自身的知识体系，还涉及教师聘用制度、教师评价制度、学术界与工业界的交流机制等方面的改革，同时要构建满足教师内、外部需求的激励制度，使教师真正愿意从事创新创业教育工作，获得工作的成就感和认同感。

3. 加强创新创业教育与专业教育融合，吸引高水平专业教师参与创新创业教育

当前创业导师培训成为高校、地方政府扩充创新创业教育师资的重要途径。有些省份由政府提供培训经费，以项目的形式委托有实力的高校开展创新创业教育师资培训。这些培训在很大程度上弥补了当前师资短缺的现状，但是，也存在一些问题。比如，因为创新创业教育的学科性不强，学工系统教师参与的积极性较高，专业教师参与培训的积极性不足。要提高创新创业教育的教学质量和师资质量，除了发展、创建创新创业教育专业学科，还需要进一步加强创新创业教育与专业教育相融合。学校未来的创业导师培育应该有一系列的规范和制度，不仅要看数量的提升，而且要根据自身的定位和特点，建立结构合理的专业化创新创业教育师资队伍。不同类型学校根据自身的定位、学生的创业情况结合所在区域的经济发展水平等因素，拟定比较系统的创业导师队伍规划，加强教师创新创业的意识，改善教学计划，提高学生思辨能力、跨专业知识整合能力。

（五）协调多方诉求，建立高校创新创业教育协同机制

创新创业教育涉及多个参与主体和利益群体，其中政府、高校和企业是最重要的组织主体和相关利益群体。为了推动创新创业教育的发展，需要政府、高校和企业进一步明确各自的定位，并形成协同机制，充分发挥高校在创新创业教育中的作用。

1. 寻找融合目标，推进三方协同

根据实地调研的情况，政府、高校和企业在创新创业教育的目标、需求和导向上并不完全一致。政府在创新创业教育中的主要目标可能是培养创新创业人才、促进经济增长和就业创造。高校则可能更关注培养学生创新能力、提供创新创业资源和机会。而企业可能更关注培养具备实践经验和市场适应能力的创新创业人才。政府可能更关注创新创业政策的推进和资源的配置，高校可能更关注教学资源和教学环境的提升，而企业可能更关注与学校合作培养具备实用技能的创新创业人才。这些差异可能导致各方在创新创业教育中强调不同的方面，难以形成一致的合作和共识。

通过各方的共同努力和合作，可以逐步解决政府、高校和企业在创新创业教育中的目标、需求和导向上的不一致性，实现创新创业教育的协同发展，为培养具有创新创业精神和实践能力的人才提供更好的支持。高校和企业可以加强实践导向的创新创业教育，通过实习、项目合作等方式，让学生接触真实的创新创业环境，培养实践能力和市场适应能力。政府、高校和企业可以建立创新创业教育的合作平台，促进各方之间的交流和合作，共同制定创新创业教育的目标和导向。各方应加强沟通与协调，深入了解彼此的需求和期望，通过对话和合作寻求共同的理解和目标，形成一致的合作方向。

2. 优化协作模式，实现共享共赢

在创新创业教育的实践中，政府、高校和企业可以采取三种主要的协作模式：政府参与协调模式、校企自主合作模式和市场导向模式。

政府参与协调模式：在这种模式下，政府发挥协调和引导作用，通过政策制定、资源配置和组织管理等手段，促进政府、高校和企业之间的合作与协调。政府在创新创业教育中扮演着组织者和推动者的角色，通过搭建平台、提供政策支持和资源投入，促进高校和企业的合作，共同推动创新创业教育的发展。

校企自主合作模式：这种模式下，高校与企业主动参与合作，建立起自主的合作关系。高校和企业可以通过签订合作协议、共同开展项目研究、设立创新创业实验基地等方式，充分利用各自的资源和优势，共同推动创新创业教育的开展。这种模式下，高校和企业可以更灵活地合作，根据双方的需求和目标，开展创新创业教育项目，提供学生实践机会和就业培训。

市场导向模式：在市场导向模式下，高校和企业根据市场需求和经济发展趋势，相互协作，以培养创新创业人才为目标。高校可以根据市场需求调整课程设置，开设创新创业相关专业或课程，提供符合市场需求的教育培训。企业可以与高校合作，提供实践机会、导师指导和创业资源，培养具备市场适应能力的创新创业人才。这种模式强调市场导向，使创新创业教育与实际市场需求相结合。

三、面向 2050 年创新创业教育发展的愿景

根据全球创新创业教育发展趋势和我国创新创业教育承载的历史使命，绘制我国面向 2050 年创新创业教育生态系统递进发展的路线图（见图 6-2 和图 6-3），我们可以为未来的创新创业教育发展指明方向，规划发展路径，确保我国创新创业教育在全球范围内具有竞争力，为实现国家发展目标做出贡献。

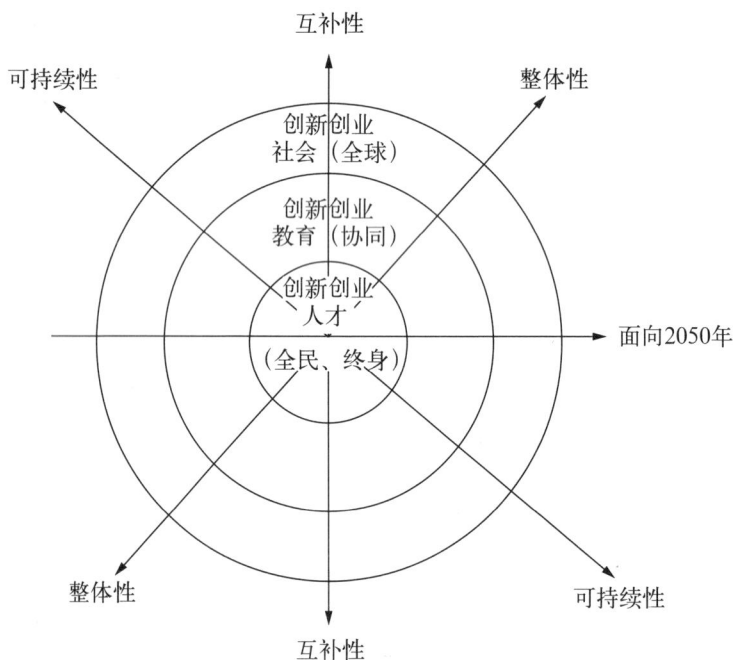

图 6-2　面向 2050 年创新创业教育生态圈

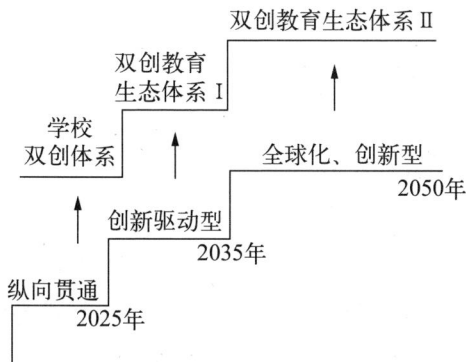

图 6-3　面向 2050 年创新创业教育生态系统递进发展路线图

1. 2025 年：构建纵向贯通的学校创新创业教育体系

学校创新创业教育体系是创新创业教育生态的主要组成部分。到 2025 年，我们争取建立一个纵向贯通的学校创新创业教育体系，以培养创新创业素质为核心，实现学前教育、初等教育、中等教育和高等教育之间的衔接，为终身创新创业教育奠定坚实基础。首先，在学前教育阶段，我们将注重培养学生的创新思维和创造力。通过提供丰富多样的游戏和探索性学习环境，激发幼儿的好奇心和想象力。其次，在初等教育阶段，我们将逐步引入创新创业教育内容和课程。学生将接触到基础的创新创业知识和技能，例如创意思维、市场调研和团队合作等。再次，在中等教育阶段，我们将进一步拓展创新创业教育的内容和深度。学生将学习更高级的创新创业知识和技能，如商业模式设计、市场营销和创业策划等。最后，在高等教育阶段，我们将提供更加专业和深入的创新创业教育。学生可以选择创新创业相关专业或课程，深入学习创新创业理论和实践，同时参与创新创业项目和实习实训。

为了实现这一纵向贯通的学校创新创业教育体系，我们将加强教师培训和专业发展，提高他们的创新创业教育能力。同时，建立学校间的合作机制和资源共享平台，促进经验和资源的交流与共享。政府、高校和企业之间的合作也将得到进一步加强，共同推动创新创业教育的发展。通过建立这样一

245

个纵向贯通的学校创新创业教育体系，我们将为学生提供全方位、系统化的创新创业教育，培养具备创新创业素质的人才，为他们的终身发展和创新创业事业的成功打下坚实基础。

2. 2035 年：构建创新驱动型创业教育生态体系

创新驱动型创业教育生态体系是创新创业教育融合发展的重要途径，也是经济社会转型升级的可靠保障。到 2035 年，我们的目标是建立一个以培养高素质创新创业型人才为宗旨的创新驱动型创业教育生态体系，这将成为经济社会转型升级的可靠保障，为我国基本实现社会主义现代化，跻身创新型国家前列提供科技和人才保障。在这个创新驱动型创业教育生态体系中，我们将以知识创业为目标，注重培养学生的创新能力和创业精神。学生将不仅仅是知识的消费者，更是知识的创造者和应用者。我们将提供丰富多样的创新创业教育课程和项目，培养学生的创新思维、创造力和解决问题的能力，使他们能够在知识经济和创新时代中充分发挥作用。

创新与创业教育的融合将成为创新驱动型创业教育生态体系的重要内容。我们通过将创新教育和创业教育有机结合，让学生在创新实践和创业实践中获得全面的发展。学校将与企业、科研机构和社会组织等建立紧密的合作关系，提供实践机会和导师指导，让学生能够亲身经历创新创业的全过程，培养他们的实践能力和创新创业素养。智慧技术将成为创新驱动型创业教育生态体系的重要教学手段。我们将借助先进的信息技术和互联网平台，提供个性化、自主学习和实践的机会。学生可以通过在线学习、虚拟实验和模拟创业等方式，获得丰富的学习资源和实践体验。同时，智慧技术也将为教师提供更好的教学工具和资源，提升他们的教学效果和创新能力。

为了实现这一创新驱动型创业教育生态体系，我们将加强政府、高校、企业和社会各方的合作与协同。政府将提供政策支持和资源投入，鼓励创新创业教育的发展。高校将加强师资队伍建设和课程体系改革，提高教学质量和教育水平。企业将积极参与创新创业教育，提供实践机会和创业导师支持。社会各界将提供创新创业资源和平台，促进创新创业教育与实际需求的对接。

通过建立这样一个以培养高素质创新创业型人才为宗旨的创新驱动型创业教育生态体系，我们将为学生提供全方位、深入的创新创业教育，培养具备创新能力和创业精神的人才。这将为我国的经济社会发展提供坚实的科技和人才支撑，推动我国成为创新型国家的引领者和贡献者。

3．2050 年：构建全球化创新型创业教育生态系统

全球化和创新型创业教育生态系统是全球核心竞争力的基石。到 2050 年，我们将建立一个全球化、创新型的创业教育生态系统，实现创新创业教育的整体融合，完善创新创业人才培养机制，并促进创新创业教育与创新创业社会发展之间的良性互动。这一生态系统的建立将为推动人类命运共同体的建设，为我国建设富强、民主、文明、和谐、美丽的社会主义现代化强国，以及实现中华民族伟大复兴的中国梦奠定坚实基础。

通过建立全球化和创新型的创业教育生态系统，我们将积极推动国际交流与合作，吸收全球创新创业教育的先进经验和理念，培养具备全球竞争力的创新创业人才。同时，我们将不断完善创新创业人才培养机制，包括课程设置、教学方法、实践环节等方面的创新，为学生提供全面发展的机会和实践平台。此外，我们还将促进创新创业教育与社会发展之间的良性互动。创新创业教育应与产业发展、科技进步、社会需求等紧密结合，为社会创新创业提供有力支持，并从社会中汲取创新创业的动力和资源。通过全球化和创新型的创业教育生态系统的建立，我们将为推动全球创新创业事业的发展，促进经济社会的进步，以及实现人类共同发展和繁荣作出积极贡献。

第四节　利益相关者视角下创新创业教育模型构建设想

创新创业教育在培养创新创业人才、促进经济发展和社会进步方面具有重要作用。为了构建有效的创新创业教育模型，必须充分考虑各利益相关者

的需求和利益，并建立紧密的合作关系。本书从学生、教师、高校、企业和政府等利益相关者的角度出发，探讨创新创业教育模型的构建，并提出相应的建议。创新创业教育作为培养创新创业人才、推动经济发展和社会进步的重要手段，受到了广泛的关注和重视。为了确保创新创业教育的有效性和可持续性，必须建立一个合理的教育模型，满足各利益相关者的需求和利益。

一、创新创业教育生态系统运行机理

（一）学生视角：培养创新创业能力

学生是创新创业教育的受益者和主体，他们对于教育模型的需求是至关重要的。首先，创新创业教育应该注重培养学生的创新思维能力和实践能力。通过开展创新创业项目和实践活动，学生可以锻炼自己的创新能力和团队合作能力。其次，创新创业教育需要提供丰富的资源和支持，包括创业导师的指导、创业基金的支持以及创业实践平台的提供。此外，学生还希望创新创业教育与实际就业和创业需求相结合，能够为他们的未来发展提供实际的帮助和支持。

（二）教师视角：提升教学能力和素养

教师是创新创业教育的关键推动者和实施者，他们的专业能力和教学素养对于教育模型的构建至关重要。首先，教师需要具备创新创业领域的专业知识和经验，能够为学生提供专业的指导和培训。其次，教师应该具备创新创业教育的教学能力和教学方法，能够根据学生的需求和特点，灵活运用不同的教学策略和方法。此外，教师还需要与企业和社会保持紧密联系，了解实际需求和动态，及时调整教学内容和方法，确保教育模型的有效性和适应性。

（三）高校视角：构建合作平台和资源共享机制

高校作为创新创业教育的主要承担者和提供者，对于教育模型的构建具有重要责任和使命。首先，高校应该建立创新创业教育的组织结构和管理体系，明确责任分工和协作机制，确保教育资源的合理配置和利用。其次，高校应该积极推动创新创业教育与科研和产业发展的结合，建立产学研合作平台和创新创业孵化基地，促进创新成果的转化和应用。此外，高校还应该加强与其他高校、企业和政府等利益相关者的合作，建立资源共享和信息交流的机制，共同推动创新创业教育的发展和创新创业人才的培养。

（四）企业视角：参与教育教学和人才培养

企业作为创新创业教育的重要合作伙伴和实践基地，对于教育模型的构建起到了重要的支持和推动作用。首先，企业应该积极参与创新创业教育的教学和实践活动，提供实践机会和实际案例，为学生提供切身的创新创业体验和指导。其次，企业可以与高校合作开展创新创业项目和课程，共同培养创新创业人才。此外，企业还可以提供资金支持和创业孵化服务，为优秀的创新创业项目提供投资和孵化机会。

（五）政府视角：制定政策和提供支持

政府作为创新创业教育的主管部门和政策制定者，对于教育模型的构建具有重要的引导和支持作用。首先，政府应该制定创新创业教育的政策和法规，明确政府的支持和激励措施，为创新创业教育提供良好的政策环境和法律保障。其次，政府可以提供财政资金和税收优惠等支持，鼓励高校和企业开展创新创业教育和合作。此外，政府还可以组织创新创业大赛和展览等活动，促进创新创业成果的交流和推广。

二、创新创业教育模型构建的建议

创新创业教育模型的构建需要以利益相关者的视角为基础，充分考虑学生、教师、高校、企业和政府等各利益相关者的需求和利益。在构建创新创业教育模型的过程中，应建立紧密的合作关系，强化实践和实际应用，提升教师能力和素养，制定支持政策和措施，提供全方位的支持服务，鼓励跨学科合作和综合素养培养，加强评估和反馈机制，推动国际化合作与交流。通过共同努力，我们可以构建一个有效的创新创业教育模型，培养更多具有创新精神和创业能力的人才，推动经济发展和社会进步。

1. 建立紧密的合作关系

各利益相关者之间应加强沟通和合作，建立合作平台和资源共享机制，共同推动创新创业教育的发展和人才培养。

2. 强化实践和实际应用

创新创业教育应注重学生的实践能力培养，提供创新创业项目和实践机会，并与企业和社会实际需求相结合，使学生能够将所学知识和技能应用到实际中。

3. 提升教师能力和素养

教师应具备创新创业领域的专业知识和教学能力，积极参与教育教学和实践活动，并与企业和社会保持紧密联系，不断提升自身的教学能力和素养。

4. 制定支持政策和措施

政府应制定创新创业教育的支持政策和措施，为高校、企业和学生提供财政资金支持、税收优惠和奖励措施，鼓励他们积极参与创新创业教育。

三、高校创新创业教育生态系统功能模型构建的原则

（一）以"一个目标"为核心引领力

高校创新创业教育的一个目标是培养具有国际视野、通晓国际规则、掌握跨文化沟通技巧，以及具备创新创业意识、创业运作能力、职业发展能力和产业推动能力的区域性和国际化双创人才。这一目标引领着大学生创新创业教育生态系统的健康发展，使其能够适应并推动全球创新创业的发展趋势。

高校创新创业教育的根本目标是培养具有国际视野、通晓国际规则、掌握跨文化沟通技巧，以及具备一定的创新创业意识、创业运作能力、职业发展能力和产业推动能力的区域性和国际化双创人才。这一目标对大学生创新创业教育生态系统的健康发展起着引领作用。通过创新创业教育，高校致力于培养学生具备国际视野的能力，使他们能够了解全球创新创业的动态和趋

势，并能够在国际化的背景下进行创新创业活动。同时，学生还需要通晓国际规则，了解国际市场的法律、政策和商业环境，以便在跨国创业或与国际合作伙伴进行合作时能够适应并运用这些规则。

此外，跨文化沟通技巧也是培养国际化双创人才的重要能力。学生需要具备跨越语言、文化和价值观差异的沟通能力，以便与不同背景的人合作，建立有效的合作关系，并在国际化的创新创业环境中进行有效的交流和协商。除了具备国际化素养外，学生还需要具备创新创业意识和创业运作能力。他们应该具备发现机遇、提出创新创业想法并将其转化为实际项目的能力。同时，学生还需要掌握创业运作的知识和技能，包括市场分析、商业模式设计、团队管理等，以便能够成功地开展创业活动。此外，职业发展能力和产业推动能力也是培养的重点。学生需要具备自我定位、职业规划和职业发展的能力，以便能够在创新创业领域中找到适合自己的职业道路。同时，他们还应该具备产业推动能力，能够在创新创业中推动相关产业的发展，促进经济的增长和社会的进步。

（二）以"三个体系"为关键学习力

高校创新创业教育的关键学习环境由课程体系、教研体系和队伍体系这三个要素构成。以下是对每个要素的详细说明。

1. 课程体系

创新创业教育的课程体系应紧密贴近区域发展的知识要素，考虑到不同的国别、区域、国际组织或语言等划分单元。这意味着课程内容需要涵盖区域经济、技术创新、社会文化等与区域发展密切相关的领域。此外，课程体系还应融合中国商业文化和中国经济发展等国情概况，使学生能够全面了解中国的商业环境和经济特点。建议构建具有三层递进模块式理论和实践课程体系，包括"创业通识类""区域特色类"和"创业深化类"，以满足学生在不同阶段的学习需求和能力提升。

2. 教研体系

教师在创新创业教育中起着重要作用，他们需要提升教学创新能力和课程思政能力。教师可以采用启发式、开放式、案例式等多样化的教学策略，引导学生进行自主探索和实践，培养他们的创新思维和创业意识。教师还可以组织学生进行中国国情探究、国别市场调研、创业理论实践等研究活动，帮助学生深入了解创业领域并提升实践能力。

3. 队伍体系

在队伍体系方面，建议探索构建校企创业导师和教学团队，以企业家为主导，为学生提供创业指导和支持。这样的导师和团队可以与学生建立密切联系，分享实践经验，提供实际创业项目的指导和机会。另外，可以组建区域创客联盟、创客朋辈、创业社团等创业共同体，为学生提供交流合作、实践探索的平台，促进创新创业资源的共享和协同发展。

通过建立良好的课程体系、教研体系和队伍体系，高校创新创业教育可以提供更加丰富和多样化的学习环境，培养学生的创新创业能力和创业精神，促进他们在创新创业领域的全面发展。

（三）以"三个平台"为重要驱动力

实训平台、竞赛平台和孵化平台是重要的转化平台，可以促进大学生将创新想法转化为创业实践。以下是对这三个平台的详细说明。

1. 实训平台

实训平台是一个集生产、注册、融资、运营、评估等功能于一体的平台，提供全方位的实训支持。通过该平台，可以开展课堂之外的创业实训、实操和实践活动，为学生提供实际的创业体验。特别是对留学生来说，可以通过沙盘模拟和数字化手段等方式加强对创业战略规划、财务管理、生产管理、运营管理等专业知识的理解和应用。

2. 竞赛平台

学校可以积极策划组织国别市场调研大赛和区域创新创业比赛等活动，以竞赛的形式促进学生学习和发展。这种方式能够激发学生的创新创业热情，培养他们的团队合作、项目管理和创业能力。通过参与竞赛，学生可以接触到真实的商业环境和挑战，提高解决问题的能力，并与其他学生进行交流和合作。

3. 孵化平台

学校可以建立留学生创新创业教育中心、创业园等孵化平台，为留学生提供创业支持和指导。这些孵化平台可以帮助解决留学生创业初期面临的困难和挑战，提供创业指导、资源支持和创业环境。通过与政府、企业等资源的合作，还可以为留学生举办创新创业论坛等活动，为他们提供创业灵感和机会，促进创业项目的孵化和发展。

通过实训平台、竞赛平台和孵化平台的建立和运营，学校可以为学生提供全方位的创新创业支持，帮助他们将创意转化为实际的商业项目。这些平台的作用是激发学生的创新创业意识和能力，培养他们在创业领域的实践能力和创业精神。

（四）以"三个协同"为基本保障力

"三个协同"指的是校企协同、区域协同和管服协同，这些协同机制对于促进大学生创业活动的成功至关重要。下面是对这三个协同机制的详细说明。

1. 校企协同

校企协同是指高校与企业之间的紧密合作关系。高校可以充分利用国内外的重大发展战略、倡议和政策资源，通过与政府、企业等相关方的协调合作，创造良好的创业生态系统。高校智库和企业平台可以协同育人，为创业团队和项目提供帮助和指导，促进学生创业项目与市场的真实对接。通过校企协同，学生可以获取实践机会、资源支持和市场导向的指导，增强其创业能力和竞争力。

2. 区域协同

区域协同是指学校与当地政府、企业和社会资源之间的合作关系。学校应与当地政府、企业和社会资源进行合作，共同推动创业教育和创业活动。通过建立合作机制和平台，促进资源共享、项目合作和人才培养，为学生提供更广阔的创业机会和资源支持。区域协同可以提供更丰富的实践资源和市场机会，帮助学生更好地融入当地创业生态系统，拓展创业网络和合作伙伴。

3. 管服协同

管服协同是指学校的管理部门与服务部门之间的协同合作关系。思政辅导员和教务人员等管理部门工作人员在创业教育中发挥重要作用。学校可以设置管理导师，提供创业咨询服务，实现管理育人和服务育人的协同。这些工作人员可以为学生提供创业指导、政策解读和创业技能培训等支持，帮助他们在创业过程中克服困难，实现创业目标。

通过校企协同、区域协同和管服协同的机制，可以调动各方的协同能力，创造有利于交叉领域创新的环境，为大学生创业提供保障。这些协同机制可以促进学生与实践、市场和社会的深度融合，提高创业成功的机会，并培养学生的创新创业精神和能力。

第七章

高校创新创业教育质量提升的应用策略

第一节　构建利益相关者协同联动的管理机制

高校作为人才培养的重要基地，可以将创新创业理念与高等教育相结合，以满足社会对于人才的需求，并与学校教育的培养方向相吻合。通过构建利益相关者协同联动的管理机制，可以实现各方利益的平衡和共赢，促进组织或项目的可持续发展，并建立稳固的合作关系。

一、协同理论的内涵

在 20 世纪 70 年代，德国科学家赫尔曼·哈肯提出了"协同理论"的概念。协同理论（Synergy Theory）是一种管理和组织理论，强调通过组织内外各个成员之间的合作与协调，实现整体效能的提升。协同理论认为，组织内外的各个成员和资源之间存在相互依赖和相互作用的关系，通过协同合作可以创造出超过各个成员单独能力之和的综合效果。协同理论的核心观点是"1+1＞2"，即通过合作与协调，协同效应能够产生更大的价值。协同理论强调协同合作可以促进资源的优化配置、知识的共享与创新、决策的有效性和执行力的提升等。它关注的不仅是个体的贡献，更注重个体之间的互动和协作，以实现组织整体的绩效和效能。

协同理论的应用范围广泛，包括组织管理、团队协作、合作伙伴关系、供应链管理等领域。在实践中，协同理论可以指导管理者和组织成员如何建立协同合作的机制和文化，如何促进跨部门和跨组织的协作，以达到整体效能的最大化。在开展大学生创新创业教育时，我们应充分发挥高校在这个过程中的主导作用，同时借助政府的引导和扶持，加强校企合作。这四者之间相互依托、相互合作，以促进大学生的创新创业。为了实现这一目标，可以完善以政府为主导、以学校为主体、以企业为核心的协同联动提升机制。这意味着政府在创新创业教育中发挥引导和支持的作用，制定相关政策，提供资金和税收优惠等措施。学校作为主体承担起教育的责任，开设创新创业课程，建立创新创业中心或部门，组织创业实践项目，并与企业合作，提供实践机会和指导。同时，企业作为核心参与进来，提供行业经验、资源和创业机会，与学校和学生密切合作。通过这种协同联动的机制，政府、学校和企业共同推动大学生创新创业教育的发展。

这种协同联动的机制可以促进各方的资源共享和优势互补，实现协同效应。政府的引导和支持可以为大学生创新创业提供良好的政策环境和发展机会。学校的教育和培训可以提供理论知识和实践技能，培养学生的创新能力和创业精神。企业的参与可以提供实践平台和创业机会，帮助学生将创新创业理念转化为实际行动。这种协同联动机制的完善将有助于推动大学生创新创业教育的全面发展，培养更多优秀的创新创业人才，促进社会经济的繁荣和进步。

二、协同机制在大学生创新创业教育中的应用

（一）政府引导创新教育的发展，提供政策支持

政府制定"高校＋社会"创新创业教育质量提升政策，优化教育生态环境，使企业发展和高等教育有效衔接，实现循环互动，以期形成政策合力，破解

创新创业教育困局。该政策的实施旨在促进高校创新创业教育的质量提升，并优化创新创业教育的生态环境。通过政府的介入和政策引导，高校和社会资源可以更好地结合，实现高等教育与企业发展的有效衔接，从而形成循环互动的创新创业教育生态系统。政府将鼓励高校与企业建立更紧密的合作关系。通过制定相关政策，提供资金支持和激励措施，鼓励高校与企业合作开展创新研究、技术转移、产学研合作等活动。这将为高校的创新创业教育提供更丰富的实践机会和资源支持，同时也为企业的创新发展提供人才和技术支持。

政府在推动大学生创新创业教育发展方面发挥着重要的作用。除了制定政策支持，政府还可以在多个方面提供支持和服务，为大学生创业提供良好的环境和条件。首先，政府可以加大对创新创业教育的政策支持力度。政府可以制定相关政策，鼓励高校开展创新创业教育，提供资金支持、税收优惠和奖励措施等。政府还可以引导和支持高校与企业、科研机构的合作，促进科技成果转化和产业化。同时，政府可以建立创新创业教育评价体系，制定评估指标和标准，推动高校创新创业教育的质量提升。其次，政府可以加强与高校的合作与交流。政府部门可以与高校建立紧密的合作关系，共同开展创新创业教育项目和活动。政府可以邀请高校专家、企业家等参与政府组织的创新创业活动，为大学生提供导师、指导和资源支持。政府还可以设立创新创业教育基地或创业孵化器，为大学生提供创业场所、设备和资源，激发他们的创新创业潜能。

（二）学校增设创新创业教育，实现高素质人才培养

高校科学定位教育战略和发展模式，探索"创新创业＋"教育教学新范式，建立人才培养与创新型国家建设强耦合的机制体系。高校应结合国家和地区的创新创业发展需求，调整和优化教育内容，加强创新思维、创业意识和实践能力的培养。通过开设创新创业导论课程、创新方法论课程、创业管理课程等，提供学生全方位的创新创业教育。通过与企业、创业孵化器、科研机构等合作，为学生提供实践实习、创业实训、项目竞赛等机会，培养学

生的创新创业能力和实践经验。

高校作为大学生创新教育的核心阵地，承担着人才培养、创业培训、资金提供等多项重要任务。为了在大学生创业教育中发挥重要作用，高校应采取一系列措施，包括科学定位教育战略和发展模式、建立人才培养与创新型国家建设强耦合的机制体系、创新创业教育师资队伍建设以及创新创业课程研发等。

首先，高校应制订完整的培养计划，将创新教育和创业教育纳入教育教学的工作中。通过转变教育观念，将理论学习与实践创新放在同等重要的位置上，推动学生对创业的热情和可行性的认识。高校可以通过开设相关课程、组织创新创业实践项目以及提供创业导师的指导等方式，培养学生的创新意识和创业精神。

其次，高校应整合各方面的资源，建立起政府部门、企业和学校之间的协同保障体系。这可以通过与政府部门和企业的合作，提供资金支持、创业平台搭建以及创业资源共享等方式实现。政府的支持可以为学生创新创业提供政策环境和发展机会，企业的参与可以提供实践平台和创业机会，学校作为联结中介，可以将政府和企业的资源整合起来，为学生提供全方位的支持。

最后，高校应建立多层次、立体化的创新创业教育课程体系，并注重培养高素质的师资队伍。这些课程可以包括创新思维培养、创业管理、市场营销、商业计划书编写等内容，旨在提供学生所需的创新创业知识和技能。同时，高校可以引进或培养一批具有丰富实践经验的导师，包括成功企业家、投资人和专家学者，他们可以指导学生进行创新创业实践活动，提供实际的指导和经验分享。在课外实践方面，高校可以搭建平台，为学生提供良好的就业和创业机会。创业竞赛可以激发学生的创业热情，提供展示和交流的机会，同时也可以为学生筛选出具有潜力的创业项目和团队。政府将倡导建立创新创业导师制度，引入企业界的专业人士和成功创业者作为导师，为高校学生提供指导和支持。这将帮助学生更好地了解创业实践和市场需求，提升创业技能和背景知识，同时也促进学校与企业之间的交流和合作。

以宁波大学为例，他们通过创建双导师计划，将校内创业导师与校外企业家导师结合起来，实现创业理论学习与实践指导的无缝衔接。这种双导师计划可以为学生提供更多的创业机会和实践指导，帮助他们在创新创业领域中取得更好的成果。除了上述措施，高校还应积极与各级政府部门、企业和社会组织合作，建立产学研用结合的创新创业平台。通过与企业的合作开展科研项目，高校可以为学生提供与实际问题相关的研究机会，培养他们的解决问题和创新能力。同时，高校还可以与企业合作开展技术转移和成果转化，促进科技成果的商业化和产业化，为学生提供更多的创业资源和就业机会。此外，高校还应注重创新创业教育成果的评估和推广，建立健全的质量评价体系。通过对创新创业教育的效果进行评估，高校能够及时发现问题并加以改进，确保创新创业教育的质量和效果。同时，高校还应积极推广成功的创新创业经验和模式，为其他高校提供借鉴和参考，促进全国范围内创新创业教育的发展。

（三）企业加强人才招纳环节，保障创新工作的需求

企业要完善创新驱动发展机制，探索产学研有效融合路径，为师资培养、教学实践、项目孵化、成果转化等创新创业教育环节及要素提供必要支持和保障。为了完善创新驱动发展机制，企业可以探索产学研有效融合的路径，并为创新创业教育的各个环节和要素提供必要的支持和保障。通过企业的完善创新驱动发展机制和产学研的有效融合，创新创业教育可以更好地对接实际需求，提供更具有实践性和应用性的教育内容与机会。同时，企业的支持和保障也将为学生的创新创业之路提供必要的资源和指导，促进他们的成长和成功。这种紧密的产学研合作关系将构建一个良好的创新创业生态系统，共同推动社会经济的发展和创新能力的提升。

企业在完善创新驱动发展机制、探索产学研有效融合路径方面，对于创新创业教育环节和要素的支持与保障起着重要的作用。以下将从师资培养、

教学实践、项目孵化和成果转化等方面探讨企业在创新创业教育中的作用，并介绍一些具体的做法和经验。

首先，企业可以与高校合作，参与师资培养，为创新创业教育提供专业的指导和支持。企业内部的专业人士具有丰富的实践经验和行业洞察力，可以作为创业导师或讲师，向学生传授创新创业的实践知识和技能。高校可以与企业合作，培养一批具有创新创业经验的企业导师，他们可以为学生提供实践指导、项目评审和商业洞察等方面的支持，帮助学生更好地理解市场需求和行业趋势。

其次，企业可以提供教学实践的机会，让学生深入实践，增强创新创业的实践能力。企业可以与高校合作开展校企合作项目，为学生提供实践平台和实践项目，让他们亲身参与到真实的创业环境中。通过与企业的合作，学生可以接触到市场需求、产品研发、商业运作等方面的实际问题，培养解决问题和创新的能力。同时，企业可以为学生提供实习机会，让他们在企业中实践，了解企业运作和管理，为将来的创业或就业做好准备。

最后，企业可以与高校合作建立项目孵化机制，支持学生的创业项目孵化和发展。企业可以提供资金支持、技术支持、市场资源等方面的帮助，帮助学生将创意和创新项目转化为具体的商业实践。企业可以与高校合作设立校企孵化基地，提供办公场所和设施，为创业团队提供良好的孵化环境。在孵化过程中，企业可以派遣专业人士作为导师，为创业团队提供指导和支持，帮助他们解决实际问题，提高创业项目的成功率。

此外，企业还可以与高校合作进行成果转化，将科研成果商业化。高校的科研成果通常具有一定的市场潜力，但是由于技术转化和商业化的困难，很多科研成果无法真正应用于实际生产和市场。企业可以与高校合作，通过技术转让、成果转让、股权分配等方式，将科研成果与企业项目相结合，实现共赢。

在实际操作中，许多企业已经采取了一些具体的做法和经验，推动创新创业教育的发展。例如，一些企业在创新创业教育中积极开展校企合作项目。他们与高校合作，共同设立创新创业实验室或研究中心，为学生提供创新创业的实践平台。这些实验室或研究中心通常由高校和企业的专业人士组成，提供创新创业培训、项目指导和资源支持等服务。学生可以在这些平台上，通过参与真实的项目和实践活动，学习和锻炼创新创业的能力。

另外，一些企业还积极开展创业导师计划。他们邀请企业内部的成功创业者或行业专家担任学生的创业导师，为他们提供指导和支持。创业导师可以与学生进行一对一的指导和交流，帮助他们明确创业目标、制订创业计划，并分享自己的创业经验和教训。通过与企业成功创业者的互动，学生可以更好地了解创业的实际情况，提高创业的成功率和可持续发展能力。

此外，一些企业也积极参与高校的创业竞赛和创业活动。他们作为赞助商或合作伙伴，为创业竞赛提供资金支持、导师资源和市场推广等帮助。企业可以为获奖团队提供奖金、孵化资源或合作机会，帮助他们进一步发展和落地创业项目。通过与企业的合作，创业竞赛和创业活动可以更好地与实际商业环境接轨，提高学生的创业能力和竞争力。

在创新创业教育中，企业的参与不仅可以提供必要的支持和保障，还可以帮助学生更好地理解市场需求，增强市场意识和创新能力。通过与企业的合作，学生可以接触到真实的商业环境，了解市场的变化和挑战，培养敏锐的市场洞察力和创新思维。同时，企业的参与也可以促进高校的创新创业教育与产业发展的有效对接，实现科技创新和经济增长的良性循环。

（四）学生加强自身素质能力提高，积极参与创业活动

学生在创新创业教育中应不断提高自身素质能力，积极参与各种创业活动，通过实践和经验积累，不断完善自己的创业能力和创新思维，为将来的创业之路奠定坚实的基础。同时，学生还应保持开放的心态，不断学习和适应变化，不断挑战自我，在创新创业的道路上追求个人成长和社会价值的实现。大学生在创业教育中的主体作用非常重要。他们是创新创业教育的受益者和实践者，需要积极主动地参与学习和实践，发展自身的创业能力和创新

精神。以下将进一步探讨大学生在创业教育中的角色和重要性，并提出一些具体的建议和方法。

第一，大学生作为创新创业教育的主体，需要树立正确的创业观念和价值观。他们应该明确创业的目的和意义，理解创业不仅仅是追求个人利益，更是为了创造社会价值和解决社会问题。大学生应该树立科学的、可持续的创业观，注重社会责任和可持续发展，将创新和创业与社会发展紧密结合起来。他们应该了解创业的风险和挑战，做好心理准备，具备坚韧的意志和抗压能力，面对困难和挫折时能够坚持不懈。

第二，大学生需要积极主动地学习和提升自身的创新能力与创业技能。创新创业需要综合运用各种知识和技能，包括市场分析、商业模式设计、团队管理、资金筹措等方面的能力。大学生应该加强对创新创业理论的学习，掌握相关的知识和方法。同时，他们还应该注重实践，通过参与创业项目、实习、实训等方式，锻炼创新思维和实践能力。在实践中，大学生可以积累创业经验，了解市场需求和行业趋势，不断改进和完善自己的创业项目。

第三，大学生应该主动参与各类创业活动和竞赛，提高自身的知名度和竞争力。创业活动和竞赛是大学生展示才华、交流经验、获取资源的重要平台。大学生可以根据自身的专业、特长和兴趣选择合适的创业活动和竞赛参与，比如创业计划比赛、创新创业论坛、创业实践营等。通过参与这些活动，大学生可以展示自己的创新创业项目，吸引投资者和合作伙伴的关注，获得更多的资源和机会。同时，与其他创业者的交流和合作也有助于拓宽视野，获得宝贵的经验和启示。

第四，大学生还应该加强团队合作和交流，培养良好的沟通和协作能力。创新创业往往需要团队的合作和协同，大学生应该学会与他人合作，发挥团队的力量。他们应该主动寻找志同道合的伙伴，组建团队，共同开展创新创业项目。在团队中，大学生应该学会倾听他人的意见和建议，善于沟通和解决问题，发挥自己的优势，同时也要尊重和认可团队中其他成员的贡献。

第五，大学生还应该注重道德教育和职业道德的培养。创业过程中，道德和伦理问题常常涉及利益分配、合作关系、竞争行为等方面。大学生应该具备高尚的职业道德和道德品质，遵守法律法规，尊重他人的权益，坚持诚信和公正原则。他们应该树立正确的商业道德观，不以不正当手段获取利益，不损害他人的利益和声誉。同时，大学生还应该关注社会责任，积极参与公益事业，回报社会。

在大学生创业教育中，政府、企业和学校等各方也扮演着重要的角色。政府应该出台创业扶持政策，提供创业资金支持、税收优惠等政策措施，为大学生创业提供良好的外部环境。企业可以提供实习和就业机会，为大学生提供实践和成长的平台。学校应该加强创新创业教育的课程设置，培养学生的创新思维和创业能力，同时建立良好的创新创业文化和氛围。

三、从高校三点教育模式分析协同机制

高校三点教育模式是指教育、科研和产业三者之间的密切联系和协同发展关系。在这个模式下，高校不仅仅是传授知识的场所，还承担着培养创新创业人才、推动科技创新和促进产业发展的责任。通过协同机制的建立和运作，高校可以更好地发挥教育、科研和产业的综合优势，推动创新创业教育的发展和产学研的有效融合。

（一）找准切入点，抓住契机培养创新型人才

在高校三点教育模式中，找准切入点并抓住契机是培养创新型人才的关键。一是高校可以结合产业发展需求和创新创业趋势，整合课程设置，开设创新创业相关的专业或课程。这些课程可以涵盖创业理论和实践、市场营销、商业模式创新、项目管理等内容，培养学生的创新思维和创业能力。高校可以组织创新创业竞赛和活动，鼓励学生参与，并提供相应的培训和支持。这些竞赛和活动可以是创业计划比赛、创意设计大赛、创新科技展览等，通过竞争和交流，激发学生的创新创业潜力，提升他们的实践能力。二是高校可

以建立创新实验室、创业孵化器、科技园区等实践平台，提供学生实践和创业的机会。这些平台可以为学生提供创新创业项目的孵化、创业指导、资源支持和创业资金，帮助他们将理论知识应用到实际项目中，并培养他们的创新创业能力。创新创业往往需要跨学科的知识和技能。高校可以鼓励学生进行跨学科学习和合作，搭建跨学科创新创业团队，将不同专业的学生和教师组合起来，共同解决现实问题，培养学生的综合能力和团队合作精神。三是高校可以建立导师制度，邀请创业导师或企业专家参与创新创业教育，为学生提供指导和实践经验。与企业的合作也是重要的一环，可以与企业建立长期合作关系，开展联合培养计划、实训基地建设等，让学生接触实际项目和企业环境，提高他们的创新创业能力。同时，高校也应密切关注产业发展的动态，与产业界保持紧密联系，及时调整教育内容和培养目标，确保培养出的创新型人才符合市场需求。

（二）稳定着力点，整合资源构建良好创业环境

高校可以整合内部和外部的创业资源，建立创业资源库。内部资源包括校园内的实验室设施、研究成果、教师专业知识等；外部资源可以是投资机构、创业导师、企业合作伙伴等。通过资源整合与共享，学生和教师可以更便利地获取所需资源，提高创业成功率。高校还可以设立创业指导中心或创业孵化器，提供创业支持和指导服务。这些机构可以提供创业培训、商业计划书编写、市场调研、法律咨询等服务，帮助学生解决创业过程中遇到的问题，并提供导师资源进行指导。同时，高校可以邀请成功创业者或行业专家开设讲座和工作坊，分享创业经验和行业动态。最后，高校可以积极培育和弘扬创业文化，鼓励学生创新创业精神和冒险精神。举办创业主题的活动、演讲和展览，组织创业俱乐部或社团，营造积极向上的创业氛围。同时，学校也可以制定创业政策，给予创业者一定的奖励和扶持，激励更多学生踏上创业之路。

（三）抓住突破点，切实推动大学生实践工作的进行

高校应加强对实践教育的宣传和引导，提高师生对实践教育的认识和重

视程度。通过举办讲座、座谈会等形式，向师生介绍实践教育的重要性和意义，激发他们的参与热情。一是高校可以制订具体的实践教育计划，明确实践教育的目标、内容和方法。该计划可以包括暑期实践、社会实践、实习实训等，提供多样化的实践机会，满足不同学生的需求和兴趣。二是高校可以开设与专业相关的实践课程，将理论知识与实际操作相结合。通过实践课程，学生可以亲自动手解决问题，培养实际操作能力和创新思维。三是高校可以建立实践基地和实验室，提供学生进行实践活动的场所和设备。这些实践基地可以与企业、科研机构等建立合作关系，提供实践项目和指导，让学生能够接触到真实的工作环境和问题。

第二节　打造专业的创新创业教师队伍

随着新时代的到来，我国正处于改革开放的攻坚期，传统的经济形态已经无法满足国家快速发展的需求，而创新创业型经济将成为未来发展的主要方向。创新创业型经济是指以创新为驱动，以创业为手段，通过引入新技术、新产品、新模式等创新要素，推动经济结构的转型升级，提高经济增长质量和效益的经济形态。在新时代背景下，创新创业型经济不仅可以促进经济的快速增长，还能够推动产业升级、提高就业率、培育新动能，进一步增强国家的竞争力。我国将进一步推动创新创业型经济的发展，为社会提供更多就业机会，推动经济结构的优化升级，实现经济的可持续发展。同时，创新创业也将激发人们的创造力和创新精神，推动社会进步和文明发展。

为此，高校在国家创新创业政策的指引下正如火如荼地开展创新创业教育。如积极完善高校的创新创业组织领导，提升创新创业教育在高校教育总体工作中的重要性等。同时，这也为高校创新创业教育的开展打下良好的基础，做好了前景规划。高校在宏观层面的设计完成之后，要贯彻执行教学计划，让学生享受到国家创新创业政策带来的福利，就必须依靠教师这一桥梁和纽带。

教师应该通过鼓励、激励和引导，激发学生的创新创业热情。他们可以通过分享自己的创新经验和成功案例，激发学生的创新思维和创业意识，帮助他们树立创新创业的自信心。教师在创新创业教育中应提供相关的专业知识和指导。他们可以组织创新创业课程，传授创新创业的理论知识和实践技能，帮助学生掌握创新创业的基本要素和方法。

深入推进创新创业教育工作的中坚力量是奋斗在一线的创新创业教师，他们更是培养学生创业能力、激发学生创业热情的重要保障，其本身创新创业教育教学能力的强弱将直接影响到人才培养的质量。

因此，本节将在调研数据的基础上，对当前高校创新创业教师的总体情况进行分析和研究，对比不同类型高校之间教师的创新创业教育能力差异，并根据对比研究寻找适合当前教师创新创业教育能力发展的途径，提高教师的创新创业教育能力，助力学生创新创业活动的开展，激发国家的创新创业教育活力。

一、高校创新创业教育师资队伍建设情况

（一）不同类型高校创新创业教师性别分布差异

针对不同类型高校的创新创业教师的性别差异进行卡方检验，可以发现，皮尔森系数为 62.673，$p < 0.01$，因此，可以认为不同层次的高校教师在性别分布上存在显著的差异。再结合各个学校的教师性别分布表，可以看到除了"双一流"建设高校之外，其他高校的教师性别分布均是男性少于女性，只有"双一流"建设高校中创新创业教育的男性教师占比高于女性教师，如表 7-1 所示。

表 7-1　不同类型高校创新创业教师性别分布

学校类型			性别		总计
			男	女	
学校类型	"双一流"建设高校	计数（人）	660	581	1241
		百分比（%）	53.2	46.8	100
	普通本科院校	计数（人）	2639	3428	6067
		百分比（%）	43.5	56.5	100
	高职高专院校	计数（人）	1411	1867	3278
		百分比（%）	43.0	57.0	100
	民办高校、独立学院	计数（人）	759	1180	1939
		百分比（%）	39.1	60.9	100
	其他	计数（人）	29	42	71
		百分比（%）	40.8	59.2	100
总计		计数（人）	5498	7098	12596
		百分比（%）	43.6	56.4	100

（二）不同类型高校创新创业教师年龄分布差异

针对不同类型高校的创新创业教师的年龄差异进行卡方检验，可以发现，皮尔森系数为 264.572，$p < 0.01$，因此，可以认为不同层次的高校教师在年龄分布上存在显著的差异。再结合各个学校的教师年龄分布表（见表 7-2），可以发现，虽然各个层次的高校教师均以年轻教师为主，但是"双一流"建设高校、普通本科院校和高职高专院校的师资队伍中年长教师的分布多于民办高校、独立学院。可见对于民办高校、独立学院来说，创新创业教师的师资结构还有待改善，教师结构偏向年轻化，教学经验往往不足。

表7-2　不同类型高校创新创业教师年龄分布

学校类型			年龄				总计
			30周岁及以下	31—35周岁	36—40周岁	41周岁及以上	
学校类型	"双一流"建设高校	计数（人）	410	319	333	179	1241
		百分比（%）	33.1	25.7	26.8	14.4	100
	普通本科院校	计数（人）	2222	1291	1346	1208	6067
		百分比（%）	36.6	21.3	22.2	19.9	100
	高职高专院校	计数（人）	1390	791	594	503	3278
		百分比（%）	42.4	24.1	18.1	15.4	100
	民办高校、独立学院	计数（人）	865	542	362	170	1939
		百分比（%）	44.6	28.0	18.6	8.8	100
	其他	计数（人）	40	10	8	13	71
		百分比（%）	56.3	14.1	11.3	18.3	100
总计		计数（人）	4927	2953	2643	2073	12596
		百分比（%）	39.1	23.4	21.0	16.5	100

（三）不同类型高校创新创业教师学位分布差异

针对不同类型高校的创新创业教师的学位差异进行卡方检验，可以发现，皮尔森系数为 1004.028，p＜0.01，因此，可认为不同层次的高校教师在学位分布上存在显著的差异。再结合各个学校的教师学位分布表（见表 7-3），可以发现，"双一流"建设高校和普通本科院校的创新创业教师中硕士及以上学位的教师是主体，有一部分学士学位的教师，但是总量比较少。相比之下，高职院校、民办高校、独立学院的创新创业教师主体为硕士以及学士学位的教师，总体学位较本科高校低，这就可能导致高职高专院校和民办高校、独立学院的教师在创新创业研究方面较为薄弱，难以胜任创新创业研究的任务。

表 7-3　不同类型高校创新创业教师学位分布

			最高学位				总计
			学士	硕士	博士（博士后）	其他	
学校类型	"双一流"建设高校	计数（人）	188	650	373	30	1241
		百分比（%）	15.1	52.4	30.1	2.4	100
	普通本科院校	计数（人）	995	3307	1167	598	6067
		百分比（%）	16.4	54.5	19.2	9.9	100
	高职高专院校	计数（人）	758	1676	184	660	3278
		百分比（%）	23.1	51.1	5.6	20.2	100
	民办高校、独立学院	计数（人）	482	1140	113	204	1939
		百分比（%）	24.9	58.8	5.8	10.5	100
	其他	计数（人）	24	27	6	14	71
		百分比（%）	33.8	38.0	8.5	19.7	100
总计		计数（人）	2447	6800	1843	1506	12596
		百分比（%）	19.4	54.0	14.6	12.0	100

（四）不同类型高校创新创业教师职称分布差异

针对不同类型高校的创新创业教师的职称差异进行卡方检验，可以发现皮尔森系数为205.902，p＜0.01，因此，可认为不同层次的高校教师在职称分布上存在显著差异。再结合各个学校的教师职称分布表（见表7-4），可以发现，"双一流"建设高校和普通本科院校的创新创业教师中副高级及以上级别的教师要多于其他的高等院校，这与"双一流"建设高校和普通本科院校教师本身的准入"门槛"有关，一般而言，"双一流"建设高校以及普通本科院校对于教师的职称要求更高也更严，自然其创新创业师资团队的职称也随之较高。同时，我们可以看到，高职高专院校和民办高校、独立学院的教师在职称方面以中级职称为主，同时也存在较为大量的未定级教师。未定级教师可能是校外的创业人士作为特聘教师担任，这一批师资力量虽然具备较好的创新创业实践经验，但是对于教学方面了解有限，如何利用好、管理好这一批校外导师，将是每一所高校面临的重要议题。

表7-4　不同类型高校创新创业教师职称分布

			最高学位					总计
			正高级	副高级	中级	初级	未定级	
学校类型	"双一流"建设高校	计数（人）	111	268	465	189	208	1241
		百分比（%）	8.9	21.6	37.5	15.2	16.8	100
	普通本科院校	计数（人）	526	1256	2275	819	1191	6067
		百分比（%）	8.7	20.7	37.5	13.5	19.6	100
	高职高专院校	计数（人）	232	520	1149	609	768	3278
		百分比（%）	7.1	15.9	35.0	18.6	23.4	100
	民办高校、独立学院	计数（人）	98	256	732	355	498	1939
		百分比（%）	5.1	13.2	37.7	18.3	25.7	100
	其他	计数（人）	10	11	21	1	18	71
		百分比（%）	14.1	15.5	29.6	15.5	25.3	100
总计		计数（人）	977	2311	4642	1983	2683	12596
		百分比（%）	7.8	18.3	36.9	15.7	21.3	100

（五）不同类型高校创新创业教师学科分布差异

针对不同类型高校的创新创业教师的学科差异进行卡方检验，可以发现皮尔森系数为273.893，$p < 0.01$，因此可认为不同层次的高校教师在学科分布上存在显著的差异。再结合各个学校的教师学科分布表（见表7-5），可以发现，不论是在哪一类型的高校中，经管类教师都作为创新创业教师的主力军，理工类教师紧随其后，而文科类教师所占的比例一般较少。这是由于经管类的教师与创新创业的关系最为密切，不管是创新创业研究还是实践，经管类教师都能找到立足之地，另外理工类教师的科研成果很大概率上可以转化为创新创业项目故理工类教师也扮演着重要的角色。而文科类教师虽然涵盖的学科众多但是比例都不大，以教育学为主。这种情况也掩藏着一定的问题，由于经管类和理工类教师的教学技能有限，如何上好创新创业的课程就成为关键问题。另外，如何将创新创业教师的专业技能与教学技能相结合也是后期需要关注的重点。

表7-5　不同类型高校创新创业教师学科分布

学校类型			最高学位				总计
			文科	理工	经营	其他	
	"双一流"建设高校	计数（人）	256	390	409	186	1241
		百分比（%）	20.6	31.4	33.0	15.0	100
	普通本科院校	计数（人）	1513	1869	1638	1047	6067
		百分比（%）	24.9	30.8	27.0	17.3	100
	高职高专院校	计数（人）	724	950	1050	554	3278
		百分比（%）	22.1	29.0	32.0	16.9	100
	民办高校、独立学院	计数（人）	394	381	868	296	1939
		百分比（%）	20.3	19.6	44.8	15.3	100
	其他	计数（人）	2	16	22	2	1
		百分比（%）	29.6	22.5	31.0	16.9	100
总计		计数（人）	2908	3606	3987	2095	12596
		百分比（%）	23.1	28.6	31.7	16.6	100

（六）不同类型高校创新创业教师从业年限分布差异

针对不同类型高校的创新创业教师的从业年限差异进行卡方检验，可以发现，皮尔森系数为157.315，p < 0.01，因此，可认为不同层次的高校教师在从业年限分布上存在显著的差异。再结合各类院校的教师从业年限分布表（见表7-6），还可以看到不同层次的高校中占比最大的教师都是从业2年以内的年轻教师，值得注意的是，"双一流"建设高校和普通本科院校的创新创业教师的从业年限10年以上的比例要高于其他类型高校。这说明"双一流"建设高校和普通本科院校的创新创业师资结构上比其他高校更加合理，师资团队的整体实力更强。而高职院校和民办高校、独立学院的创新创业师资更加偏向年轻化，师资结构不够合理。

表7-6 不同类型高校创新创业教师从业年限分布

			从事创新创业教育工作年限				总计
			2年以内	3~5年	6~9年	10年及以上	
学校类型	"双一流"建设高校	计数（人）	406	299	250	286	1241
		百分比（%）	32.8	24.1	20.1	23.0	100
	普通本科院校	计数（人）	2394	1505	816	1352	6067
		百分比（%）	39.5	24.8	13.4	22.3	100
	高职高专院校	计数（人）	1353	888	389	648	3278
		百分比（%）	41.3	27.1	11.8	19.8	100
	民办高校、独立学院	计数（人）	794	584	285	276	1939
		百分比（%）	40.9	30.1	14.7	14.3	100
	其他	计数（人）	32	20	6	3	1
		百分比（%）	45.1	28.2	8.4	18.3	100
总计		计数（人）	4979	3296	1746	2575	12596
		百分比（%）	39.5	26.2	13.9	20.4	100

（七）不同类型高校创新创业教师类型分布差异

针对不同类型高校的创新创业教师的教师类型差异进行卡方检验，可以发现，皮尔森系数为199.928，p < 0.01，因此，可认为不同层次的高校教师在教师类型分布上存在显著的差异。再结合各类院校的创新创业教师类型分布表（见表7-7），可以看到在不同层次的高校中创新创业教师的主体均以辅导员等学生工作岗位上的教师为主，"双一流"建设高校中辅导员等学生工作岗位上教师充当创新创业导师的比例更是接近一半。同时，在其他类型院校的创新创业教育师资方面，我们可以看到创业领域的专业教师目前所占比重还不高，很多的创新创业教师甚至还未上过创新创业课程，这一数据也暴露了当前创新创业教师紧缺的问题。

表7-7　不同类型高校创新创业教师类型分布

| | | | 创新创业教师类型 | | | | | |
			辅导员等学生工作的教师	创业领域的专业教师	非创业领域的专业教师	校外创新创业教师	未上过创业课	其他	总计
学校类型	"双一流"建设高校	计数（人）	544	236	251	42	103	65	1241
		百分比（%）	43.8	19.0	20.2	3.4	8.3	5.3	100
	普通本科院校	计数（人）	2182	872	1524	120	820	549	6067
		百分比（%）	36.0	14.4	25.1	2.0	13.5	9.0	100
	高职高专院校	计数（人）	1092	590	769	87	427	313	3278
		百分比（%）	33.3	18.0	23.5	2.7	13.0	9.5	100
	民办高校、独立学院	计数（人）	606	301	477	52	319	184	1939
		百分比（%）	31.3	15.5	24.6	2.7	16.4	9.5	100
	其他	计数（人）	23	22	6	5	5	10	71
		百分比（%）	32.4	31.0	8.5	7.0	7.0	14.1	100
总计		计数（人）	4447	2021	3027	306	1674	1121	12596
		百分比（%）	35.3	16.1	24.0	2.4	13.3	8.9	100

二、高校创新创业教育师资队伍与机制保障存在的问题

（一）创新创业师资年轻，学位和职称偏低

在本调研中，我们发现不论哪一类型的高校，创新创业教师的年龄都有年轻化的倾向，30 周岁及以下的教师占比均达到了 40% 左右，这也就意味着当前高校的创新创业师资队伍中，教师所具备的教学经验较少，数据显示，大多数教师的教学年限都在 2 年以内，甚至有些创新创业教师还未曾上过创新创业课程。另外，在学位方面，除了"双一流"建设高校和普通本科院校的创新创业教师具有博士学位的占比较大之外，其他的学校都是以硕士乃至学士学位的教师为主力军。从职称上来看也是如此，创新创业教师中具备副高级及以上职称的教师占比仍然不高，这从一个侧面也反映了当前高校创新创业重实践、轻研究的取向。

（二）创新创业师资以理工和经管学科教师为主

在当前创新创业教育师资构成中，理工类和经管类教师占据龙头地位，这与两种专业类型的教师在创新创业中的先天优势有关。理工类专业的研究成果具有较好的社会生产性，一旦能够找到与市场相接轨的地方，便可以促进创新创业的转化。至于经管类专业，其师生能较好地开展市场运营以及创业活动的其他工作，具有敏锐的市场洞察力和创业意识，能在创新创业活动的开展过程中发挥重要作用。反观文科类专业，与前两者对比都不具备显著的优势，所以当前文科类专业的创新创业参与度不够高。而教育学科对于创新创业教育的推进和健康发展具有重要作用，没有良好的创新创业教育体系，难以有效培养创新创业人才。因此，应该协调好各个专业在创新创业教育中的定位，各司其职，形成一个高效运行的育人机制。

（三）创新创业师资紧缺问题依旧突出

从创新创业教师的类别构成来看，比例最高的不是专业的创新创业教师，而是辅导员等学生工作岗位的教师，这一部分教师占据了将近 2/5 的比例。一部分原因是很多高校的专业创新创业师资难以承担起如此繁重的创新创业教

育任务，所以部分高校将辅导员等学生工作岗位上的教师纳入创新创业的师资队伍之中，以图满足学生对于创新创业教师的需求。但是这一部分教师本身的学生工作任务就相当繁重，加之额外的创新创业工作，使得大部分的辅导员兼职创新创业教师"名存实亡"，学生难以得到优质的创新创业师资，在创新创业活动中不具备积极性。

（四）创新创业教师双创教育能力总体有待提升

将创新创业教师的双创教育能力进行界定之后，本书将其划分为双创精神、双创知识和双创教学三方面。在双创精神上，"双一流"建设高校和高职院校的双创教师成绩突出，显著优于其他类型的高校。而在双创知识的掌握方面，高职高专院校、"双一流"建设高校、普通本科院校明显优于其他类型的高校。最后在双创教学上，高职高专院校的教师独领风骚，显著高于其他高校。虽然"双一流"建设高校和普通本科院校的教师创业知识掌握较好，但是在创业精神和创业教学上，却不如高职高专院校的教师。其原因可能是由于高职院校的教师更多地接触创新创业实践，所以在创业精神上更加突出，另外也通过长时间的双创实践为其教学增添不少亮点。但是从总体上来看，各类高校的双创教师在创新创业教育能力的各个方面都有提升的空间。

（五）双创教师的创新创业能力提升措施亟待加强

根据对当前高校创新创业教师能力提升的四种措施进行的满意度调研，发现各类型高校的总体满意度普遍较高。尤其是高职高专院校的教师在双创师资培训、激励制度保障、双创氛围营造以及师生合作共创等方面的满意度更高，表明高职高专院校在提升教师双创能力方面采取了一些行之有效的措施。这一调研结果显示，其他类型的高校可以从高职高专院校的做法中学习和借鉴。通过借鉴高职高专院校的经验，并在这些方面加强工作，各类型高校可以有效提升教师的创新创业能力，推动高校创新创业教育的发展。

三、高校创新创业教育师资队伍与机制保障比较研究

为了更好地研究高校创新创业教师的师资队伍建设，本节在已有问卷的

基础上对教师的创新创业教育能力进行了界定。通过对教师的创新创业教育能力的评估，可以更好地了解教师在创新创业教育方面的优势和不足，从而有针对性地进行师资队伍建设。通过对教师的创新创业教育能力的界定和评估，可以更好地了解教师的优势和不足，有针对性地进行培训和提升，进一步提高高校创新创业教育的质量和效果。此外，还可以通过建立长期的师资培养机制，吸引更多有创新创业经验和能力的专业人士加入高校教师队伍，不断提升高校创新创业教育的水平和影响力。因此，一名合格的专职双创教育教师需要具备双创精神、双创知识和双创教学能力。

双创精神，即双重创新创业精神，是指在创新和创业的过程中，具备积极进取、勇于尝试、敢于创新的态度和行为。它强调个体或团队在面对机遇和挑战时，积极主动地发现问题、解决问题，并将创新的想法和创业的行动付诸实践。双创精神强调对创新的重视和认知。具备双创精神的个体或团队关注社会发展和市场需求，具备敏锐的观察力和洞察力，能够主动发现问题和机遇，寻找创新的思路和方法。双创精神在促进经济发展、推动社会进步和培养创新创业人才方面具有重要意义。它鼓励个体和团队敢于挑战现状、追求卓越，推动创新的发展，为社会带来更多的价值和机遇。同时，双创精神也强调团队合作和资源整合，通过协同创新和合作创业，实现共赢和可持续发展。

双创知识：双创知识是指涉及创新和创业领域的知识内容与技能要素。它包括了创新和创业的理论知识、实践经验、方法技巧以及相关领域的专业知识。创新理论知识帮助人们理解创新的本质、原理和规律，了解创新的各个阶段和环节，为创新提供理论指导和思维框架。双创知识的掌握对于个体或团队在创新和创业过程中具有重要意义。它有助于人们理解创新和创业的本质与要素，提供指导和支持，增强创新和创业的能力与竞争力。同时，随着社会的不断发展和变化，双创知识也需要不断更新和拓展，以适应新的创新创业环境和需求。

双创教学：双创教学是指在教育领域中，将创新和创业元素纳入教学内容和教学方法，培养学生的创新创业能力和素养的一种教学方式。它旨在通过教育和培养，激发学生的创新思维、创造力和创业精神，培养学生具备创新创业所需的知识、技能和态度。双创教学涵盖了多个学科领域和知识维度，将创新和创业的理论与实践相结合，使学生能够综合运用不同学科的知识和技能进行创新创业活动。双创教学的目标是培养学生具备创新创业的素质和能力，使他们能够在未来的工作和生活中灵活应对变化、抓住机遇、创造价值。通过双创教育，学生能够获得创新思维、创意生成、商业计划编写、团队管理等方面的知识和技能，为将来的创新创业之路打下坚实基础。

因此，本节接下来将对不同层次学校的创新创业教师的双创精神、双创知识以及双创教学进行差异研究。

（一）不同类型高校教师创新创业教育能力差异研究

1. 不同类型高校教师创新创业精神差异

对不同类型高校教师的创新创业精神进行单因素方差分析之后，方差齐性结果为 9.158，$p > 0.05$，故方差齐性，继续进行单因素分析结果显示，$F = 7.728$，$p < 0.01$，故不同高校之间教师的创新创业精神存在显著的差异。根据后续的多重比较结果显示，在教师创新创业精神的得分上，"双一流"建设高校、高职高专院校 > 普通本科院校 > 民办高校、独立学院（$p < 0.05$）。由此可见，在创业精神方面，"双一流"建设高校和高职高专院校的创新创业教师得分较高，这说明相比其他高校，这两类高校的创新创业教师具备更高的创新创业意识以及对创业机会的把握和创业远见，教师对于创新创业的积极性也更高。

2. 不同类型高校教师创新创业知识差异

对不同类型高校教师的创新创业教学进行单因素方差分析之后，方差齐性结果为 10.707，$p > 0.05$，故方差齐性，继续进行单因素分析结果显示，$F = 5.074$，$p < 0.01$，故不同高校之间教师的创新创业教学存在显著的差异。根据后续的多重比较结果显示，在教师创新创业教学的得分上，高职高专院校、"双一流"建设高校、普通本科院校 > 民办高校、独立学院（$p < 0.05$）。

在创新创业知识的掌握上，"双一流"建设高校、高职高专院校、普通本科院校的创新创业教师水平更高，综合能力更强。有一部分原因是这三类院校的创新创业师资学位水平均高于其他院校，因此在创新创业知识和理论研究上具备更多的优势。

3. 不同类型高校教师创新创业教学差异

对不同类型高校教师的创新创业教学进行单因素方差分析之后，方差齐性结果为12.397，$p > 0.05$，故方差齐性，继续进行单因素分析结果显示，$F = 6.832$，$p < 0.01$，故不同高校之间教师的创新创业教学存在显著的差异。根据后续的多重比较结果显示，在教师创新创业教学的得分上，高职高专院校 > "双一流"建设高校、普通本科院校 > 民办高校、独立学院（$p < 0.05$）。在创业教学上，高职高专院校的表现最优，高于其他类型的高校，说明高职高专院校对于学生的创新创业教学方面取得较好的成果，由于高职高专院校与生活生产的接触更加直接，因此，在对学生的创业转化上也有着更为成熟的经验，所以，可以更好地实行创新创业教学，同时为学生提供更多的创新创业实践机会。反观"双一流"建设高校和普通本科院校，在创新创业教学方面较为薄弱，教师的学位和职称虽然较高，但缺乏创新创业实践和教学经验，所以在这一方面的得分较低。

（二）不同类型高校教师创新创业能力提升满意度差异研究

1. 不同类型高校教师对创新创业师资培训满意度差异研究

对不同类型高校的教师对创新创业师资培训满意度进行单因素方差分析之后，方差齐性结果为10.872，$p > 0.05$，故方差齐性，继续进行单因素分析结果显示，$F = 6.217$，$p < 0.01$，故不同高校之间的教师对创新创业师资培训满意度存在显著的差异。根据后续的多重比较结果显示，在教师创新创业师资培训的满意度得分上，高职高专院校 > "双一流"建设高校、普通本科院校、民办高校、独立学院（$p < 0.05$）。高职高专院校在创新创业师资培训的满意度上独树一帜。高职高专院校的教师对于学校所提供的职前职后培训、企业挂职锻炼以及由此而积累的创新创业经验有着较高的评价。

2. 不同类型高校教师对创新创业激励保障制度的满意度差异研究

对不同类型高校的教师对创新创业激励保障制度满意度进行单因素方差分析之后，方差齐性结果为 10.033，p > 0.05，故方差齐性，继续进行单因素分析结果显示，F = 4.956，p < 0.01，故不同高校之间的教师对创新创业激励保障制度满意度存在显著的差异。根据后续的多重比较结果显示，在教师对创新创业激励保障制度的满意度得分上，高职高专院校、"双一流"建设高校 > 普通本科院校 > 民办高校、独立学院（p < 0.05）。在对于创新创业导师的评聘机制、创新成果分配制度、创业绩效考核制度以及职称晋升机制等方面，"双一流"建设高校和高职高专院校的制度更加完善，有助于帮助教师激发创新创业的积极性，发挥主观能动性，提升创新创业教育的能力和绩效。

3. 不同类型高校教师对创新创业的氛围营造满意度差异研究

对不同类型高校的教师对创新创业氛围营造满意度进行单因素方差分析之后，方差齐性结果为 10.276，p > 0.05，故方差齐性，继续进行单因素分析结果显示，F = 4.219，p < 0.01，故不同高校之间的教师对创新创业氛围营造满意度存在显著的差异。根据后续的多重比较结果显示，在创新创业氛围营造的满意度得分上，高职高专院校 > "双一流"建设高校、普通本科院校、民办高校、独立学院（p < 0.05）。可见高职高专院校对创业氛围营造的效果更为显著，包括挖掘树立创新创业典型，营造良好的双创文化氛围等方面都起到良好的效果。

4. 不同类型高校教师对创新创业的师生合作创新满意度差异研究

对不同类型高校的教师对创新创业师生合作满意度进行单因素方差分析之后，方差齐性结果为 10.276，p > 0.05，故方差齐性，继续进行单因素分析结果显示，F = 4.219，p < 0.01，故不同高校之间的教师对创新创业师生合作满意度存在显著的差异。根据后续的多重比较结果显示，在创新创业师生合作的满意度得分上，"双一流"建设高校、普通本科院校、高职高专院校 > 民办高校、独立学院（p < 0.05）。在这一个维度上，"双一流"建设高校、普通本科院校、高职高专院校的师生合作情况比其他类型的高校更好，其原因可

能在于这几类高校能鼓励教师参与到各类学生创新创业活动之中，同时鼓励教师采用更贴近学生的教学和合作方式来与学生共同开展双创活动，因此可以取得更好的效果。

四、高校创新创业教育师资队伍建设与机制保障对策

（一）重视"双"教师的"双创"精神培养

双创精神是双创教师的重要品质之一。作为双创教育的实施者和引导者，双创教师应该具备双创精神，并将其融入教学过程和教育实践中。他们一般具备以下几个方面的特征。一是双创教师具备开放的思维方式，能够跳出传统框架，勇于挑战现有的观念和做法。他们能够激发学生的创新思维，引导他们不断思考和提出新的问题，培养学生的创新能力和创造力。二是双创教师相信每个学生都有潜在的创新和创业潜能，他们致力于发现学生的优势和特长，并通过个性化的教学方法和指导，激发学生的潜能，培养他们的自信心和创业动力。三是双创教师注重实践教学，将理论知识与实际应用相结合。他们鼓励学生亲身参与到创新创业项目中，通过实践活动、实地考察、实际操作等方式，提升学生的实际操作能力和解决问题的能力。四是双创教师关注学生的学习需求和兴趣，以学生为中心，关注学生的个体差异，采用多样化的教学策略和评价方式，激发学生的学习兴趣和主动性，引导他们积极参与创新创业教育。五是双创教师注重团队合作和协作精神的培养。他们鼓励学生在团队中合理分工、协同合作，培养学生的沟通能力、团队合作能力和领导能力，帮助学生理解团队的重要性和团队合作对于创新创业的价值。通过具备双创精神的教师的引领和示范，学生能够感受到创新创业的魅力和价值，积极参与到创新创业教育中。双创教师通过自身的行为和榜样作用，激发学生的激情和动力，培养他们的创新创业能力，为他们的未来发展奠定坚实的基础。同时，双创教师也应不断学习和更新知识，保持对创新创业领域的敏感度和专业素养，与时俱进地引领学生在不断变化的创新创业环境中取

得成功。

因此，在创业精神的提升方面，要增加教师的创业实践机会，让教师能在实打实的创业实践活动当中锻炼自己对创新创业的敏感性，增强对创业风险的把握力度。不仅如此，还要引进校外专业的创新创业导师，利用其创新创业精神对学生加以引导，提升学生的创业精神和创业意识，同时也让学生体验到不同风格的创新创业教学，激发学生的双创热情和潜力。

（二）提高"双创"教师的理论知识水平

创新和创业领域的知识更新非常迅速，"双创"教师需要密切关注前沿动态和最新研究成果。可以通过阅读学术期刊、关注学术界和业界的研究报告、参与专业社群等方式，及时了解最新的理论发展和实践经验。"双创"教师应该深入学习创新和创业领域的相关专业知识，包括创新管理、创业理论、市场营销、商业模式等。他们通过参加专业培训、研讨会、学术会议等方式，不断更新自己的知识储备。通过参与实际项目，教师能够更深入地了解创新创业的挑战和机遇，提升自己的实践能力和理论应用能力。要经常与创新创业领域的专家和从业者进行交流合作，获得更多的实践经验和行业洞察。可以邀请专家来校园进行讲座或指导学生项目，也可以通过参观企业、实习机会等方式，与行业专家建立联系，借鉴他们的经验和见解。"双创"教师应该保持持续学习的习惯，通过自主学习和继续教育课程提升自己的理论知识水平，比如参加创新创业相关的研修班、在线课程、学术项目等，不断拓宽自己的知识领域。同时，学校和教育机构也可以提供支持和资源，组织"双创"教师进行培训和学习，建立专业交流平台，促进教师之间的经验分享和合作。通过这些努力，"双创"教师的理论知识水平将得到提高，以达到为学生提供更高质量的创新创业教育。

（三）增强教师"双创"教学和实践能力

目前，我国创新创业教师的入职条件相对较低，仅要求一定的学科背景和教育经历，而对教师的企业工作经验和创业经历几乎没有要求。这导致选拔出来的教师基本上没有指导大学生创业实践的能力，在能力上呈现出同质性的特征。同时，目前在创新创业领域的教师中，非创新创业专业出身的教师占据了大多数，主要是理工类和经管类的教师，教育学背景的教师较少。这使得他们在教学能力方面不足以胜任创新创业教学的需求。因此，针对当前创新创业教师中缺乏教学能力的情况，应该重点提升他们的教学能力。可以通过建立创新创业课程观摩制度，鼓励教师积极探索新型的创新创业教学模式，开展有趣、高效和实用的创新创业教学形式。同时，还应该加大对教师创新创业实践的支持力度，为教师提供企业挂职实践的平台和机会，提升他们的创新创业实践经历，使教师能够真正将创新创业教育带给学生。

因此，对于当前创新创业师资中教师缺乏创新创业教学能力的这一批教师，应该着重对其创新创业教学能力进行提升，通过建立创新创业课程观摩制度，鼓励教师积极探索新型创新创业教学模式，开展富有趣味、高效实用的创新创业教学形式。同时，还要加大对教师的创新创业实践支持力度，为教师提供企业挂职实践的平台和机会，提升教师的创新创业实践经历，让教师能将创新创业教育真正带给学生。

（四）合理化"双创"教师的师资结构

当前高校双创教育面临的一个主要问题是师资结构不合理，导致师资紧缺。在推进双创教育的过程中，高校普遍存在着师资队伍的结构不够合理和不足的情况。首先，师资队伍中缺乏具备创新创业实践经验和行业背景的教师。由于传统教育模式的影响，部分教师在创新创业领域的实践经验和行业背景相对较弱，难以满足学生对实际应用能力的培养需求。这导致学生在创新创业教育中缺乏真实场景的指导和实践。其次，双创教育需要跨学科的知识和技能，而高校师资队伍中的学科结构相对单一。传统学科的教师难以涵盖创新创业所需的多领域知识，如市场营销、商业模式设计、创新管理等。这也限制了学生在跨学科融合创新和创业实践中的发展。此外，双创教育对于教师的教学方法和教学理念提出了新的要求，需要教师具备创新的教学思维和方法。然而，部分教师缺乏教学改革的动力和创新意识，依然倾向于传统的课堂教学方式，难以充分激发学生的创新创业潜能。

针对这些问题，高校可以积极引进在创新创业领域具有丰富实践经验和行业背景的外部专家，作为兼职教师或特聘教授，担任创新创业课程的教学和指导工作。他们可以通过分享实际案例和工作经验，为学生提供实践机会，培养学生的行业洞察力，提升教学质量。同时，高校可以鼓励教师跨学科合作，组建跨学科的师资团队。通过学科间的合作和协同，教师可以共同开发创新创业课程、开展科研项目，互相学习、交流，提升自身的教学水平和专业素养。另外，高校还可以组织针对双创教育的教师进行培训，提供专业知识和教学方法的培训课程。培训内容可以包括创新创业理论、教学设计、实践项目指导等方面，帮助教师提升双创教育的专业水平和教学能力。

（五）完善"双创"教师的激励保障制度

一是要建立合理的薪酬激励机制，根据教师在创新创业教育方面的表现和贡献，给予相应的薪酬奖励。设置教学业绩奖金、创新项目奖励、教学质量奖励等多种形式的激励措施，鼓励教师积极投入双创教育工作。二是制定明确的职称评定标准和晋升路径，将双创教育的教学质量、实践成果、教学研究等作为评定的重要指标。通过职称晋升来体现教师在双创教育方面的专业成就，激发教师的积极性和创造力。三是设立双创教育的奖项和荣誉称号，表彰在创新创业教育中有杰出贡献的教师。可以设立年度最佳双创教师奖、创新创业教育特殊贡献奖等奖项，为教师提供外部的认可和激励。四是建立持续的教师培训和发展机制，为教师提供各类培训资源和学习机会。可以组织创新创业教育的专业培训班、研讨会、学术交流活动等，帮助教师不断提升自身的专业能力和教学水平。五是为双创教师提供必要的支持和资源，包括教学设备、实验室、项目经费等。高校可以设立专门的创新创业教育基金，用于支持教师在创新创业教育方面的项目和研究。

要完善"双创"教师的激励保障制度，可以考虑以下方面。一是建立合理的薪酬制度，将创新创业教师的绩效与其创新创业教育的质量和成果挂钩。可以设立额外的绩效奖金或津贴，以激励教师在创新创业教育方面的投入和表现。此外，还可以设立技术创新和商业化成果转化的奖励机制，鼓励教师积极参与科研和创业实践，推动科技成果的转化和产业化。二是建立明确的评价体系，将创新创业教育的教学成果和学术研究成果纳入职称晋升和评优评奖的考核指标。通过评估教师在创新创业教育方面的贡献和影响力，提供晋升和获得荣誉的机会，激励教师在创新创业教育领域持续发展和提高。三是提供专业培训和学术交流的机会，帮助"双创"教师不断提升自身的创新创业教育水平和专业能力。可以组织创新创业教育研讨会、工作坊和研修班，邀请国内外专家进行指导和讲座，促进教师之间的交流和合作。此外，还可以支持教师参与创业项目和产业合作，提供实践机会和资源支持，丰富他们的实践经验和创业网络。四是为"双创"教师提供科研项目的资助和支持，鼓励他们在创新创业教育领域开展深入研究和实践探索。可以设立专项科研基金，支持教师开展创新创业教育相关的科研项目，并提供项目申报和管理的支持服务。此外，还可以为教师提供创业项目孵化、科技成果转化和产业合作的支持，帮助教师将科研成果转化为实际应用，推动产学研结合和创新创业的发展。通过完善"双创"教师的激励保障制度，可以激发教师的积极性和创造力，提高创新创业教育的质量和效果。同时，也可以吸引更多有创新精神和实践能力的人才从事创新创业教育工作，促进创新创业教育事业的长期发展和繁荣。

第三节　建设科学的创新创业教育课程体系

地方高校在创新创业教育课程体系建设中应将塑造大学生创新精神、传授创业知识和锻炼创业能力作为三大主要目标。这一举措不仅有助于创业带动就业、促进高校充分就业，还是培养创新型人才的重要途径，符合国家创新驱动发展战略的需求。在新时代教育综合改革的背景下，地方高校在创新创业教育课程体系建设过程中面临着许多现实问题。地方高校在创新创业教育课程体系建设中需要优化建设路径，以推动地方高校创新创业教育改革。通过明确目标和定位，整合资源和建立合作机制，强化实践环节和项目导向，以及持续评估和改进，地方高校能够更好地培养出具备创新创业能力的人才，为地方经济发展和社会进步做出贡献。

一、高校创新创业教育课程体系建设存在的现实矛盾

（一）应然与实然的矛盾：高校教学改革中创新创业教育理念遇冷

地方高校教学改革中创新创业教育理念遇冷是指在地方高校的教学改革中，推行创新创业教育理念遭遇了不够热烈的响应和支持。这可能是由于以下几个原因引起的。一是教育观念的传统固化。在某些地方高校，教育观念仍然相对保守，更偏向于传统的学科教育模式。创新创业教育理念相对较新，对于传统观念的根深蒂固带来了一定的冲击，导致一些人对其持保留态度。二是教师和学生的认知与接受度。创新创业教育需要教师具备相关的知识和技能，并能够将其应用于教学实践中。然而，一些教师可能缺乏相关知识和培训，难以适应创新创业教育的要求。同时，学生对于创新创业教育的认知与接受度也存在差异，一些学生可能更偏向于传统的学科学习，对于创新创业教育的兴趣和参与度不高。三是资源和环境的限制。创新创业教育需要一定的资源支持和良好的环境条件。然而，地方高校可能面临教学资源相对匮乏、实验设施不足、产业合作机会有限等问题，这些限制了创新创业教育的开展和发展。

1. 主体意识不到位

地方高校在推进创新创业教育过程中，缺乏足够的主动性和责任感，缺乏对创新创业教育的长远规划和发展战略。高校通常只是应付上级要求，将建设创新创业学院、开展创新创业教育作为完成上级指定任务的一种方式，而缺乏主动意识。他们没有将创新创业教育作为教学改革的突破口，也未能在高校领导层中形成对创新创业教育的强烈主体意识。这种情况导致地方高

校在创新创业教育中重视形式而忽视了教育内容和质量。他们更关注于满足政策要求和统计指标，而忽视了学生真正需要的实践机会、创新能力培养和创业意识的培养。

为改变这种状况，地方高校需要更加重视创新创业教育的内涵和质量，将其纳入高校的整体发展战略中。高校领导层应该对创新创业教育有清晰的认识，并将其视为推动教学改革和高质量人才培养的重要途径。他们应该制定明确的发展目标和规划，并将创新创业教育融入课程体系、师资队伍建设、教学资源配置等方面。

2. 组织机构不到位

地方高校创新创业教育的发展与高校的顶层设计密切相关。高校的顶层设计包括战略规划、政策制定和资源配置等方面，对于创新创业教育的发展起着重要的引导和推动作用。通过将创新创业教育纳入学校的发展战略和发展规划中，制定相应的政策和制度，合理配置资源，加强与政府和社会各界的合作，高校可以为创新创业教育提供坚实的支持和保障，推动创新创业教育生态系统的健康发展。这样的顶层设计将有助于高校形成系统化、持续性的创新创业教育体系，培养出更多具有创新精神和创业能力的人才。

3. 制度建设不到位

地方高校在创新创业教育制度建设方面可能存在不到位的情况。一方面，地方高校可能缺乏全面、系统的创新创业教育制度。这包括制定规范的课程设置，建立创新创业导师制度，完善创新创业实践平台，激励学生参与创新创业活动的政策等。这些制度的建设需要全面考虑学生的需求和特点，提供有针对性的培养方案和支持措施。另一方面，地方高校可能缺乏有效的监督和评估机制。创新创业教育制度的建设需要有明确的目标和标准，并进行定期的监督和评估，以确保制度的有效性和质量。这可以通过建立监督机构或委员会，制定评估指标和流程，开展定期的评估工作来实现。此外，地方高校还应注重与外部资源的合作和整合。创新创业教育需要与产业界、创业孵化器、投资机构等外部资源进行紧密合作，提供实践机会、导师指导和资源支持，以培养学生的创新创业能力。

（二）回避与融合的矛盾：创新创业教育课程难以融入专业课程建设

目前，地方高校的创新创业教育课程主要以公共通识课程的形式存在于人才培养体系中。这意味着创新创业教育课程通常不作为专业教育的一部分，而是作为一种普遍的教育要求，供所有学生选择修读。因此，创新创业教育课程与专业教育之间存在明显的隔离和分离现象，可以说是两个独立的教育领域。这种情况导致了创新创业教育与专业教育之间存在着"两张皮"的差异。在专业教育中，学生主要接受与其专业相关的课程和训练，而创新创业教育则是作为一种额外的要求，学生可以选择性地参与。因此，学生在专业教育中获得的知识和技能往往与创新创业教育的内容和目标存在较大的差异。主要表现如下。

由于缺乏足够的重视和支持，创新创业课程往往被压缩在有限的学分和课时中，无法给学生提供充分的学习和实践机会。这导致创新创业教育课程的开设和实践活动的进行受到限制，影响了学生的学习和创新创业能力的培养。同时，地方高校与企业和社会资源的合作不够紧密，缺乏实际的创新创业案例和实践机会。这限制了学生的创新创业经验和能力的培养，使创新创业教育脱离了实际应用场景的需求。

回避论：

高校缺乏经验丰富、具有创新创业背景的教师，导致创新创业教育的质量和效果不佳。地方高校在招聘和培养创新创业教师方面存在困难，导致师资队伍的短缺和不均衡。同时，地方高校与企业和社会资源的合作不够紧密，缺乏实际的创新创业案例和实践机会。

无力论：

大多数地方高校将创新创业学院划归学工系统，导致创新创业教育与教学系统分离，难以实现有效融合。学工系统和教学系统追求不同的教学目标和评价体系，导致创新创业教育与学科专业教育之间存在矛盾和冲突，难以形成有机的教学整合。创新创业学院与教学系统的分离，可能导致学科之间的隔阂，限制了跨学科教学与合作的机会，影响学生的综合素质和创新能力的培养。

（三）理想与现实矛盾：创新创业教育课程建设不成体系

1. 缺乏理论指导

目前，地方高校在创新创业教育课程体系建设方面已经初见成效。然而，在创新创业教育的实践教学方式、追踪评估体系以及创新创业职业指导教育课程群的建设等方面仍然缺乏相应的理论研究和探讨。地方高校需要进一步探索以何种理论为支撑并获得相关学科的辅助与指导，以推进本校创新创业教育课程体系的建设。

在创新创业教育课程体系建设中，地方高校需要寻找适合自身情况的理论支撑。这种理论支撑可以来自创新创业教育领域的研究成果，包括创新创业教育的理论框架、教学方法和评价方式等方面的研究。通过对理论研究的深入学习和应用，地方高校可以更好地指导创新创业教育课程的设计和实施，并确保其质量和效果。

同时，地方高校还需要寻求相关学科的辅助与指导。创新创业教育是一个跨学科的领域，涉及创新、创业、管理、经济等多个学科的知识和方法。地方高校可以与相关学科的教师和研究者进行合作，共同探讨创新创业教育课程体系建设中的关键问题，并借鉴相关学科的理论和经验，以提升创新创业教育的质量和效果。

2. 缺乏系统规划

在一些地方高校中，创新创业教育课程可能是零散的，缺乏整体规划和结构。缺乏一个明确的课程框架，使得学生难以有系统地学习和培养创新创业的能力。创新创业教育课程可能涉及多个学科领域和专业，但这些内容可能分散在不同的课程中，缺乏整合和协调。学生可能需要在不同的课程中重复学习相似的知识，造成了学习资源的浪费和学生学习体验的不连贯性。创新创业教育的本质是培养学生的实践能力和创新思维，但一些地方高校的创新创业课程可能过于理论化，缺乏实践环节。学生很难将所学知识应用到实际创业活动中，缺乏实践锻炼的机会。

3. 缺乏层次设计

创新创业教育课程可能在内容和难度层次上缺乏递进性和分层次的设计。一是内容重复和冗余。课程中可能存在内容的重复和冗余，即相似或重复的知识和技能在不同阶段或不同课程中反复出现。这会导致学生对内容的疲劳感和学习资源的浪费。课程的设计可能过于注重广度而忽视深度，或者过于注重深度而忽视广度。这会导致学生在某个方面的知识和技能掌握过于片面，无法全面地应对创新创业的挑战。二是缺乏清晰的学习路径。课程可能缺乏明确的学习路径，即学生不清楚应该按照什么顺序学习课程内容。这会导致学生随机选择课程，或者无法建立起知识的递进性和连贯性。课程过于理论化，缺乏实践和应用环节。这使得学生难以将所学知识和技能应用到实际的创新创业实践中，无法真正培养实际操作和解决问题的能力。三是课程中存在难度跃进或不匹配的问题。即学生在学习过程中遇到难度过大或过低的内容，这会导致学生的学习困惑或失去学习的动力。这些问题也导致创新创业教育课程的教学效果和学习体验不佳。为了解决这些问题，需要对课程进行重新设计，确保内容与难度层次的递进性和分层次。这包括清晰地规划学习路径，避免内容的重复和冗余，平衡深度和广度，提供实践和应用环节等。

二、高校创新创业教育课程体系建设提升路径

近年来，教育部在推进高校创新创业教育方面采取了分层次的措施，包括横向融通和纵向发展。在横向融通方面，教育部鼓励高校之间加强合作和交流，共享创新创业教育资源。这种合作可以体现在课程设计、师资培养、科研合作等方面。高校之间可以相互借鉴成功经验，共同探索创新创业教育的最佳实践。此外，教育部还鼓励高校与企业、科研机构等外部合作伙伴建立密切联系，促进校企合作、产学研结合，为学生提供更加实践性的创新创业教育环境。而纵向发展则强调高校创新创业教育体系的层次结构和全面发

展。教育部鼓励高校在创新创业教育方面进行差异化发展，以满足不同层次、不同需求的学生。在这个过程中，高校可以根据学生的兴趣和专业特长，开设不同层次、不同类型的创新创业教育课程和项目。比如，一些高水平的大学可以设立专业的创新创业学院或中心，提供系统化、深入的创新创业教育，培养具有创新精神和创业能力的高级创新创业人才。而一些普通高校则可以通过开设选修课程、举办创业讲座等方式，为更多学生提供入门级的创新创业教育。除了横向融通和纵向发展，教育部还鼓励高校创新创业教育与社会资源的有效对接。这意味着高校应当积极与政府、企业、创业孵化器等社会组织合作，共同打造创新创业生态系统。通过与社会资源的对接，高校可以为学生提供更多实践机会、创业项目和创新创业支持，增强学生的实践能力和创新创业意识。

（一）以创新创业教育基础建设，保障地方高校创新创业教育课程体系建设

地方高校经过长期发展，需要一个强有力的引擎去发动新一轮改革，通过创新创业教育推动高校专业教育发展，是地方高校教学建设改革的重要突破口。

1. 强化创新创业教育主体意识，实现领导到位

要推动地方高校专业教育发展，首先需要强化创新创业教育主体意识，确保领导到位。这意味着高校领导层应当充分认识到创新创业教育的重要性，并将其作为高校教学建设改革的重要组成部分。高校领导层应当明确创新创业教育的定位和目标，明确责任分工，确保相关政策的出台和执行。为确保领导有力，高校应设立专门的创新创业教育管理机构或职能部门，负责创新创业教育的规划、组织、协调和管理。这个机构或部门可以由具有创新创业教育经验和专业知识的教师、管理人员和专家组成，他们担任创新创业教育的负责人或顾问，为高校提供专业指导和支持。

2. 建设创新创业教育机构，实现组织到位

为了推动地方高校创新创业教育的发展，建设创新创业教育机构是实现组织到位的重要举措。这些机构可以为创新创业教育提供有效的组织、管理和支持，促进教育资源的整合和优化利用。地方高校可以设立创新创业教育中心或学院，作为创新创业教育的组织和管理平台。这些机构可以集中教育资源，负责创新创业课程的设计与开发、教师培训与评估、创新创业活动的组织与推进等工作。创新创业教育中心或学院还可以与其他高校、企业、创业孵化器等机构建立合作关系，促进资源共享和合作交流。通过建设创新创业教育机构，实现组织到位，地方高校可以更好地推动创新创业教育的发展。这些机构将为创新创业教育提供专业化的组织和支持，促进学生的创新创业能力的培养，进一步推动地方高校专业教育的发展和地方经济的创新创业繁荣。

3. 构建创新创业教育机制，实现制度到位。

为了以培养学生创新思维、创业意识和创新能力为目标，地方高校需要通过改革教学目标、内容、教学方法和评价方式等方面，构建创新创业教育机制。首先，地方高校可以调整教学目标，将培养学生的创新创业能力作为重要目标之一。教师应当明确创新创业教育的核心要素，如创新思维、创业意识、团队合作、问题解决能力等，并将这些要素纳入课程设计和教学实践中。教师可以通过案例教学、项目实践、团队合作等方式，激发学生的创新创业潜能，培养他们的创新思维和实践能力。其次，地方高校可以更新教学内容，增加创新创业相关的课程和实践项目。这些课程可以包括创新管理、创业策划、市场营销、创新创业法律等方面的知识，帮助学生了解创新创业领域的基本概念、技能和工具。同时，学校可以与企业、创业孵化器等机构合作，提供实践项目和实习机会，让学生能够亲身参与创新创业活动，锻炼实践能力。再次，地方高校可以采用创新的教学方法，激发学生的创新创业热情和能动性。教师可以运用案例分析、团队合作、角色扮演、创意思维训练等教学方法，培养学生的创造力、合作精神和解决问题的能力。此外，学校还可以开设创新创业实验室，提供创新创业资源和平台，让学生能够进行创新实验和创业实践，体验创新创业的全过程。最后，地方高校需要改革创新创业教育的评价方式，从传统的知识考核向能力评价转变。评价可以包括学生的创新创业项目成果、创新思维的展示、团队合作能力的表现等方面。学校可以采用多元化的评价方法，如个人报告、团队展示、实际操作评估等，全面评估学生的创新创业能力。

通过构建创新创业教育机制，地方高校可以实现对学生创新思维、创业意识和创新能力的全面培养。这将为学生提供良好的创新创业教育环境和机会，培养他们的创新精神和实践能力，为地方高校专业教育的发展和地方经济的创新创业提供有力支持。

（二）以专业课程建设为中心融入创新创业教育，构建新课程体系

地方高校创新创业教育与专业教育融合是当前的大势所趋，这一点可以从2019年《教育部办公厅关于实施一流本科专业建设"双万计划"的通知》和《国家级一流本科专业建设点推荐工作指导标准》中得到印证。这些文件都倡导持续深化创新教育理念、专创融合，推动高等教育的思想创新、理念创新、方法技术创新和模式创新。这意味着地方高校应当将创新创业教育与专业教育有机地结合起来。传统的专业教育注重学科知识和专业技能的培养，而创新创业教育更加注重培养学生的创新思维、创业意识和创新能力。通过融合创新创业元素，地方高校可以在专业课程中引入创新创业内容，提供创新创业实践机会，培养学生的创新创业精神和能力。这种融合不仅可以为学生提供更广阔的发展空间，培养他们适应社会创新创业需求的能力，还可以促进学科发展和社会经济发展的良性互动。因此，地方高校在创新创业教育和专业教育融合方面的努力是符合时代潮流和教育发展要求的。

1. 树立将创新创业课程融入专业学科建设的意识，实现认识到位

高校专业学科建设是开展创新创业教育的前提和基础，而创新创业教育则是提升专业学科建设的有效途径。开展创新创业课程的目的是将创新创业理念融入专业学科建设中，根据不同专业学科的特点，针对性地培养大学生的创新创业思维、创新素质和能力，使学生在专业知识和创新创业能力方面取得发展与突破。因此，地方高校的教学管理部门应当转变教育理念，充分认识到专业学科建设与创新创业教育的相互促进和不可分割性。专业学科建

设需要注重培养学生的创新能力和创业意识，通过引入创新创业课程和实践活动，使学生在专业学科中能够灵活运用知识和技能，具备创新解决问题的能力。同时，创新创业教育也需要依托于专业学科的深入发展，将创新创业的理念和方法与专业知识相结合，培养具备专业素养的创新创业人才。只有将专业学科建设与创新创业教育相互融合，才能实现双向促进，为学生提供全面发展的机会，为社会培养更具创新创业能力的人才。

2. 探索创新创业课程融入专业学科建设的方法，实现策略到位

创新创业教育在高校的实施可以采取以下措施。第一，开设专业课程。高校可以开设涵盖创新与创业、初创企业、企业财税制度解读等内容的课程，为学生提供创新创业方面的知识与技能培养。第二，融入创新创业理念与内容。在专业课程中，可以融入创新创业的理念、内容和方法，通过将创新前沿与专业知识相结合，培养学生的创新思维和创业素养，提升其专业能力。第三，培养创新创业专任教师。为了保证创新创业教育的质量，高校需要培养具备创新创业教育理念和能力的专任教师。地方高校可以加强对专业教师的培训，使其成为创新创业教育课程的主力军，同时也可以积极与企业合作，引入优秀的企业兼职导师资源，提供更好的师资保障。

3. 畅通创新创业教育科研渠道，实现平台到位

创新创业教育在我国的发展相对较晚，地方高校的科研政策和平台主要面向传统专业学科，对于创新创业教育的支持还不够充分。为了促进创新创业教育的融入和发展，地方高校需要在相关制度方面做出以下努力。首先，保障创新创业专任教师的权益。地方高校应该确保创新创业专任教师在薪酬、职称评定、教学评价等方面与其他专业教师享有同等待遇，消除对创新创业教育的不平衡对待，激发教师的积极性和创造力。其次，将创新创业教育纳入高校教学科研体制。地方高校应该建立健全相应的管理机制和评价体系，将创新创业教育纳入教学科研体制中，赋予其相应的权重和地位。这样可以促使创新创业教育与专业学科建设相互融合，形成良性循环，提高创新创业教育的质量和影响力。此外，地方高校还可以加强与政府、企业和社会资源的合作，积极引入外部支持和投入，建立创新创业教育的相关平台和项目，为学生提供更多实践机会和创业资源，推动创新创业教育的全面发展。

（三）以理论指导创新创业教育课程体系建设，实现地方高校创新创业教育课程系统化发展

2015 年，国务院办公厅发布了《关于深化高等学校创新创业教育改革的实施意见》，明确了高校创新创业教育的改革方向和重点。该文件提出了以下几方面的要求，以促进高校创新创业课程体系的发展。

1. 推动创新创业教育课程建设目标理念先行，实现理论化指导

我国的学者成希、张放平提出了基于核心素养理念的高校创新创业教育课程体系建设。学者尚大军提出了创新创业素质模型，而杨宜、喻德望老师从系统论的视角设计高校创新创业课程，以实现课程体系的结构化、实用化和功能化。谢树平老师参照布鲁姆的教育目标分类理论，提出了以培养大学生创新创业知识、能力、情感意志和实践技能为高校创业教育课程目标的重要教育观点。

针对以上观点，笔者认为：首先，高校需要明确创新创业教育的目标理念。这意味着要明确创新创业教育的核心价值观和培养目标，如培养学生的创新意识、创业精神、团队合作能力、问题解决能力等。高校可以通过广泛的调研和讨论，制定创新创业教育的发展目标，并将其纳入高校的发展战略和教育规划。其次，高校需要将创新创业教育的目标理念转化为具体的课程建设和教学实践。这要求高校对现有的创新创业课程进行审视和优化，确保课程内容与目标理念相匹配。高校可以引入前沿的创新创业理论和实践案例，设计符合学生需求和社会需求的创新创业课程。课程设置可以涵盖创新创业基础知识、创新创业方法与工具、创新创业案例分析、创新创业管理等方面的内容。同时，高校应该在教学过程中注重理论与实践相结合。创新创业教育不仅仅是传授理论知识，更需要通过实践活动培养学生的创新创业能力。因此，高校可以通过项目实践、实习实训、企业合作等方式，让学生参与真实的创新创业活动，锻炼他们的实践能力和创新思维。

2.科学推进创新创业教育课程群建设，实现体系化发展

第一，高校需要进行全面的课程调研和需求分析。通过与学生、企业、创业者等相关利益方的沟通和交流，高校可以了解到创新创业教育的实际需求和市场需求。在此基础上，高校可以制定创新创业教育课程群的发展规划，明确课程的设置、学分配和教学安排。第二，高校应该建立完善的课程体系和课程群架构。课程体系是指将各门创新创业课程有机地组织起来，形成一套完整的课程体系，以满足学生的知识需求和能力培养目标。课程群架构是指将相关的创新创业课程进行分类和组织，形成课程群的结构和层次关系。高校可以根据不同的创新创业领域和学生的兴趣需求，构建多样化的课程体系和课程群架构，以满足学生的个性化学习需求。第三，高校需要注重课程的质量保障和教师队伍建设。建立课程质量评估机制，对创新创业课程进行评估和监测，确保课程的教学效果和质量。此外，高校还应该加强教师队伍的培养和建设，提升教师的创新创业教育能力和实践经验，为学生提供优质的教学服务。第四，高校可以积极探索与外部资源的合作与融合。与企业、创业孵化器、科研机构等合作，可以为高校创新创业教育课程群的建设提供丰富的资源和实践机会。高校可以引入外部专家、企业导师等，参与创新创业课程的教学和指导工作，提升课程的实践性和应用性。通过科学推进创新创业教育课程群建设，实现创新创业教育的体系化发展，这将有助于构建完整的创新创业教育体系，提供丰富多样的创新创业课程供学生选择，促进学生全面发展创新创业能力。同时，与外部资源的合作与融合也将为学生提供更广阔的实践平台和机会，增强他们的创新创业竞争力。

3.打造专兼职创新创业教师队伍，实现专业化发展

在地方高校推进创新创业教育的实施中，确保关键和成效的保证离不开一支专业化的师资队伍。以下是推进地方高校创新创业教师队伍专业化发展的关键措施。首先，加强对创新创业教师队伍的管理。建立科学的遴选与考核机制，通过选拔合适的人才进入教师队伍，保证教师的专业素质和能力。这可以通过设立创新创业教师岗位、建立评价指标体系、开展教师评估和职称评审等方式来实施。其次，加大对已有专业教师的创新创业培训。创新创业领域的学科、行业和市场都在不断变化，因此，加强对专业教师的培训和学习非常重要。通过组织专业培训课程、参与学术研讨会议、开展行业交流活动等方式，提升教师的专业知识和能力，使其能够紧跟时代的发展，把握最前沿的信息和趋势。最后，利用校友资源打造高质量的企业兼职导师队伍。校友是地方高校的宝贵资源，他们在创业领域拥有丰富的经验和资源。通过与校友企业建立合作关系，邀请成功创业的校友担任兼职导师，为学生提供创新创业指导和实践支持。这样的举措有助于培养学生的创新创业实践能力，并将创业思维与实践相结合。通过加强管理、培训教师和利用校友资源打造兼职导师队伍，地方高校可以推进创新创业教师队伍的专业化发展。这样的举措将有助于提高教师的专业素养和能力，提供更优质的创新创业教育服务，为学生的创新创业能力培养提供良好的保障。

三、当前推进创新创业教育内涵式发展的若干策略

创新创业教育生态系统的建设是一项复杂而综合性的任务，需要着重关注发展的核心环节，紧密围绕发展的重点，解决发展中的难题，推动创新创业教育向内涵式发展的方向前进。在构建创新创业教育生态系统时，我们必须深入把握发展的核心要素和关键环节。这包括培养创新创业教育的师资队伍，优化创新创业教育的课程设置与教学方法，提供创新创业实践的机会和平台，以及建立创新创业教育评价与监测体系等。这些核心环节相互关联、相互促进，形成一个有机整体，为创新创业教育提供全方位的支持和保障。同时，我们需要紧密围绕发展的重点，聚焦当前创新创业教育的热点与需求。这包括重点关注科技创新与创业、跨学科创新与创业、社会创新与创业等领域，以满足社会对创新创业人才的多样化需求。在重点领域的发展中，我们应当注重整体规划与协同推进，协调各方资源，促进创新创业教育的协同发展。此外，我们还需要破解发展中的难题，积极应对创新创业教育面临的挑

战与问题。这可能涉及创新创业教育的理论与实践结合、学校与社会协同发展、创新创业文化的培育等方面。通过推动相关政策的制定与落实，加强合作与交流机制的建立，我们能够逐步解决这些难题，推动创新创业教育向着更高水平迈进。

（一）鼓励创新，释放创新创业教育体制机制的活力

在创新创业教育的生态发展中，创新理念是改革的前导，能够释放实践的活力，推动创新创业教育持续发展和不断进步。首先，创新理念需要贯穿于创新创业教育的各个层面。从课程设置到教学方法，从学习环境到评价体系，创新理念应该贯穿于整个教育体系。我们需要打破传统的教学模式和思维定式，鼓励教师和学生思考和探索创新的方式和路径。同时，学校和教育机构也需要创新管理机制和体制机制，为创新创业教育提供有力支持。其次，创新理念需要与时俱进，与社会发展和产业需求相契合。创新创业教育应该紧密结合当前的科技发展、经济转型和社会需求，培养与时代要求相适应的创新人才。学校和教育机构应积极与企业、科研机构和社会组织等合作，了解最新的创新动态和需求，及时更新和调整教育内容和方法，确保创新创业教育与实际需求紧密对接。此外，创新理念需要倡导跨学科和综合性的教育。创新创业往往需要跨越学科边界，综合运用不同领域的知识和技能。因此，创新创业教育应该强调学科融合和综合性能力的培养。学校可以组织跨学科的创新创业项目，鼓励学生从不同学科角度思考和解决问题，培养他们的综合能力和创新思维。创新理念在创新创业教育的生态发展中扮演着重要的角色。只有不断创新教育理念和方法，适应时代的需求和挑战，才能真正激发学生创新创业的活力，培养出具备创新能力和创业精神的人才，为社会的繁荣和进步做出积极贡献。

（二）倡导互惠，打造大学与区域、行业协同发展的生态链

高等教育机构在创业生态链的上游位置，承担着培养创新创业人才的重要使命。然而，要实现创新创业教育的全面发展，需要与地方商业界、政府和社区团体建立紧密的合作关系，实现共荣共生、持续互惠的合作模式。高

等教育机构可以积极与本地企业和创业者合作，建立产学研合作基地或创新创业实验室，提供实践机会和资源支持。双方可以共同开展创新创业项目，共享创新成果和商业机会，促进科技创新和产业升级。此外，高等教育机构还可以邀请企业家和行业专家参与教学，为学生提供实践导师和职业指导，帮助他们更好地理解市场需求和行业趋势。政府可以出台支持创新创业教育的政策和措施，提供资金和资源支持，为高等教育机构和学生创造良好的创新创业环境。高等教育机构可以与政府部门合作，共同组织创新创业竞赛、论坛和展览等活动，提升创新创业教育的影响力和知名度。政府还可以促进校地合作，搭建创新创业服务平台，为学生和创业团队提供创业孵化、投融资和法律咨询等支持服务。

高等教育机构可以与社区团体合作，开展社会实践和社区服务活动，让学生深入了解社会需求和问题，并通过创新创业方式解决这些问题。社区团体可以提供场地和资源支持，为学生和创业团队提供实践平台和市场机会。通过与社区团体的合作，高等教育机构可以培养学生的社会责任感和公民意识，促进社区的可持续发展。高等教育机构在创新创业教育生态系统中扮演着关键角色，而与地方商业界、政府和社区团体的紧密合作关系则是实现创新创业教育全面发展的重要保障。只有共同努力，形成共荣共生、持续互惠的合作模式，才能构建一个有利于创新创业人才培养和社会经济发展的生态系统。

（三）保障发展，制定《创新创业教育促进条例》

创新创业教育发展离不开政府的大力引导和支持，自 1998 年首次在国家层面提出"加强对教师和学生的创业教育"的要求开始，各级政府出台了一系列与创新创业教育相关的政策，但目前尚未制定创新创业教育的法律条文。根据政府放管服改革要求，建议进一步深化行政职能改革，制定《创新创业教育促进条例》，推进和保障我国创新创业教育健康发展。

《创新创业教育促进条例》内容应包括创新创业教育的开设标准、组织活动、利益相关者、扶持奖励、管理监督和法律责任等。出台《创新创业教育促进条例》，意味着我国创新创业教育事业发展进入依法管理、依法发展的法治化轨道，创新创业教育管理将承担相应的法律责任，履行相应的法律义务，各利益相关者的相关行为将承担相应的法律后果，保护参与者的合法权益，激励利益相关者的参与热情。

（四）提高质量，走内涵式发展的道路

创新创业教育必须走质量优先、内涵式发展的道路。政府要构建创新创业质量保障体系，系统开展创新创业教育质量监测：明确创新创业教育不同主体对质量保障的目标、责任与义务，形成任务、职责与权限明确，相互协调的质量监控体系；建立分类分层创新创业教育质量标准与实施方法，做到有章可依、有章必依；从动力机制、协调机制、激励机制、共享机制、质量反馈机制等方面加强质量管理，促进创新创业质量提升。学校要进一步厘清发展思路，以提升大学生创新创业核心素质为本，培养高素质的创新创业人才；根据教师需求，建设分类、多元、协作型创业教育教师队伍；根据大学生需求差异，构建通识型、专业融合型项目导向型兼顾的创新创业课程体系；根据教学改革需求，深化基于导向、面向实践、提升能力的创新创业教学方法改革；建立创业教育教学质量联动机制，优化教育教学质量评价依据，提高创新创业教育绩效。

（五）走向全球，构建全球创新创业教育共同体

随着经济社会及全球化的发展，构建全球创新创业教育共同体已成为未来趋势。2015年，联合国教科文组织《教育2030行动框架》（*Education 2030 Framework for Action*）提出："必须开展全民性的创业教育，使所有的青少年和成年人都有机会接受高质量的创业教育，以此提升他们的创业精神与创业能力。"[①] 在这个背景下，推动合作与共享，构建全球创业教育共同体，既符合各国的根本利益，也有利于创业者的全球发展。全球创业教育共同体的构建主体包括国际组织、各国政府、大学和企业。当前，我国应当加快教育国际化的步伐，鼓励大学和企业在全球创新创业教育共同体的建设中发挥重要作用。这意

---

① UNESCO. Education 2030 Ineheon Declaration and Framework for Aetion[EB/OL]. http://wwwunesco.org/new/fleadmin/MULTIMEDIA/HQ/ED/ED_new/pdf/FFA-ENG-270et15.pdf,2015-10-27.

味着我国的高等教育机构和企业应积极参与国际合作，与其他国家的大学、企业和国际组织进行交流与合作。通过加强国际间的协作与共享，可以共同推动创业教育的发展，促进创新创业者在全球范围内的成长和发展。

第四节 "四级进阶"的创新创业教育模式的设想

一、创业启航站

针对大一学生开展创新创业通识教育，打造创业启航站：面向大一所有学生，大约 5000 人，开展创新创业通识教育，设为必修课，2 个学分，32 学时，主要培养学生的创新创业意识。通过引进成熟的创新创业教育运营商，以线上教学和线下指导相结合的方式进行授课。在创业启航站的实施过程中，质量是办学的核心追求。一是制定明确的教学标准和评估体系，确保课程内容与学习目标相匹配。教学标准可以包括教学大纲、课程设计、教学方法和评估方式等方面的要求，以确保教学质量的一致性和可衡量性。二是为参与创业启航站教学的教师提供创新创业教育的培训和支持。这包括教学方法的培训、案例分析和教学资源的分享等，以提高教师在创新创业教育领域的专业能力和教学水平。三是在线上教学过程中，确保教学平台的稳定性和互动性。提供清晰而易于理解的学习材料、课件和资源，并为学生提供在线讨论和互动的机会，以促进学生的参与和学习效果。

大学生群体是人才、智慧、热情、梦想集聚的高地，他们思路活跃，敢于挑战，是创新创业的主力军。"少年强则国强"，年轻人的创新意识、创业精神代表着一个国家的未来和希望。主题沙龙活动，意在培养和调动大学生们积极创新、勇于创业的精神，鼓励同学们积极参加校企实习和社会实践活动，开阔视野，增长创业实践能力，成就创业梦想。线下指导和实践环节是创新创业教育不可或缺的一部分，可以通过实地考察、企业实习、创业访谈等方式提供学生真实的创新创业体验。确保指导教师的专业素质和实践经验，为学生提供有针对性的指导和支持。同时，定期进行教学质量评估和反馈收集，包括学生评价、教师评估和课程评估等。根据评估结果，及时调整教学策略和内容，不断改进创新创业通识教育的质量。

二、创业赛训营

针对大二学生开展创新创业重点教育，打造创业赛训营：在完成通识教育后，部分学生产生了创业意识，面向有创业意向的学生，选拔约 200 名，与专业创业教育公司合作开展创业先锋班，组建团队，参加各类创新创业大赛，进行重点培训，主要培养学生的创新基础知识能力和创业潜质。

创业赛训营培训为期数天，可采取"线上＋线下""专训＋提升""理论＋模拟"等相结合的方式进行，主要从"互联网＋"思维、大赛赛道选择、大赛团队组建、大赛项目发掘、项目商业计划书编写与优化、项目视频及 PPT 制作、项目路演技巧等方面进行，有集中授课，也有大赛分享和交流。

第二节"四级进阶"的创新创业教育模式流；有具体案例分析，也有大赛大数据分享。对大赛进行了深度剖析和分段指导，帮助参训师生进一步理解大赛内涵、掌握大赛规则、明确参赛目标。

创业训练营从创业素养提升角度分析创业者、创业模式、创业过程和创业管理，强调创业训练的科学性、持续性和完整性。通过创业素质训练和提升，迈出勤奋创业、智慧创业、勇敢创业的坚实脚步。创业竞赛是一种有效的培养学生创新创业理念和能力的方法，但单一的科技类竞赛虽然能提高学生的动手能力，却很难将课堂学习的理论和竞赛实践活动中的具体问题紧密结合，导致学生实际动手能力缺乏严谨的理论指导，而理论又无法在实践中理解和深化。因此，本书提出一种"赛训结合"的人才培养模式，在理论课教学中引入竞赛项目，将竞赛项目具体任务实践融入实验实训环节，锻炼学生学以致用的能力。

三、创业梦工厂

为了加强创新创业系统教育并解决商业化和产业化中的薄弱环节，我们将建立一个创业梦工厂，专注于提升师生创业项目的实力和商业化能力。一是我们将组织大规模的集中授课，为师生提供高度个性化的项目提升和双创教育。这些课程将涵盖商业逻辑设计、公司市场模型及技术模型构建、路演表现力提升等内容。通过案例分析、小组讨论和现场考评等形式，师生们将能够深入学习和磨炼创业所需的技能与知识。二是我们将邀请国内外企业家、投资人和孵化园区代表等社会各界人士担任辅导专家，为师生提供个别指导和支持。这些专家将根据项目的实际情况，与师生进行深入对话和交流，帮助他们了解市场形势和需求。通过与专家的互动，师生们将能够不断改进和提升自己的创业项目，使其更符合市场要求。三是我们鼓励师生在辅导专家的指导下，全面了解当前市场形势和需求。通过专业的辅导和市场反馈，他们将能够进一步改进和打磨自己的项目，使其更具市场竞争力和商业化潜力。我们相信，通过这种市场导向的打磨过程，师生们的创业项目将能够更快地成长起来。创业梦工厂将为师生提供全方位的支持和指导，帮助他们在创新创业领域取得成功。我们相信，通过集中授课和一对一辅导的方式，师生们将能够提升其创业实战能力和商业模式挖掘能力，从而在商业化和产业化过程中取得更好的成果。

在创业梦工厂中，我们将引入积分管理制度，以激励学生积极参与、克服困难、独立思考、团结协作，并培养他们的责任意识和担当精神。以下是积分管理制度的具体内容。

个人积分获取：学生可以通过每天的现场签到、课堂参与和辅导互动问答等活动获得个人积分。这些积分将记录学生的积极参与程度和学习表现。

团队积分获取：团队可以通过项目路演、答辩成绩、小组任务反馈等方式获得积分。这些积分将体现团队的表现和项目的进展情况。

积分的价值：积分的累积将为项目争取进入私董会和创业路演的机会。私董会将邀请行业内的企业家和投资人进行集体会诊，共同探讨项目的核心科技应用场景、产品研发、市场调研、人才团队、财务管理等方面的问题，并可能在会议中达成销售或投资意向。创业路演将邀请真实的投资人担任评委，通过项目展示和互动问答等形式，团队将有机会争取投资意向，为项目的发展提供助力。

通过积分管理制度，我们希望激发学生的积极性和创造力，同时提供与行业专家和投资人交流的机会，帮助他们更好地发展自己的创业项目。这种系统化的激励机制将激发学生的潜力，推动项目的成长和商业化进程。

四、创业种子器

针对大四学生开展创新创业精英教育，打造创业种子器：在进行一学期的创新创业系统学习后，针对大学四年级实际创业的学生，通过产学研合作的方式输送约 20 名大学生微型企业主到杭州梦想小镇、中关村等创业高地，开展精英教育，主要培养参与市场竞争的创业核心能力。

2015 年，李克强总理在政府工作报告中，明确将"大众创业，万众创新"作为经济增长的新引擎，掀起了全社会支持参与创新创业的热潮，社会上各种创业孵化器、创业平台也越来越多。这一政策的提出使得创新创业成为社会的热门话题，并激发了广大人民群众的创业热情。随着"大众创业，万众创新"的倡导，创业孵化器和创业平台迅速兴起，成为创业者的重要资源和支持平台。

创业孵化器是专门为初创企业提供孵化、培育和成长支持的机构。它们通常提供办公空间、基础设施、导师指导、技术支持、市场资源等一系列服务，帮助创业者降低创业风险，提高创业成功率。创业孵化器还促进了创业者之间的交流与合作，形成了创业生态系统，推动创新创业的良性发展。创业平台则是通过互联网和数字技术，为创业者提供线上线下的创业服务和支持。这些平台通常提供创业信息发布、项目对接、融资渠道、人才招聘等功能，为创业者提供便捷的创业环境和资源整合平台。创业平台的出现极大地方便了创业者的信息获取和交流，帮助他们更加高效地进行创业活动。

这种创业孵化器和创业平台的兴起，为广大创业者提供了更多的机会和支持，加速了创新创业的发展。创业者可以在这些平台上找到合作伙伴、获取资金、进行市场推广等，使创业过程更加顺利。同时，创业孵化器和创业平台也促进了创新资源的集聚和知识的共享，推动了创业生态的形成和创新能力的提升。然而，随着创业孵化器和创业平台的快速增长，也面临着一些挑战和问题。例如，竞争激烈导致孵化器资源分散和质量参差不齐，创业者在选择时需要更加谨慎；创业平台中存在信息真实性和交易安全性的问题，需要进一步加强平台监管和规范。因此，为了更好地发挥创业孵化器和创业平台的作用，需要政府、社会和相关机构共同努力，加强监管和规范，提供更加优质的服务和支持，为创业者提供更加稳定和可持续的创业环境，进一步推动"大众创业，万众创新"的目标的实现。

参 考 文 献

一、论著类

[1] 约瑟夫·熊彼特. 经济发展理论 [M]. 何畏，等，译. 北京：商务印书馆，1990.

[2] 王金剑. 基于创业胜任力培养的大学生创业教育研究 [M]. 北京：北京理工大学出版社，2017.

[3] 张玉利，李政创. 新时代的创业教育研究与实践 [M]. 北京：现代教育出版社，2006.

[4] 邹云龙. 创业发展论 [M]. 北京：人民出版社，2013.

[5] 王占仁. "广谱式"创新创业教育导论 [M]. 北京：人民出版社，2012.

[6] 侯慧君，等. 中国大学创业教育蓝皮书 [M]. 北京：经济科学出版社，2011.

[7] 梅伟惠. 美国高校创业教育 [M]. 杭州：浙江教育出版社，2010.

[8] 牛长松. 英国高校创业教育研究 [M]. 上海：学林出版社，2009.

[9] 席升阳. 我国大学创业教育的观念、理念与实践 [M]. 北京：科学出版社，2008.

[10] 王占仁. 中国创新创业教育史 [M]. 北京：社会科学文献出版社，2016.

[11] 木志荣. 大学生创业教育和创业意向关系研究 [M]. 北京：清华大学出版社，2015.

[12] 李忠军. 社会主义核心价值体系领大学生思想政治教育研究 [M]. 北京：人民出版社，2014.

[13] 陈德智. 创业管理 [M]. 北京：清华大学出版社，2001.

[14] 范贤超. 教育创新论 [M]. 长沙：湖南人民出版社，2001.

[15] 王英杰. 创业教育教程 [M]. 北京：中国铁道出版社，2000.

[16] 克里斯汀娜·埃尔基莱. 创业教育：美国、英国和芬兰的论争 [M]. 汪溢，常飒飒，译. 北京：商务印书馆，2017.

[17] 易高峰. 中国高校学术创业 [M]. 北京：人民出版社，2017.

[18] 马健生. 创新与创业 [M]. 济南：山东教育出版社，2015.

[19] 徐小洲，梅伟惠. 高校创业教育体系建设战略研究 [M]. 杭州：浙江教育出版社，2015.

[20] 高芯宏，刘艳. 创新创业教育的理论与头践 [M]. 南京：东南大学出版社，2012.

[21] 臧玲玲. 国际视野下的高校创业教育课程研究 [M]. 北京：中国社会科学出版社，2016.

二、期刊论文类

[1] 向敏，许钊铷，谢琅，等. 高校教师创新创业教育能力模型建构：基于全国 596 所高校双创教师数据的实证分析 [J]. 中国电化教育，2020（8）.

[2] 徐小洲. 创新创业教育评价的 VPR 结构模型 [J]. 教育研究，2019，40（7）.

[3] 吴岩. 中国式现代化与高等教育改革创新发展 [J]. 中国高教研究，2022（11）.

[4] 黄兆信. 师生共创：教师认知差异与行动取向的实证研究 [J]. 南京师大学报（社会科学版），2020（3）.

[5] 刘原兵. BANI 时代生涯教育如何促进学生的可持续发展：以日本中小学创业体验活动为例 [J]. 外国教育研究，2023，50（9）.

[6] 孙友然，杨淼，江歌. 基于结构方程的高校实践教学满意度模型构建研究 [J]. 高教探索，2016（1）.

[7] 郭靖祎，蒋奋. 习近平法治思想中有关教育公平的重要论述研究 [J].

浙江大学学报（人文社会科学版），2022，52（08）.

[8] 朱家德. 高校创业教育的三重突破：事实、组织及理念 [J]. 现代大学教育，2018，174（6）.

[9] 姚婷，张清. 从系统论看高校创新创业教育的有序与无序 [J]. 黑龙江高教研究，2023，41（01）.

[10] 郗婷婷. 高校创业教育效果评价文献综述 [J]. 商业经济，2018（11）.

[11] 陈武元，李广平. 大学转型发展与人才培养转型 [J]. 中国高教研究，2021（10）.

[12] 任慧玲，周庆元，于斌. 科教兴国，人才强国，创新驱动发展战略再认识 [J]. 中国集体经济，2023（6）.

[13] 黄海明. 高校创业教育 KAB 与 SYB 比较研究 [J]. 大学教育，2019（1）.

[14] 岳伟，涂艳国. 我国主体性教育研究 30 年回顾与展望 [J]. 中国教育学刊，2009（6）.

[15] 孙树芳. 从世界历史理论维度把握人类命运共同体理念 [J]. 湖北行政学院学报，2018（3）.

[16] 刘国华. 现代人异化的教育应对：人本主义精神分析的视角 [J]. 教育评论，2011（2）.

[17] 罗尧，马立红. 美国创业教育评价指标体系及特征分析 [J]. 继续教育，2018，32（2）.

[18] 胡瑞，张焱，冯燕. 英国高校创业教育政策：变迁、特征与反思 [J]. 现代教育管理，2021（2）.

[19] 张昊民，陈虹，马君. 日本创业教育的演进、经典案例及启示 [J]. 比较教育研究，2012，34（11）.

[20] 王志强，郭宇. 追求成功还是追求幸福：对创新创业教育目的的伦理审思 [J]. 教育发展研究，2022，42（1）

[21] 杨晓慧. 高校创业教育生态系统建设的国际比较和中国特色 [J]. 中国高教研究，2018（1）.

[22] 唐颖，晏小华，王林茜．基于三螺旋理论的多维协同育人模式构建研究 [J]．江西教育学院学报，2020，41（3）．

[23] 邓志新．三螺旋理论下现代产业学院协同创新：困境根源，逻辑机理与实践路径 [J]．中国职业技术教育，2021（31）．

[24] 徐英，白华．高校创新创业教育绩效评价研究 [J]．创新与创业教育，2014，5（2）

[25] 卞振平．应用型高校创新创业教育绩效评价指标体系研究 [J]．辽宁科技学院学报，2016，18（5）．

[26] 刘了超．创新创业教育背景下高校创业教育师资队伍建设研究 [J]．现代职业教育，2015（19）．

[27] 卓泽林，罗萍．我国高校创业教育组织运作困境及其对策：基于美国 12 所创业中心的经验与启示 [J]．教育发展研究，2018，38（19）．

[28] 杨晓溪．高校管理育人的三重逻辑：认知·认可·认同 [J]．陕西行政学院学报，2024，38（2）．

[29] 李晓东，李莹．结构功能理论视角下高校创新创业教育的协同育人路径 [J]．武汉工程职业技术学院学报，2023，35（4）．

[30] 刘海滨．高校创业教育质量管理体系的国际比较研究 [J]．比较教育研究，2020，42（5）．

[31] 王旭燕，应胜瑜．英国公共图书馆儿童数字阅读推广研究 [J]．中国教育信息化，2023，29（11）．

[32] 胡立强．英国大学生创业教育的运行机制探析 [J]．继续教育研究，2015（11）．

[33] 黄兆信，张中秋，赵国靖，等．英国高校创业教育的现状、特色及启示 [J]．华东师范大学学报（教育科学版），2016，34（2）．

[34] 乜晓燕，马玲，李德才．困境与路径：基于利益相关者视角的高校创新创业教育 [J]．黑龙江高教研究，2017（3）．

[35] 姜学永，周洪彬，史小华．基于 OBE 理念的"技术创新方法"通识

课程教学改革初探 [J]．工业和信息化教育，2021（2）．

[36] 杨庆国．主题教育：新课程实施的关键 [J]．文教资料，2007（27）

[37] 孙娟，徐向安，周静．大数据时代高校创新创业教育研究 [J]．中国商论，2021，（02）．

[38] 李栋．教育理论实践转化机制的结构维度与动力模型：基于教师群体的扎根理论分析 [J]．教育发展研究，2022，42（20）

[39] 徐小洲．转型升级期高校创新创业教育生态系统建构策略 [J]．教育发展研究，2019，39（13）．

[40] 黄兆信，黄扬杰．创新创业教育质量评价探新：来自全国 1231 所高等学校的实证研究 [J]．教育研究，2019，40（7）．

[41] 贾建锋，姚旭生．高校创新创业教育评价体系设计：基于消费者导向评价模式理论的视角 [J]．东北大学学报（社会科学版），2019，21（1）．

[42] 黄扬杰．高校教师胜任力与创业教育绩效研究 [J]．高等教育研究，2020（1）．

[43] 俞林伟，于海燕，卓泽林．工科大学生创业教育满意度及其影响因素研究：基于全国 23117 名大学生的调查数据分析 [J]．高教探索，2021（9）

[44] 王惠琼．基于思想政治教育的大学生创新创业能力培养研究 [J]．现代职业教育，2023（30）．

[45] 施芳婷，陈雨萌，邓莉．从原则指导到能力导向：UNESCO 与 OECD 面向 2030 年的教育蓝图比较 [J]．世界教育信息，2020，33（12）．

[46] 崔鹏，江寅昌，王慧玲．就业创业导向背景下高校学生管理工作探究 [J]．现代职业教育，2023（23）．

[47] 卓泽林，任钰欣，李梦花，等．创新创业教育绩效评价体系建构：基于全国 596 所高校的实证研究 [J]．中国电化教育，2020（8）．

[48] 刘剑虹．习近平以人民为中心教育发展观的生成逻辑、基本内涵和时代意蕴 [J]．高等教育研究，2020（04）．

[49] 杜静，万明，李良，张周强．基于 CiteSpace 的中国大学生创新创业

教育可视化研究 [J]．计算机与数字工程，2020，48（10）．

[50] 徐小洲，倪好．面向 2050：创新创业教育生态系统建设的愿景与策略 [J]．中国高教研究，2018（1）．

三、学位论文类

[1] 李栋．理解·诠释·行动 [D]．上海：华东师范大学，2020．

[2] 彭琴．21 世纪美国高校创业教育发展研究 [D]．上海：华东师范大学，2016．

[3] 郭敬．美国高等学校创业教育研究 [D]．重庆：西南大学，2011．

[4] 李金地．服务学习理论视域下大学生社会实践育人成效研究 [D]．东北师范大学，2023．

[5] 樊鹏．高等院校本科生创业教育研究 [D]．武汉：华中农业大学，2014．

[6] 庄珺．当代大学生创业价值观教育探析 [D]．杭州：浙江工业大学，2016．

[7] 鲍艳红．社会主义核心价值体系下的大学生创业价值观研究 [D]．武汉：武汉理工大学，2013．

[8] 朱涵．基于 CEM 的区域创业环境优化研究 [D]．徐州：中国矿业大学，2014．

[9] 张兰．校企协同创新创业人才培养体系的研究 [D]．哈尔滨：哈尔滨理工大学，2014．

[10] 童晓玲．研究型大学创新创业教育体系研究 [D]．武汉：武汉理工大学，2012．

[11] 田善武．协同创新视角下创业型人才培养机制研究 [D]．青岛：青岛大学，2017．

[12] 杨月涵．学生视角下高校创新创业教育评价指标体系研究 [D]．天津：天津理工大学，2019．

[13] 李蓉芳. 个人特质、创业能力与创业绩效的关系 [D]. 昆明：云南大学，2018.

[14] 王静. 创业能力与新创企业绩效之间的关系研究：基于商业模式设计的中介作用 [D]. 合肥：安徽大学，2019.

[15] 董晓红. 高校创业教育管理模式与质量评价研究 [D]. 天津：天津大学，2009.

[16] 张卫民. 美国高校跨学科创业教育研究 [D]. 苏州：苏州大学，2019

[17] 杨文燮. 高校制度创业教育模式及运行机制研究 [D]. 南京：东南大学，2016.

[18] 胡一舟. 英国高校研究生创业教育研究 [D]. 长沙：湖南大学 [2024-08-09].

[19] 卢红婴. 高校创新创业教育中政府责任承担的实证研究 [D]. 南京：南京师范大学，2017.

[20] 唐加军. 中美大学生创业教育比较研究 [D]. 成都：四川师范大学，2011.